变革

新时期中国经济的机遇与挑战

沈建光◎著

浙江大学出版社
ZHEJIANG UNIVERSITY PRESS

序 preface

我从事中国经济研究已经超过 20 年,起于欧洲,辗转于芬兰央行、经济合作与发展组织、欧洲央行、国际货币基金组织,最后回到中国香港地区任国际投行的首席经济学家,一直专注观察变革中的中国经济。这些年来中国经济突飞猛进,特别是 2008 年金融危机以来这十年,中国经济弯道超车,国际影响力大幅提升。看到新经济、新业态对中国经济带来的巨变,我深受鼓舞。同时,伴随着几轮稳增长措施的助力,传统的以债务扩张推动的高投资难以为继,金融与实体经济高杠杆推升了金融风险,房地产泡沫积聚加剧了家庭与金融机构的脆弱性等等也使我有一丝担忧:中国经济持续增长所面临的挑战也在增加。

回头来看,2008 年金融危机之后这十年,中国经济运行与研究工作都有太多需要总结和反思的内容,我把这些总结和反思汇集成这本书,希望通过这一机会可以系统性地就中国近年来发展与改革中的问题进行深入探讨。经过与编辑的反复探讨,我们最后把书名定为《变革:新时期中国经济的机遇与挑战》,在我看来,没有一词可以比"变革"更适合描述近年来中国经济的发展。

变革之一:中国国际影响力大幅提升

在金融危机这十年中,中国危中有机,把握住了难得的弯道超车的机会。十年后的今天,我们看到,中国在全球的竞争力不仅没有削弱,反而大大增强,国际话语权也有明显提升。主要体现在,中国对全球经济增长的贡献从危机前 2006 年的不足 20%,上升到 2017 的近 30%;中国出口竞争力增强,出口份额占比从十年前的第三跃升为遥遥领先的第一;消费市场增长迅速,中国零售市场规模从十年前占美国市场份额的四分之一,到 2016 年已接近美国市场份额,2018 年预计中国很有可能超过美国,成为世界第一大零售市场。

与此同时,经济上竞争力的增强也使得近年来中国在金融与全球治理方面的话语权大幅提升。中国汇率制度改革对全球金融市场的影响在加大,其外溢性亦已被纳入美国货币政策走势的考量;一带一路、亚投行等倡议的提出,G20 会议、金砖国家领导人会议的举行,以及在美国特朗普政府反全球化背景下中国仍然坚持全球化战略等事件,均显示危机十年后,中国在全球治理方面正在发挥越来越强的领导力。

变革之二：中国应对危机的水平增强

十年来,看空中国的声音此起彼伏,很多国际指标显示,中国离债务危机的距离越来越近,但中国并未出现如教科书中所描述的危机。在我看来,中国是有一些成功经验的,反映的是中国应对危机水平能力的增强。例如,应对2014 年至 2016 年美元升值造成的人民币大幅贬值与资本外流这一情况,中国并未采取一次性贬值策略,反而采取了稳定汇率的措施,抵住了外界的质疑,最终在美元走弱的背景下,迎来了人民币汇率企稳,资金外流态势也得到了改善,维护了金融稳定,是非常成功的。

不少看空中国的观点,也将中国房地产泡沫与日本 20 世纪 90 年代的情形做类比,认为中国不久后将陷入日本式的衰退。中国政府在对待房地产泡沫的问题上吸取了日本政府强势加息主动刺破泡沫,导致经济长期萎靡不振的教训:先是通过行政手段打压房价持续上涨的势头,但避免刺破泡沫;而后通过收入水平的提升与基本面的改善,换来房地产市场的短暂平稳,避免了危机的发生。当然,中国的房地产泡沫问题依然存在,亟待相关决策层建立调控房地产的长效机制。

此外,在货币政策操作方面,中国也有很多创新之处。例如:与大多数国家货币政策单一目标制不同,中国货币政策有以下几大举措:具有一定的灵活性;中国并未默守"不可能三角"理论,而是选择了资本项目有限开放、汇率有管理浮动和货币政策一定程度上自主独立的中间状态；创新货币政策框架转型，通过 SLF（Standing Lending Facility，常备借贷便利）、MLF（Medium-term Lending Facility，中期借贷便利）、PSL（Pledged Supplementary Lending，抵押补充贷款）等流动性工具，一方面支持金融服务实体经济，另一方面，通过短期利率走廊＋中期指引，引导中国货币政策框架逐步向价格型调控转型；协调推进利率、汇率市场化改革和资本项目可兑换，而非在上述改革推进上有明确的先后顺序等等。上述创新举措对于防风险、促增长发挥了重要作用。

变革之三：中国经济新动能积极显现

2017 年，中国经济企稳回升，GDP（Gross Domestic Product，国内生产总值）增速终止了七年的下跌趋势，增速反弹至 6.9％，三驾马车同时发力，净出口对 GDP 拉动为 0.6％，一改过去两年的负贡献，且创十年来的新高。与此同时，新经济发展超出预期，移动支付、大数据、云计算、"互联网＋"等带动产业革命与产品创新。

例如，中国移动支付应用领先于全球水平，当前中国第三方移动支付的渗透率已高达九成，极大降低了交易成本并提高了经济运行效率；人工智能发展迅速，中国机器人产业规模保持年均 20％的高速增长，中国工业机器人产量占全球产量的三分之一；与此同时，互联网消费快速增长，2017 年全国网上零售同比增长 32.2％，远高于同期社会传统零售 10％左右的增长率。可以说，新经济正在改变传统的商业模式与业态，成为新时期中国经济的重要推动力。

变革之四：改革进入深水区

鉴于中国经济取得的积极进展，中国正面临新的发展方向与目标。党的十九大报告提出，不平衡不充分的发展是当前中国面临的突出问题，政策重点应由强调高速增长向高质量发展转变，这为未来中国经济发展指明了方向。2017 年年底的中央经济工作会议也明确提出，推动高质量发展是保持经济持续健康发展的必然要求,未来的重点将放在深化供给侧结构性改革上,特别是要坚决打好防范化解重大风险、精准脱贫、污染防治的攻坚战。

在此框架下,笔者认为,未来经济政策方面可能会更加注重收入分配问题、环境问题以及房地产问题的解决。与此同时,供给侧改革已进入深水区,十九大之后,金融改革仍将保持较快的推进步伐,预计未来实体与金融领域去杠杆、国有企业打破刚性兑付、规范互联网金融、加强地方债务属地问责、金融反腐等措施可能将协同推进;中国房地产或迎来新时代,特别是房地产税的加快落地以及地方与中央财权与事权的理顺,将从根本上摆脱土地财政的顽疾。中国政府宣布扩大金融业开放,大幅度放宽外资进入金融业的投资比例限制,显示了新一届领导层对待未来改革开放的鲜明态度。

基于此,我认为,中国正在迎来大变革时代,存在诸多机遇。当然,挑战与之并存,不难发现,尽管近年来,中国政府在去产能、去库存等方面进展迅速,但去杠杆成效甚微。然而,传统以债务扩张刺激高速投资的旧模式,虽然短期内稳住了经济增长,但金融风险越来越大,难以为继,地方政府债务、金融与实体经济高杠杆以及房地产泡沫的隐忧是影响中国经济巨大的灰犀牛,有必要在当前经济转好的背景下加速处理。可喜的是,新一届决策层对待去杠杆与强监管的态度是坚定的,正在积极推进,是防范经济风险,以短期内牺牲部分增长速度换取更高质量发展的有益尝试。

文末,衷心感谢李剑阁教授、刘世锦教授、谢平教授以及盛松成教授的推荐。感谢本书编辑卢川以及瑞穗证券同事张明明的辛勤工作和协助。当然,文责自负,本书中的观点为作者个人观点,不代表瑞穗证券亚洲公司的立场。

沈建光

2018 年 2 月 1 日

目 录 contents

第三章　中国政策与改革

第四章　塑造大国领导力

第五章　人民币：国际化新征程

第六章　量化放松的功与过

第一章

中国经济新动能

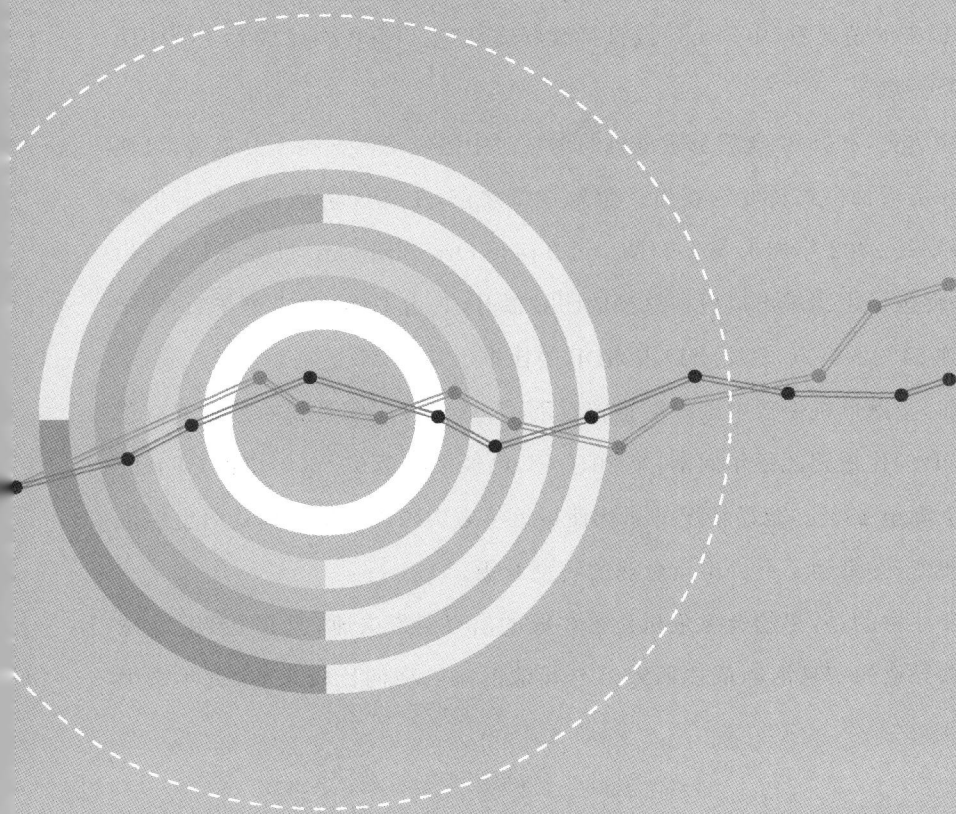

出口将成为经济增长新亮点

2008 年全球金融危机的爆发,使得一度对净出口依赖较高的中国经济受到了沉重打击,也促使中国经济模式在随后几年当中,从过多依靠外需逐步向依靠内需拉动转变。不过,中国在全球范围内的出口竞争力并未下降。而从 2017 年以来的情况看,中国出口或将持续好转,净出口有望再度成为支持中国经济的新亮点。

回顾历史,2008 年全球金融危机的爆发对中国经济的影响十分显著,可视为中国经济增长模式转变的拐点。金融危机之前,中国经济增长对外需依赖较重,特别是 2002 年加入 WTO(World Trade Organization,世界贸易组织)后,更是促进了中国进出口贸易总额的明显提升,其占 GDP 的比重在 2006 年一度达到 64% 的高点,其中出口占 GDP 的比重也高达 35%。

然而,金融危机使得中国外需急转直下,大量出口厂商受到冲击。贸易总额占 GDP 的比重因此逐年回落,至 2016 年,已经下降至 33%,出口占 GDP 的比重则下降至 18%。贸易情况的恶化使得近年来中国经济增长模式向更多依靠内需转变,并带动了不少出口企业的转型升级。

需要注意的是,尽管金融危机使得中国的出口引擎失速,但这主要是全球经济疲软导致的贸易活动低迷所致。与其他国家的横向比较来看,近年来中国出口的全球竞争力并未下降,出口份额占全球出口份额的比重仍然保持上升态势,从 2006 年的 8.1% 上升至 2015 年的 14.1%。相比之下,一些主要发达国家的出口在全球市场却表现黯淡:十年中,美国出口在全球的占比基本稳定在 9% 左右,德国出口占比则下降约 1 个百分点至 8%,日本出口份额亦从 5.4% 下降至不足 4%。

从中国的出口结构看,劳动密集型与资本密集型出口的全球占比均有所提升。其中:得益于中国的劳动力市场优势,服装、纺织等劳动力密集型产品出口的全球占比分别从 2006 年的 30%、21% 上升至 2015 年的 37.6%、37%;与此同时,机械运输设备出口的全球占比则从 10.5% 上升至 18%。

从中国自身的出口结构看,机械运输设备出口占中国出口的份额从 2005 年的 46.2% 上升到 2015 年的 46.8%,而服装和纺织品的占比则从 2005 年的 15.1% 下降到 2015 年的 12.4%。这表明,中国出口升级态势已经发生。

展望未来,出口或将再次成为支持中国经济增长的重要力量。2017 年以来,中国贸易活动明显好于预期。国家统计局的数据显示,2017 年一季度中国商品和服务净出口对经济增长的拉动已从 2016 年的 -0.5% 转为 0.3%,对增长的贡献也从 2016 年的 -6.8% 转为 4.2%。与此同时,2017 年四五月份的出口数据也明显好于预期。中国出口数据的好转,一方面与价格因素有关,即进口价格涨幅明显高于出口价格涨幅;另一方面,则得益于海外经济环境的改善。考虑到 2017 年全球经济的复苏,特别是中国第一大贸易伙伴欧洲的经济的明显转好,以及中国与第二大贸易伙伴美国之间的贸易阴霾逐步驱散,预计出口向好的发展态势或将持续。

2017 年以来,全球经济的复苏态势非常明显,国际金融机构纷纷上调了全球增长预期。例如,国际货币基金组织在 2017 年 4 月将全球经济预测调高至 3.5%,好于 2016 年的 3.1%。而从中国与主要的贸易伙伴之间的贸易情况来看,美国方面,年初各界一度担心的中美贸易战阴霾已经渐行渐远,取而代之的是美国经济回暖对中国出口的拉动。如 2017 年 1—5 月,中国对美国出口同比增速为 11.5%,分别高于对欧盟、日本的 8.1% 和 6.4% 的增速。

此外,欧洲经济的强劲态势也让人惊喜。德国强劲的经济数据较为突出,2017 年 6 月德国 IFO[①] 商业指数达到历史新高;同时,欧元区整体的 PMI[②] (Purchasing Managers' Index,采购经理指数)亦创下 6 年来最佳表现。欧盟作为中国第一大贸易伙伴,其积极向好的增大势头将对未来中国外需的提升有明显促进。更进一步看,外需改善背景下的出口好转将对中国经济增长起到积极作用。

---

① IFO 经济景气指数是由德国 IFO 研究机构所编制,为观察德国经济状况的重要领先指标。

② 通过对采购经理的月度调查汇总出来的指数,反映了经济的变化趋势。

中国经济周期之辩：本轮复苏动力何在？

这几年来，中国债务率逐年攀升，债务风险已引发国际信用评级机构穆迪下调中国主权债务评级，并加剧了投资者对中国经济增长可持续性的担忧。但一面是企业债务高企、工业投资复苏，另一面却是创历史低位的投资贡献率。根据国家统计局的数据，2017年一季度，固定资本形成对经济增长的贡献仅为18.6％，远远低于消费77.2％的贡献，创下十几年来的新低，上述差异着实令人疑惑。

实际上，市场对于2017年一季度中国经济的向好表现是有共识的，并曾在二季度初热烈地讨论中国经济新周期的话题。同时，诸多微观经济指标在一季度也与2009年"四万亿"计划实施之后的水平相近，甚至连IMF（International Monetary Fund，国际货币基金组织）都在2017年两次上调对中国经济的预判。

关于中国经济新周期的讨论中，一个基本问题便是：本轮经济向好的动力究竟何在，是消费、投资抑或是净出口？在笔者看来，这是周期之辩诸多问题讨论的基础，而对上述问题的模糊认识也无助于对债务问题、房地产问题等焦点问题的分析。

其实，近年来中国经济转型已悄然发生，2011年以来的大多数年份，中国消费对增长的贡献都是超过投资的,成为拉动中国经济增长的主要动力。实际上,近年来,由于中国国内收入增长持续高于 GDP 增速、房价上涨产生财富效应,中国消费增长存在很大的空间。越来越活跃的互联网消费、海外代购热潮以及海外汽车厂商来自中国的销量占比逐年增加等事实,也清晰地显示中国消费市场的崛起是毋庸置疑的。

但是,即便如此,消费对增长的带动是基本稳定的,没有证据表明自 2016 年三季度以来的中国经济明显好转主要归功于消费的拉动。相反,短期内经济出现明显反弹主要得益于政府各项稳增长政策带动的投资向好,以及净出口由负转正对增长的贡献。

其中,净出口方面,2017 年一季度货物和服务净出口对 GDP 的贡献是4.2%,这主要得益于价格因素。即虽然货物贸易差额比去年同期减少,但由于进口价格涨幅明显高于出口价格涨幅,使得同期货物或服务净出口对 GDP的贡献由负转正。但展望未来,伴随着 PPI(Producer Price Index,生产价格指数)下降拐点已经出现,价格因素的影响逐步下降,而海外经济的增长向好支持出口,预计未来顺差会有所增加,支持净出口对 GDP 的正贡献。

争议比较大的是投资的贡献。当前投资对 GDP 仅为 18.6% 的贡献是明显被低估的,这对判断当前中国经济引擎形成了一定的困扰。证据如下:

第一,2016 年固定资产投资数据存在扭曲。根据国家统计局的解释,由于基础资料缺乏,中国现价季度支出法 GDP 核算基本上是根据相关指标进行推算的。主要先根据季度固定资产投资统计资料,在全社会固定资产投资完成额的基础上,结合经常统计未包含的部分进行推算。据此可以认为 GDP 中的固定资产形成数据与高频固定资产投资数据高度相关。

仅辽宁一个省对全国投资数据的扭曲便不容小视。以固定资产投资为例,截至 2016 年 11 月,全国固定资产投资累计增速 8.3%,比 2015 年 10% 的增速回落了 1.7 个百分点,这是在 2016 年基建加大、房地产市场前期政策宽松的背景下取得的。然而,一旦除去辽宁,其他省份加总后的固定资产增速,截至 2016 年 11 月累计同比增长 11%,反而比 2015 年上升了。2017 年 6 月,中纪委巡视结果显示,内蒙古、吉林也存在一定程度的数据造假情况,亦增加了我们对地方数据真实性的担忧。

第二,同期与投资高度相关的指标显示,2017 年一季度投资增速理应不低。官方解释认为,虽然名义投资增速有所回升,但实际增速回落,这是投资贡献较低的原因。但结合其他数据来看,这样的解释不尽如人意。工业实际增速历来与固定资产投资实际增速联系密切,2010—2015 年二者的相关系数为 0.85,但 2016 年至今,相关系数却为 −0.92,着实让人不解。实际上,2017 年一季度,规模以上工业增加值同比增长 6.8%,是 2015 年以来季度最高增速,二者出现的偏离让人疑惑。

第三,微观指标更多显示 2017 年一季度投资强劲。通过跟踪与投资相关的诸多指标,如挖掘机销售、发电量、铁路货运量、工业企业利润、重型卡车销售等多项经济指标,我们可以看到,2016 年三季度以来,上述指标呈现明显上行的态势,不少指标在一季度甚至超过 2009 年时期的高点。在此背景下,投资贡献不增反降,甚至出现低于 20% 的贡献率,究竟为何? 要知道,在 2009 年"四万亿"经济刺激计划之后,当年投资对增长的贡献高达 86.5%。如此大的反差使得笔者不得不质疑投资贡献是否被低估。

第四,稳增长政策主要发力点在投资。近两年,在增长下行压力较大的背景下,政策对房地产与基建投资的支持是显而易见的。其中,房地产受益于前期宽松的信贷、税收优惠政策的推出,从去库存向抑泡沫的转化也在短短两年之间;而在 PPP[①](Public-Private Partnership,政府和社会资本合作)项目快速增长,地方政府引导基金、专项建设基金加大支持的背景下,基建投资也有所

---

① 公共基础设施中的一种项目运作模式。

加快。如此明显的变化，让人很难相信投资对本轮经济反弹的作用不升反降。

第五，高债务风险与投资难逃干系。2017 年 5 月 24 日，国际信用评级机构穆迪将中国主权信用评级①由 Aa3 调为 A1，其理由是，中国债务的上升，会使得未来几年中国的财政实力"受到一定程度的损害"，并很可能导致中国的潜在增长未来几年放缓。虽然穆迪的悲观判断笔者并不赞同，但其对债务的警示无可否认。相比于消费，投资与债务上升的相关性更大。从这个角度而言，也很难解释投资对增长贡献的影响显著下降。

因此，投资对本轮增长贡献降低的相关统计数据与解释很难令人信服，相反，在消费保持稳定的背景下，本轮经济反弹的主要动力应来自于投资的增长与净出口的由负转正。但令人疑惑的是，官方数据并非显示如此。在探讨中国经济新周期如何演化之前，确有必要对本轮经济反弹的驱动力这一基础问题进行充分讨论，得出更为清晰的认识，否则将有可能由于数据的扭曲得出相反的结论，为研究平添困扰，甚至降低政策的有效性。

---

① 穆迪主权信用评级的级别从最高的 Aaa 级到 C 级，Aa3 为高级，A1 为中上级。

经济强劲反弹触发政策转向

2017年,中国经济呈现开门红态势。3月中国经济成绩单出炉,其中,消费、投资、出口三驾马车齐发力,投资的三个主要分项:基建投资、制造业投资和房地产投资均呈现反弹,民间投资更是一改2016年社会各界的普遍担忧,出现积极向好态势,在此背景下,一季度GDP超预期增长6.9%。

但也不难发现,此次增长反弹与前期政策面的宽松密切相关,如基建发力离不开各类政府引导基金、专项建设债券与地方债务置换的支持;房地产也与"930"前住房信贷宽松有关;甚至连民间投资的反弹也得益于PPP项目的政策鼓励与支持。

具体来看,一季度经济反弹向好的态势似乎是全面的,不仅体现在投资方面,消费与出口亦是出现明显好转。消费方面,2017年一二月消费数据并不理想,但年初消费下滑主要是季节性因素,与2016年年底网络促销提前透支消费、春节境外游增加带动境外消费以及汽车购置税优惠减半降低汽车消费等短期的负面冲击相关。此外,财富效应显现,高端消费旺盛说明消费升级的发生,是利好消费的因素。

出口方面也有超预期之处。作为前两年拖累增长的重要因素,近两年在"两会"的政府工作目标中,外贸目标已经被剔除,不再提及,凸显了决策层对于出口态势前景的担忧。而 2017 年一季度出口出现明显改善，这主要与当前海外经济复苏的背景有关，对于带动中国经济增长是个利好。此外，"习特会"①后，特朗普表态不会将中国列为"汇率操纵国"，意味着中美贸易战的阴霾正在逐步减退，使得未来中国出口的不确定性又有所降低。

在三驾马车中，前期投资方面的发力对于本轮增长的反弹又是最不容忽视的。而纵观投资的各个分项，又有明显的政策支持痕迹。例如，基建投资方面，一季度保持了 23.5% 的高速增长，这与同期挖掘机、重型卡车、起重机等工程用品的销售火爆情况相得益彰，与 PPP 项目加速落地，各类国家引导基金的火爆密切相关。

甚至民间投资也参与其中。2016 年一度大幅下滑的民间投资引发了决策层的广泛担忧，而如今稳增长政策的落地，带动了企业利润的回暖与投资热情，2017 年一季度民间投资同比增长 7.7%，增速继续反弹，说明民间资本参与度提升。同时民间固定资产投资占全国固定资产投资的比重提升至 61.1%，预示着当前经济活动的活跃。

此外，房地产投资向来与政策周期联系紧密。由于前期房地产去库存下的信贷、税费等多项支持，2016 年房地产市场异常火爆，直至 2017 年 3 月，房地产泡沫仍在集聚，引发了"317"多地房地产调控升级。2017 年一季度中国房地产投资与新开工均处于上升势头，特别是新开工作为领先指标，其反弹意味着短期房地产对经济的负面冲击有限。而房地产销售与土地购置的增速已在 3 月有所下滑，预计着这种影响或在下半年出现。

工业生产方面，工业增加值数据与发电量数据也双双反弹，这与 2016 年二者增速曾一度出现背离形成对比。如今二者同时走高，或许说明，如今微观层面上观察到的工业生产活动向好情况是真实的。此外，这与通过卫星图像

---

① 指中国国家主席习近平应美利坚合众国总统特朗普邀请，于 2017 年 4 月 6 日至 7 日，在美国佛罗里达州海湖庄园同特朗普总统举行的会晤。

检测到的企业活动景气指数变化趋势也十分吻合。例如,2017 年 3 月中国卫星制造业指数从 2 月份的 51.1 上升到 51.8,已是五年来最高水平。

因此,一季度中国经济数据全面向好,甚至超出了决策层的早前预期。但可以看到,除了外需反弹以外,内部需求的回升与政策支持密切相关。在此背景下,过强经济反弹使得前期稳增长政策力度明显减小。

不难发现,自 2016 年四季度以来,政策已经由稳增长逐步向防风险转变,特别是货币政策,已经出现了明显的收紧势头。体现在一是价格方面,2017 年央行曾多次运用新的货币政策框架提高 SLF、MLF 等政策利率;二是从数量来看,表内信贷也在 3 月传统季末冲量的月份一反常态,3 月表内信贷数据比 2 月有所下滑。同时,宏观审慎评估体系考核也在持续深入,预计未来表外业务也将受到明显的制约。

但财政政策仍然比较积极,特别是对基建投资的支持力度较大。根据国家发改委数据,2017 年一季度国家发改委共审批核准固定资产投资 2409 亿元,项目主要集中在水利、能源、交通等领域;PPP 项目落地明显加快,3 月底 PPP 项目达到 2579 个,其中一半以上是 2016 年下半年以来落地的;地方引导资金爆发式增长,有统计称 2016 年设立政府引导基金目标规模超过 3.1 万亿元,是 2015 年的一倍;由中央财政贴息,定向发行的专项建设债券两年内也已安排资金投放金额超过 2 万亿元。

展望未来,鉴于 2017 年一季度经济数据的明显向好,预计决策层会有更大的决心将政策重点转向防风险,这也使得未来收紧的政策态势更加清晰。

从挖掘机周期看中国投资复苏

我国 2017 年 2 月官方与财新 PMI 均超出预期：国家统计局 PMI 达到 51.6，比 1 月上升 0.3 个百分点；财新 PMI 升至 51.7，亦是四年来的次高纪录。经济数据乐观向好与当前基建投资持续加码、企业经营活动积极密切相关。

尽管 1 月份春节期间是工程项目开工的传统淡季，但用于机械工程的挖掘机销量却淡季不淡。销售方面，1 月份淡季的挖掘机销量竟达到了 54％的高速增长；需求旺盛的局面也拉动了产量的提升。自 2016 年下半年以来，挖掘机产量逐步走高，2016 年 12 月产量同比增速达到65.4％，创 2011 年 2 月以来新高。

挖掘机行业的全面向好并非偶然，作为工程运行活跃程度的重要晴雨表，挖掘机行业的供需两旺在笔者看来只是一个缩影，其背后实则是 2016 年年中以来政府稳增长政策加码，积极财政和房地产拉动投资明显提升的效果体现。实际上，尽管中国宏观数据在 2016 年全年鲜有变化，尤其是 GDP 数据几乎横在 6.7％～6.8％区间，但越来越多的微观数据表明，自 2016 年三季度以来，中国基建和房地产投资对经济增长的拉动是越来越强的。

与挖掘机行业火爆相互印证，自 2016 年三季度以来，重型卡车的市场表现同样抢眼。根据中汽协公布的数据，1 月重型载货车产销增速分别为

87.62％和125.15％，均是近六年来的新高。而回顾上一轮重卡行业如此火爆的情形，还要追溯到2010年，彼时恰是国内推出大规模经济政府刺激、加大基建投资以抵御全球金融危机之际。

从周期的角度来看，挖掘机行业与宏观经济景气周期高度重合。例如，从与工业增加值的关系来看，2008—2010年，经济增长及工业增加值先受到海外金融危机冲击大幅下滑，之后得益于经济刺激计划出现明显反弹。同期，挖掘机的销量在2008年的105％增速快速回落至2008年年底的－33％，但自2009年下半年便出现了正增长，直至年底反弹至136％。

然而，2016年下半年以来，挖掘机市场火爆，但工业增加值数据并未出现明显好转，两者情况出现背离，宏观数据与微观数据存在不一致的情况：工业增速疲软，但发电量向好、工业企业利润大幅攀升、货运量持续、PMI等数据走高。全国固定资产投资数据持续下滑，尽管剔除辽宁省异常值，投资增速仍然保持高位。

数据"打架"混淆了判断，整体来看，利润、货运量、机械产品销售等微观数据对市场变化更为敏感，且难以粉饰、更为可信，其积极向好说明了经济复苏实则强于预期。

目前来看，当下基建投资仍旧热情不减，主要体现在：

一是基建项目审批仍然较快。2017年1月国家发改委共审批核准固定资产投资项目18个，总投资1539亿元，金额是2016年同期的近3倍，项目主要集中在水利、交通、能源等领域。全国铁路连续三年投资超过8000亿元。

二是PPP项目合作热情较高。截至2016年年底，PPP投资额达13.5万亿元，入库1.126万个项目中一般项目在识别阶段，移交阶段暂无项目，说明后续对投资的支持有望持续，同时监管层对于PPP证券化也采用了"即报即审、绝对优先"的态度。

三是政策性银行对基建的支持力度仍然较大。专项建设基金始于2015

年 8 月，由国开行、农发行向邮储银行定向发行专项建设债券，中央财政进行贴息，旨在解决重大项目资本金不足的问题。根据媒体报道，截至 2017 年 2 月，两年间已安排资金投放 7 批，金额超过 2 万亿元。同时，央行对政策性银行发放抵押补充贷款仍在持续，2017 年 1 月央行对三家政策性银行共净增加抵押补充贷款 543 亿元人民币，截至 1 月末抵押补充贷款余额已达到 2.1 万亿元。

四是财政支持持续，地方债务置换加大。2016 年，地方债放量发行规模超 6 万亿元，其中包括 1.18 万亿元新增债券和 4.87 万亿元存量置换债券。截至 2017 年 3 月，还有 6.27 万亿元存量债务等待置换。

五是地方政府引导资金爆发式增长。有报道称，近期多地政府引导基金设立的步伐在明显加快，还有不少地方把积极组建政府引导的产业基金、做大基金规模提上了日程。据统计，2016 年新设立政府引导基金 384 只，披露目标规模超过 3.1 万亿元，比 2015 年同比增长 100.8％。

综上，不难发现，当下基建项目大举推进的态势仍在延续。在积极财政、债务置换以及基建专项基金的资金支持下，预计基建投资仍能保持高速增长，进而支持中国经济保持稳定增长。

降准大转弯背后的三层逻辑

2015 年 4 月 19 日晚,中国央行宣布降准。有别于以往,此次中国央行在力度与时点的选择上都有明显不同,凸显了中国决策层应对短期增长下滑与呵护金融市场稳定的意图。从更深层含义来讲,2015 年新一轮货币政策与 2014 年相比大相径庭,降准大转弯背后不仅体现了"新常态"下中国内外经济不确定性加剧的事实,更呈现出有别于以往的政策新思路:中国决策层一方面重塑中国各部门资产负债结构,另一方面力图稳定金融市场以避免资本外流,从而为人民币加入 SDR(Special Drawing Right,特别提款权)护航。

力度之大堪比 2008 年金融危机

2015 年 4 月 19 日晚,中国央行网站发布消息,从 2015 年 4 月 20 日起下调各类存款类金融机构人民币存款准备金率 1 个百分点。并在此基础上,对部分涉及小微、"三农"以及重大水利工程建设贷款的金融机构采取多种定向降准。

对此,主要有以下两点需要特别强调:

一是力度之大超出预期。此次中国央行一次降准一个百分点,超出以往通常采用的 50 个基点。要知道上一次降一个百分点还是在 2008 年年底金融危机之时，这一决策凸显了形势严峻。

二是降准时点选择奇特。此次降准选择在"双休日末，交易日前一日"而非以往经常采用的周五晚间，从降准后首个交易日市场高开的情况分析，也能证明央行政策对市场影响较大。

央行选择大力度降准，毫无疑问，与当前经济下滑态势密切相关。实际上，2015 年一季度中国实际 GDP 下降至 7%，创历年来新低。更进一步，月度数据逐月走低，显示下滑态势仍未见好转，尚未步入"常态"。具体来看，3 月工业增加值同比回落至 5.6%，创 2008 年 11 月以来的最低水平。与此同时，当月发电量同比下降了 -3.7%，也是 2008 年 12 月以来表现最弱的一个月。此外，2015 年 1—3 月固定资产投资同比增长放缓至 13.5%。种种迹象表明，3 月经济并未实现止跌，反而更加低迷。

毫无疑问，对待当前经济下滑态势，中国决策层的紧迫感空前加大，这从中国国务院总理李克强多次赴东北调研督阵、组织专家企业负责人座谈传递政策意图，以及到中国国内金融部门视察等多个事件中便可看出。

而在此基调下，未来一段时间更多基建项目加速落地、更多稳出口政策出台，以及财政政策与货币政策更加宽松其实已是必选项。

除此以外，此次降准时点的选择似乎比较特别。一般来看，选择休市阶段，特别是最后一个工作日降准、降息都是中国政策操作者的常用之法，这也被视为可以最大限度地避免政策对市场短期产生过激影响的策略之一，但此次中国央行反其道而行之，罕见选择交易日前夕公布降准，似乎说明，中国央行正试图对资本市场产生较明显的正面影响——而从逻辑上与事实来看，确实如此。

回顾 2015 年 4 月 17 日晚，中国证券业协会等四家组织联合发布《关于促进融券业务发展有关事项的通知》，引发的市场恐慌让人记忆犹新。中国证监会提出券商做两融业务不得开展场外配资、伞形信托等活动，也被市场解读为"鼓励卖空，打压股市"的重大利空，这也导致了当日下午，新加坡新华富时A50指数闻风直线下挫，收盘暴跌6%。同日港股夜期急挫705点，一度跌穿27000关。

尽管事后中国证监会解释称"这是误解误读"，不是所谓的鼓励卖空，更非打压股市，但市场仍有余悸。此时中国央行出手降准，可以看作是有意提振市场信心，防止资本市场踩踏事件发生。

当然，从实际影响来看，政策的急速变动间接造成了降准后首个交易日A股市场呈现震荡局面，导致成交额创出历史新高。4月18日，上海证券综合指数早盘高开低走，盘中一度跌逾1%，随后拉升翻红站上4300点，午后在创出逾7年新高4356.00点后跳水，一度下挫逾2%跌破4200点，全天振幅近4%，成交进一步放大，成交额突破1万亿元，创历史新高。

货币政策缘何大转弯？

换个角度，跳出事件本身，从更广泛的视野分析，可能会有些难以理解。相比于2014年中国央行对于降准、降息的表态，本次可以说出现了一个巨大的转变。2014年二季度，中国经济同样处于低迷之际，但当时中国央行不仅没有采取降准、降息的常规动作，而是采取了多次定向行动，同时反复强调中国高杠杆率的事实与降杠杆的意图。

但直到2014年11月，中国央行才降息，随后又采取一次降准和一次降息，货币政策才趋于常规。对比2015年与2014年，中国央行政策有如此大的转弯，其背后有何深层逻辑？

从分析来看，这一转换主要基于以下三点事实。

第一，全球经济形势比预想的更困难、更复杂，一系列稳增长政策确有必要。例如，美国方面，虽然早前美国经济已经呈现复苏态势，但2015年3月就业市场却表现不佳，使得市场预期美联储加息将被推迟。

实际上，美国在金融危机之后，依靠三轮量化宽松走向复苏，然而其经济结构改革进展缓慢，在房地产业和金融业反弹背景之下，制造业占比仍然较低，除石油产品以外的贸易逆差有增无减。加之，在美元走强背景下，美国经济能否走出依赖于宽松货币政策的"格林斯潘"式复苏尚待考验。

此外，欧元区国家和日本经济处于困境，大规模量化宽松正在推出。例如，欧洲方面，通缩风险仍然较大，与此同时，欧元区国家面临着诸多制度障碍，如人口老龄化问题、劳动力市场体制僵化问题、高福利制度改革问题以及劳动生产效率降低等等。比日本严重的是，欧元区经济体受制于区内政治体制、决策环境、财政及货币政策的灵活性有限等因素，政策空间似乎更小。因此，全球经济不稳定与量化宽松是中国面临的外部挑战。

第二，去杠杆无比艰难，中国决策层正在进行重构各部门资产负债表的尝试。

2014年，中国决策层对于企业杠杆率的担忧是显而易见的，并认为降杠杆势在必行，降息、降准往往被认为与此目标存在冲突，故而被延迟。但从2015年以来决策层一系列政策工具的实施表明，决策层在降杠杆方面（或者说面对中国经济新常态方面）正在尝试一种新思路，政府期待通过看似孤立的政策，来达到重塑各部门资产负债结构的意图。例如，当前资本市场与经济走势出现明显背离，政府在其中起到的作用无法忽视。其实，对于此时资本市场的盛宴，中国央行与官方媒体不仅表达了欢迎态度，更不断强化与引导市场预期，助长了本轮牛市出现。

第三，中国央行正在致力于加快推进人民币国际化，防范资金剧烈波幅，意在为人民币加入SDR护航。

　　2015 年 4 月 17 日,中国央行行长周小川在 IMF 和世界银行春季会议期间表示目前人民币加入国际货币基金组织的 SDR 篮子的评估正在有序进行,中国也会加快自身改革推动这一进程。从这一意义而言,人民币国际化进程想顺利推进,也需要国内有相对平稳的金融市场以及不出现资本外流情况。

降息是否重回"四万亿"老路？

  2015 年 5 月 10 日，中国央行宣布降息 25 个基点，并继续推动利率市场化进程，将存款利率浮动区间的上限由基准的 1.3 倍调整为 1.5 倍；这是继 2015 年 4 月 19 日宣布将商业银行存款准备金率下调 1 个百分点后，一个月内再次采取的行动。而自 2014 年 11 月央行降息以来，中国央行已经三次降息、两次降准，频率之高、力度之大已非比寻常。与此同时，应对当前经济下滑的一系列政策举措也在加速，包括鼓励消费、加速投资、稳定出口等措施相继落地。这种场景是否似曾相识？

  回想 2008 年全球金融危机爆发，中国经济一度遭遇重创，中国政府相继推出了一系列经济刺激政策，以"四万亿"为代表的措施相继落地，带动中国经济短期内迅速回升。然而，遗憾的是，"强刺激"之后的几年，地方债务、产能过剩、房地产泡沫等后遗症相继显现。这其中的教训值得反思。对比之下，面对 2015 年的经济下滑，中国决策层做出的反应与早前有何不同？新措施又如何避免重走老路？弄清上述事实无疑对于理解新一轮政策与防止重蹈覆辙来说至关重要。

新一轮"稳增长"政策启动，经济或企稳

2015 年是中国经济步入"新常态"之年，经济增长速度继续下滑。然而一季度经济回落态势仍然超出预期。例如，一季度名义 GDP 增速仅为 5.8%，较实际增速低 1.2%，也低于同期贷款成本（6.56%），显示企业面临的成本压力空前加大。与此同时，工业增加值、发电量等回落至 2008 年金融危机的水平，受制于制造业产能过剩与房地产市场调整，固定资产投资下滑更多。

面对经济下滑态势，中国决策层的紧迫感空前加大，已经先后推出了一系列稳增长政策：

一是中国央行政策的大转弯。回想 2014 年，中国央行曾一度搁置常规货币政策工具如降息、降准的使用，主要采取定向手段，直至 2014 年 11 月底开启降息，此后常规政策工具的使用更加常态化，也更加频繁，三次降息、两次降准，频率之高，力度之大已非比寻常。回想 2008 年金融危机之时，中国央行在下半年共 4 次降息、5 次降准，对比之下，两者不乏相似之处。

二是财政支持力度加大，基础设施建设提速。可以看到，国家发改委已经加快基础设施项目审批流程，项目主要集中在结构升级和科技创新两大领域。与此同时，伴随着财税改革的推进，中国决策层对地方债务处理的过渡性安排也在进行。体现于目前地方政府债务置换范围的不断扩大，试图确保在建项目的后续融资，以及保证新开工项目上马。

三是房地产政策调整，带动房地产销售回暖。自 2015 年 3 月 30 日房地产鼓励刚性需求与改善型需求政策落地以来，4 月房地产销售有所回暖，特别是一、二线城市。

四是中国资本市场强劲上涨。可以看到，本轮股市的强烈上涨不仅有流动性驱动因素与改革乐观预期，政府对资本市场的呵护也起到了很大作用。

其实，对于当前资本市场的盛宴，近期，中国政府与官方媒体不仅表达了欢迎态度，更不断强化与引导市场预期，助长了本轮牛市出现。

五是更多政策工具也呼之欲出。例如，2015 年 4 月 30 日，中共中央总书记习近平主持召开的中共中央政治局会议提到了八大举措，涵盖货币政策、财政政策、重大基础设施项目投资、扩大消费、房地产健康发展、创新驱动、国企改革、京津冀协调发展等，是稳增长与改革协调推进的综合举措。此外，2015 年 4 月 28 日，李克强总理主持召开的国务院常务会议上也提到，要进一步减少关税、完善消费税政策、增设和恢复口岸进境免税店等举措，致力于激发国内消费潜力。

上述"稳增长"政策的加速落地，对增长的带动作用在 2015 年二季度已经显现。2015 年 4 月 PMI 仍然位于 50％以上，显示在扩张区间。工业生产有所恢复，4 月，六大发电集团日均耗煤量回升 7.1％，煤炭库存下降 12％；4 月上旬全国粗钢预估日均产量比 3 月平均值反弹 5.4％等都是佐证。

2015 年"稳增长"政策与 2008 年有何不同？

那么，伴随着"稳增长"力度不断加大，市场对中国是否会出现新一轮"四万亿"的担忧涌现。

教训值得反思，对比之下，2015 年"稳增长"政策与当年"四万亿"确实有相似之处：比如，同样庞大的投资规模。毕竟 2015 年 GDP 总量相比于 2008 年已经翻了一倍多，且要达到 GDP 7％的官方目标，仍需要大量的基础设施建设拉动。与此同时，货币政策同样积极，2008 年下半年 5 次降准、4 次降息。而如今央行采取常规政策与定向政策结合的方式，保持流动性充裕。

不过，形似而神异，如果仔细观察，不难发现，经历了金融危机洗礼的中国经济发生了重大改变。从经济基本面来讲，中国经济在 2015 年已经步入"新常态",相比于金融危机之前的高速增长,潜在增长率的下滑使得中国经济增长放缓至中高速增长。与此同时,就业市场方面,刘易斯拐点的出现使得劳动力工资不断上涨,对失业的担忧并不紧迫,反而用工荒成为焦点,近几年劳动力工资上涨与人民币升值倒逼经济结构转型。此外,前期刺激政策造成的产能过剩问题、地方债务问题表明"四万亿"后遗症的化解仍任务艰巨。

概括而言,不同于金融危机之时简单的刺激政策,2015年的中国经济正面临"三期叠加"的新局面,政策也需要针对背景变化相应调整。同样是"稳增长"政策,但体现了"新常态"下的新思路,国内方面,一些看似孤立的政策组合拳的出台实际上是致力于各部门资产负债表调整;国外方面,"一带一路"倡议与资本项目开放战略相结合,有助于化解过剩产能,支持中国企业走出去,加速人民币国际化进程。

具体来看,国内方面,中国政府正在通过看似孤立的政策达到重塑各部门资产负债结构的意图。一方面,通过增加居民杠杆率,帮助企业降低杠杆。可以看到,2015年4月降准的时点选择与对冲证监会规范两融业务①所造成的悲观预期密切相关,而本轮降息之时,也恰逢市场震荡下行,可以说如今资本市场的盛宴与决策层的细心呵护密切相关。本轮政策组合拳中,居民加杠杆进入股票市场,房地产市场政策放松鼓励刚性需求与改善型需求,也体现了决策层一边帮居民加杠杆,一边帮企业降杠杆的意图。

另一方面,中央政府杠杆增加,帮助地方政府降杠杆。"四万亿"的后遗症之一便是地方政府债务问题,实际上,这也往往是海外机构做空中国的重要原因。但考虑到中国中央政府的杠杆率很低,通过增加中央政府债务,可以置换地方政府债务,以达到降低地方政府杠杆、化解地方融资平台债务和银行坏账风险的目的,防止财税改革造成财政悬崖,重创实体经济。

---

① 两融业务指的是融资融券交易,分为融资交易和融券交易。

　　而从海外角度来看，"一带一路"倡议的提出与人民币国际化的加快也有别于以往。一方面，"一带一路"倡议，有助于化解国内过剩产能，支持中国企业走出去。实际上，中国产能过剩局面的加剧与金融危机之后的强刺激政策有关，是新问题。另一方面，伴随着对外贸易、投资的进一步增加，人民币国际化进程也将加快。

　　实际上，中国央行致力于加快推进人民币国际化，正是出于对金融危机以来以美元为主的国际货币体系困局的思考，有别于以往的战略部署。近年来，中国央行加速推进人民币国际化可谓有目共睹。

　　总之，从上述对比来看，尽管 2015 年与 2008 年金融危机之时同样面临经济下滑态势，且中国决策层也相继推出了一系列应对措施。但是由于所处背景环境变化较大，新一届政策思路在"稳增长"的同时，增加了调结构与消化前期刺激后遗症的任务，即在常规政策工具如降息、降准推出的同时，加大国内资产负债表的调整与通过"一带一路"倡议促进国内过剩产能的转移与加速人民币国际化进程。

　　当然，上述举措也存在一定的风险。比如资本市场的上涨是否会引发财富效应尚无考证，而高杠杆下推升的资本市场是否存在泡沫也面临争议。与此同时，"一带一路"倡议与人民币国际化等对外战略也是新的尝试，开放资本项目的同时，防范跨境资本冲击至关重要。更为重要的是，改革的协调推进才是长期增长红利。财税改革、京津冀一体化等如能切实落实，将有助于帮助中国走出中等收入陷阱。

第二章

金融去杠杆与灰犀牛

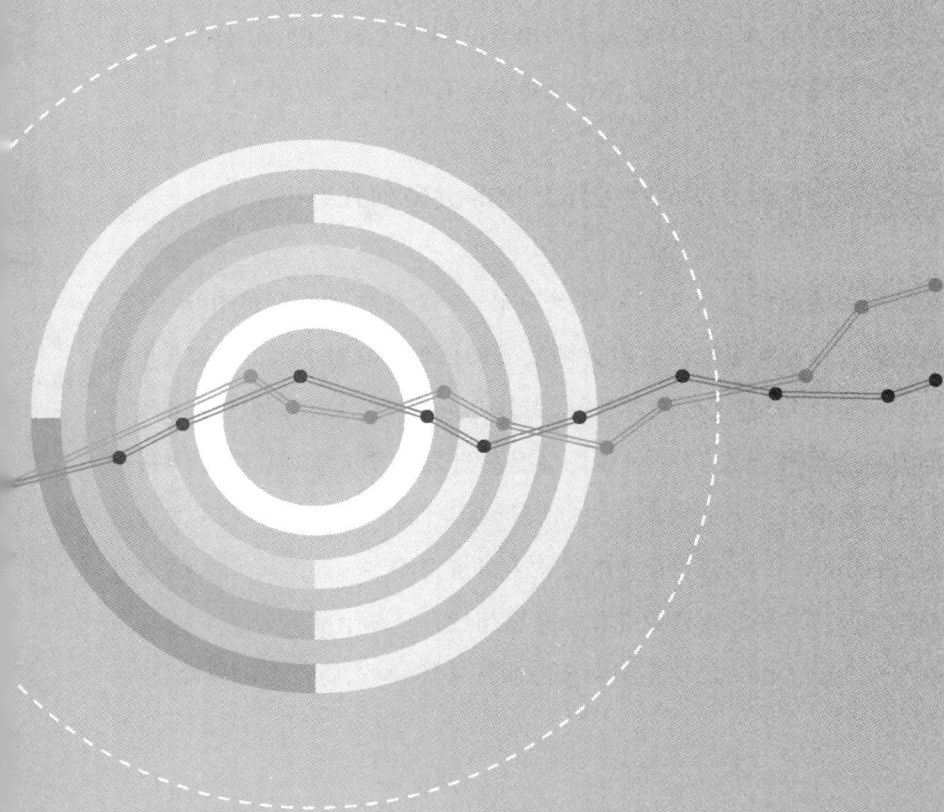

金融工作会议突破和保留了什么？

　　2017 年 7 月的中国中央金融工作会议似乎是突如其来。虽然五年一度的金融工作会议早有惯例，但本次会议一再推迟，而且仅提前一周才宣布召开，着实令人意外。毕竟各界对于金融监管体制改革的讨论早已如火如荼，一旦召开会议，金融监管改革无疑将成为重要内容。但无论怎么改，由于权力与责任再分配牵扯面较多，此次金融工作会议难免会有所保留。

本轮中央金融工作会议的突破何在？

　　此次中央金融工作会议主要有两大突破，一是对金融的定位有所改变。五年前的金融工作会议更加注重对金融发展的强调。在此背景下，这五年各类金融机构迅速壮大；混业经营背景下，表外业务快速发展，却加大了金融风险以及资金在金融体系空转的问题。根据央行发布的《中国金融稳定报告（2017）》，近年来中国各类金融机构之间跨行业合作密切，中国步入了大资管时代。截至 2016 年年末，银行业金融机构表外业务余额 253.52 万亿元（含托管资产表外部分），广义的表外业务总额甚至超过存贷款余额。

　　所以本次金融工作会议重在强调金融服务实体经济、防范金融风险，以及金融监管改革。其中,服务实体经济与防范风险的强化,有别于过去鼓励金融行业本身快速发展的主要定位。这与 2016 年年底以来的一系列金融市场实践也是相吻合的,包括 4 月中央政治局会议罕见地讨论金融安全底线。2017年以来增加宏观审慎评估体系考核,一行三会(一行三会指中国人民银行、中国银行业监督管理委员会、中国证券监督管理委员会和中国保险监督管理委员会)纷纷落实金融监管等等,都践行了金融去杠杆之路。

另一个突破是成立国务院金融稳定发展委员会。此前各界对于中国金融监管机制改革的若干模式进行过充分的讨论,包括超级央行模式、一行一会模式、一行两会模式等等。其中,变化最大、涉及利益最广的模式便是一行三会合并在央行之下的超级央行模式。

然而,此次会议虽然强化了央行在宏观审慎监管中的地位,意味着央行地位会在原有基础上提升,比三会有更大的话语权与职责,但成立国务院金融稳定发展委员会,以及系统性重要金融机构未纳入央行管理,意味着超级央行模式已被放弃。这是金融改革成本相对较低、利益结构变动相对较弱的一种模式。

此次金融工作保留了什么?

此次金融工作的保留之处在于会议聚焦防范金融风险,且成立金融稳定发展委员会,但并未更多地提到金融与财政的关系。中国金融风险的构成是多重的,其中,有关于地方政府债务攀升的风险,有国有企业预算软约束造成的风险,也有房地产长效机制并未建立,特别是房产税等税制改革滞后所带来的风险。

因此,协调金融监管是个系统性工程。不仅需要纳入一行三会,还需要站在更高的定位上与多部委形成有效衔接,参与推动财税改革、国企改革。所谓金融风险,未必仅是金融领域产生的,需要跳出金融看金融。只有协调好财政与金融的关系,才能真正实现金融稳定发展,守住金融安全底线。

金融去杠杆影响几何？

  2017 年以来，金融去杠杆俨然成为中国经济工作的最重要内容。2017 年 4 月 25 日，中央政治局会议就"维护国家金融安全"主题进行集体学习，并提出维护金融安全六项任务，体现了自上而下对防范金融风险的高度重视。

  其后，各金融部门纷纷采取行动。这些行动表明，2017 年金融去杠杆、防风险已在决策层内部达成高度共识，并在当前经济数据明显好于预期的背景下，成为当前经济工作的最重要工作。当然，金融去杠杆短期内可能会对市场造成一定的资金紧张后果，金融市场利率面临上行；但其利在长远，毕竟由于以往过长的资金链条增加了金融杠杆，也推高了实体经济的融资成本，金融去杠杆在防范金融风险的同时，也有助于引导资金脱虚入实。

监管套利和金融风险

  近年来中国影子银行的快速发展，和银行业传统存贷款业务面临利率市场化带来的息差收窄困境、银行业为绕过贷款额度和金融监管谋求创新发展的诉求相关。

  2013 年相关文件之前，银行理财产品是影子银行的主要体现形式，其先后借助于银信合作、银证、银基、银保、银证信等通道业务得到快速发展,但本质是通过表外业务绕过表内资金在存贷比(2015 年 10 月 1 日取消)和资本金方面的限制,直接对接贷款需求。然而,由于理财产品带有银行的隐性担保,一旦风险暴露,容易将表外风险引致表内,不利于金融稳定。

2013 年的八号文件对商业银行理财资金投向"非标准化债权资产"业务做出规模限定,要求这一规模以理财产品余额的 35% 与商业银行总资产的 4% 之间孰低者为上限。这给当时的理财业务造成了限制,并使得 2013 年之后影子银行更多依靠同业业务的发展规避监管,主要体现为通过同业存单和同业理财等在负债端主动负债的方式扩充资金池,在资产端通过直接加杠杆或者委托外资加杠杆投向标准化产品的方式扩大利润空间。

然而,近年来随着影子银行的发展创新,未纳入同业负债监管而高速增长的同业存单存在诸多风险,主要体现在:

一是降低了银行资本监管的有效性。同业存款无须缴纳存款准备金,同业资产也不必计提拨备,不受贷款计划约束,且对银行资本金的匹配要求仅约为企业贷款的四分之一。过度依赖同业业务加大了银行体系的脆弱性。

二是提高了金融杠杆率。由于金融创新涵盖多个金融机构且通过嵌套分层,绕过金融监管,不仅推高了杠杆率,也降低了资金的使用效率。此前,银监会发布的专项治理"三套利"[①]的工作通知中详细列出可能存在的套利手法 95 种,诸如以理财资金购买理财产品、用同业资金对接理财产品、资管计划、放大杠杆、赚取利差等,都是资金在金融体系空转,推高杠杆率的体现。

三是推高了实体经济资金成本。资金通过嵌套设计在各金融机构逐级增加杠杆的同时,也层层推高了资金成本,促使资金脱实向虚现象的出现。而融资难、融资贵的现状与金融机构内部资金空转形成鲜明对比。

---

① 三套利,金融术语,是监管套利、空转套利、关联套利的简称,属于金融乱象。

四是弱化了信贷投向指导。例如，面对房地产市场过热现象，房地产相关贷款比重本应受到限制，但通过同业业务，可以绕道投入非标准化债权资产，进入房地产市场等监管限制行业。

五是增加了资金期限错配的流动性风险。同业存单并未纳入同业负债，这对于一些面临资金压力的中小银行来说，往往会有很强动机通过发行短期同业存单的形式支持中长期投资，导致加入同业存单后的负债超过银行负债标准的三分之一，一旦流动性紧张或市场利率上行，流动性风险则将加大。

金融去杠杆的影响几何？

针对上述担忧，2017 年以来，中国金融去杠杆明显加快，特别是郭树清履新后的银监会，监管风暴密集而至，分别下发了七份文件，涉及服务实体经济、整治银行业市场乱象、风险防控、弥补监管短板、开展"三违反""三套利""四不当"专项治理等内容，特别是对理财空转、同业空转等重点风险点有所提及，并对违规机构加大惩罚。据统计，2017 年 4 月银监会及各地区银监部门共开出罚单 129 张，涵盖风险控制措施存在较大漏洞、违规转让非不良贷款、涉房地产违规贷款等内容的处罚。

上述举措对于化解金融市场风险，维护金融安全十分必要。当然，短期来看，金融监管与收紧的货币政策叠加，难免会对经济造成一定的冲击。例如，中小银行往往比大银行更依赖于同业负债所带来的资金，而一旦资金来源达到监管警戒线，将不可避免地压缩表内外信贷，同时相应缩小委外投资的规模，进而推高市场资金成本上行。

可以看到，2017 年 5 月初，Shibor（Shanghai Interbank Offered Rate，上海银行间同业拆放利率）隔夜、1 周、2 周和 1 个月利率比 4 月继续全线上涨，银行同业存单发行利率也有所回升，且新发城投债、信用债利率的跳升，甚至使得早有发行计划的企业如万科、金地等取消了债券发行。

然而，从中长期来看，金融去杠杆又利在长远。央行对于金融去杠杆的必要性频频发声，例如，2017 年 4 月，央行金融稳定局局长陆磊在《建立宏观审慎管理制度，有效防控金融风险》一文中提到，当下存在一种"市场略有波动就夸大渲染为系统性金融风险"的草木皆兵思维。他认为，有效防控风险就必须排除这种思维，既要看到金融风险的危害性，也要有底气、有决心，要防范夸大渲染金融风险和社会稳定问题，防范道德风险。只有从摸清风险隐患、准确研判风险成因入手，才能真正守住不发生系统性金融风险的底线。

中国人民银行研究局局长徐忠则在《去杠杆的标本兼治之策》一文中提到，一个健康的经济金融体系杠杆是不可能无限扩张的。去杠杆标本兼治之策在于：宏观上，货币政策保持稳健中性的同时，淡化经济增长目标；微观上，加强公司治理，规范中央与地方财税关系，优化金融监管，完善激励约束机制；策略上，保持战略定力，防范系统性风险的同时促金融机构主动去杠杆。

因此，预计未来金融去杠杆会继续深入下去，同时，央行会通过不同期限、规模和不同货币政策工具的组合来应对上述因素对流动性的影响，防范无序去杠杆导致的金融风险扩大。而如果上述举措能够持续推进，将立足长远减少监管套利，在降低金融杠杆率、维护金融稳定的同时，最终引导资金脱虚入实，支持实体经济发展。

中国如何守住金融安全底线？

2017 年 5 月，中国国家主席习近平主持召开中央政治局会议，就维护国家金融安全进行集体学习，一行三会领导就各自领域重点问题与如何防范风险进行介绍，会议提出了进一步维护中国金融安全的六点任务，包括深化改革、加强监管、处理风险点、促进实体经济发展、提高领导干部金融工作能力以及加强党对金融工作的领导。

本次中央政治局会议有两点不寻常之处：一是这是十八大以来，中央政治局首次就"维护国家金融安全"主题进行集体学习，出席人员规格之高，涉及部门范围之广超出以往金融专题会议；二是会议罕见地将维护金融安全提至国家战略高度，强调维护金融安全是治国理政的一件大事，凸显了中国最高决策层对金融安全的高度重视和自上而下防范金融风险的决心。

那么，接下来的问题是，中国金融系统到底有哪些风险值得引起中国最高决策层如此重视？上述风险是否到了危及金融安全甚至治国理政的程度？而一旦中国开启了一轮从上至下的防风险行动，能否取得有效成果，守住金融安全底线？

中国金融系统到底有哪些风险?

以往对中国金融风险的警告往往来自于海外,不仅包括 IMF、BIS(Bank for International Settlements,国际清算银行)等国际金融机构,也包括一些海外对冲基金与机构投资者。前者只是从经济理论上提供金融风险的判断依据,而后者则往往在看空的同时又采取做空策略,对中国经济与金融市场的影响更为直接。然而,对待上述警示,过去中国决策部门大多表现比较自信,以不予理睬或者反驳批评作为回应,而此次会议中国高层直视问题的重要性与严峻性实属难得。

中国面临的金融风险有哪些?在笔者看来,近年来企业杠杆率大幅攀升,影子银行规模过于庞大,信贷资金大多进入房地产与收益较低、期限较长的地方政府投资项目,资产价格超出合理水平,僵尸企业、预算软约束企业扭曲银行的定价机制,民间集资与 P2P 等游离于监管之外,汇率政策缺乏灵活性,等等,都是中国金融系统潜在的风险点。

IMF 在 2017 年 4 月 19 日发布的《全球金融稳定报告》中提到,中国信贷快速增长使得金融稳定风险不断增加。报告中提到,当前中国银行业的资产规模已达到 GDP 的三倍以上,而其他非银行金融机构的信贷敞口也有所增加。中国许多金融机构资产负债存在着严重错配现象,流动性风险和信贷风险处于较高水平。而在 2016 年 10 月 IMF 的一篇名为 *Resolving China's Corporate Debt Problem*(《如何解决中国的企业债务问题》)的工作论文中,提到中国 2009—2015 年间信贷平均增速高达 20%,大幅超越名义 GDP 增速,需要重点吸取西班牙、泰国以及日本这些信贷缺口类似的经济体的前车之鉴。

国际清算银行 BIS 近年来也频频警示中国银行业风险。根据 BIS 在 2015 年 9 月首次提出的以私人非金融部门信贷/GDP 缺口测量各国债务水平的指标来看，中国在 2015 年这一缺口指标便已经高达 25％，超出 2％～10％的正常范围，为全球最高。以史为鉴，BIS 提出一旦一国缺口指标超过 10％，随后三年，该国有 2/3 的概率发生"严重的银行业紧张情况"，并预测中国会在三年内发生银行业危机。

FT（Financial Time，英国《金融时报》）首席经济评论员马丁·沃尔夫也在 2016 年中国发展高层论坛上与中国全国人大财经委副主任吴晓灵有过激烈的观点交锋，针对吴晓灵提到的中国债务率并不严重的观点，马丁·沃尔夫称，危机爆发前决策层往往都认为没有问题，如英国银行在遭遇 300 年来最严重的金融危机之前也称其资产负债表表现很好，但危机往往在被忽视中爆发，中国仍然需要依靠债务快速增长才能维持经济增速，而且解决躲避这个陷阱的所有方法，看上去都很艰难。

中国如何守住金融安全底线？

既然金融风险近年来一直都存在，但为何中国并未出现教科书中的危机，是什么独特之处挑战了传统经济学的理论框架？

中国央行研究局局长徐忠在 2017 年 3 月 20 日发表的央行工作论文《中国稳健货币政策的实践经验与货币政策理论的国际前沿》中，对转型中的中国货币政策经验进行了梳理，其中提到不少有益观点。文中提到的诸多中国创新的货币政策实践操作，或许与中国并未出现预期中的金融危机联系紧密，具体包括：

一是中国货币政策目标的多重性。与大多数国家单一通胀目标制或者就业与通胀双目标制不同，中国货币政策包含价格稳定、促进经济增长、促进就业、保持国际收支大体平衡、金融改革和开放、发展金融市场六大目标。而根据以往经验，中国货币政策目标在操作中的权重也会由于经济环境的变化不断调整,有一定的灵活性。比如同样面对 2008 年金融危机,由于担忧经济增长与失业,中国央行便出手很快,但美联储并未对雷曼①进行救助,推倒了第一块多米诺骨牌之后,后期救助成本显著增加,甚至量化宽松、零下限等金融创新纷纷而至且传染至其他国家。直至今日,全球经济也未恢复到危机之前水平,全球货币政策仍大多处于非常态之中。

二是并未墨守"不可能三角"理论。不可能三角理论讲述的是一国央行不能同时实现资本自由流动、货币政策独立、汇率稳定这三个宏观经济目标。而根据过去中国的金融实践,中国大多数时候并未选择不可能三角的角点解,而是通过资本项目有限开放、汇率有管理的浮动和货币政策在一定程度上自主独立的中间状态的选择方式指导中国实践,避免了资本大规模流动对经济的冲击。此外,金融危机以来的经验又显示三元悖论逐步向二元悖论转化,即不论采用何种汇率制度,资本自由流动和货币政策独立性都不可兼得。这也说明,理论总是不断完善的,实践的发展往往领先于理论,一味墨守书本理论,有时并不明智。

三是创新货币政策框架的转型。在计划经济初期,中国大多应用数量型工具,而伴随着市场改革的深化,微观主体自主决策能力的增强,数量型直接调控需要向市场化、价格型间接调控转变。但结合中国面临的结构性矛盾,央行创新使用了 SLF、MLF、PLS 等流动性工具,一方面支持金融服务实体经济的目标;另一方面,通过利率走廊(SLF 为利率走廊上限)与中期指引(MLF 是主要的中期政策利率)的尝试作为过渡,同时培育国债市场等完善利率传导机制,引导中国货币政策框架逐步向价格型调控转型。

四是协调推进利率、汇率和资本项目可兑换,以逐步实现人民币国际化目标。与大多数国家明显先后次序的完成利率、汇率改革以及资本项目开放不

---

① 2008 年,美国第四大投资银行雷曼兄弟由于投资失利,在谈判收购失败后宣布申请破产保护,引发了全球金融海啸。

同，中国央行在上述改革方面提出了协调推进的方式。同时，中国央行强调，即使是资本项目可兑换，也是有管理的可兑换，特别是对反恐、反洗钱、反避税天堂等方面，是拥有严格监控的。此外，央行表示可以对短期资本流动和外债进行宏观审慎管理，甚至在应急情况下实行临时性外汇管制措施，这些也与20世纪80年代末盛行的华盛顿共识[①]有很大的出入。而危机的出现也让国际社会对华盛顿共识开始反思。

综上表明，中国在金融实践操作方面确实有不同于传统理论之处，甚至近年来中国的发展表明，中国实践的创新操作很多情况下是领先理论发展的，这使得中国的政策往往灵活性更强，或许也可以为中国并未出现预期中的金融危机提供一个解释。

当然，这种观点往往会被质疑为自我吹捧，但结合笔者在海外的经历来看，中国央行的实践操作其实也得到了国际同行的赞许。笔者曾经在欧洲央行工作，当时时任欧洲中央银行行长的特里谢便从不掩饰自己对中国央行及行长周小川的赞美之词。其实，中国经济过去40年避免了系统性的金融危机就说明中国的宏观金融管理是有独特的地方。

现在是化解金融风险的良机

更重要的质疑是，虽然中国通过政策创新避免了短期内的危机爆发，但也许只是将问题推后，如果情况得不到改善，可能会有更大的危机与风险。但好在此次中央政治局会议显示了中国自上而下对防范金融风险的高度重视，诸多防范房地产泡沫、加强影子银行监管的举措都在持续推

---

① 华盛顿共识是指20世纪80年代以来位于华盛顿的三大机构—国际货币基金组织、世界银行和美国政府，根据当时拉美国家减少政府干预，促进贸易和金融自由化的经验提出来并形成的一系列政策主张。

进,且防风险不仅集中在一行三会,更涉及多个部门的政策配合,有助于让这一最高决策层的基调落实。

同时,考虑 2017 年以来的经济内外部环境有所转好,内部方面一季度经济增长好于预期,实现了开门红,稳增长压力减小。外部方面出口一转 2016 年的颓势,出现了大幅增长;4 月中美首脑会晤后,美国总统特朗普一改此前对华咄咄逼人的态势。此外,美元走强压力也在减弱,中国资金大规模流出态势也出现了逆转。

因此,中国去杠杆与供给侧改革其实迎来了很好的机遇期,如果能够坚持这一基调,即便承受一定程度的经济增长放缓的阵痛,在可承受范围内,将为中国拨出累积多年的高杠杆高负债的毒瘤,有助于为十九大后中国经济更健康的发展奠定基础。

中国经济的近忧和远虑

作为"两会"后首个在中国举办的大型国际经济论坛,历年中国发展高层论坛(以下简称"论坛")都备受关注。2017 年论坛主题为"中国与世界:经济转型和结构改革"。结合当前全球贸易保护主义日益壮大,国内十九大即将召开,中央与地方各级官员相继实现新老交接的背景,相比于 2016 年论坛嘉宾普遍对中国经济硬着陆比较担心,还有过人民币汇率是否会一次性贬值的争论,2017 年论坛嘉宾对中国经济短期增长和人民币汇率的担心明显减少,反而是担心国际局势的居多。可以说,本次论坛集中在讨论中国经济的近忧和远虑。

房地产泡沫和金融风险为近忧

与 2016 年对增长与人民币贬值的担忧不同,2017 年论坛嘉宾普遍认可了中国经济的短期增长,反而对房地产泡沫与金融风险表示担心。

记得在 2016 年论坛开幕式的主题演讲中,张高丽副总理对当时中国经济的判断是"一季度将能够实现开门红,2016 年攻坚克难,可能 2017 年就海阔天空"。经过了一年艰苦的去过剩产能和房地产去库存,2017 年一季度,中国经济出现了明显好转,在经济论坛的主旨演讲中,张高丽副总理回顾了 2016 年这一判断时,还是颇为自豪的。

结合 2017 年 1—2 月份投资带动下的主要经济指标积极向好,消费剔除汽车负面影响保持平稳,民间投资扭转了下滑趋势,挖掘机等工程用具销售接近 300% 可判断,2017 年一季度中国经济的表现比 2016 年一季度更合适称为"开门红"。

而在人民币汇率方面,2016 年论坛比较担心人民币汇率,还曾就一次性贬值的可能性有过争辩。但 2017 年并未有嘉宾对此表示担忧,美国前财政部长亨利·保尔森发言中提及人民币汇率时表示人民币没有被操纵并列举了相关证据,相信货币基金组织也认同这一结论,并谈到"每个人都希望人民币汇率能够稳定,或者是温和的升值"。

尽管嘉宾们对短期增长并不悲观,但对房地产泡沫与金融风险却十分谨慎。在经过 2016 年一年房价大幅上涨,即便是"930 新政①"后各地推出了严厉的房地产调控政策,2017 年以来,一些城市房价仍然大幅上涨。对此,国务院发展研究中心原副主任刘世锦提出,城市政府总是有意无意把房价往高推,源于卖地有收入。但是地价过高成为生产运营各方面最大的成本,削弱了城市竞争力。同时,刘世锦还提到,房地产税不能拖的时间太长,土地制度改革需要加快推动。

中国政府财经高官的发言并未对房地产风险讳莫如深,而是直接指出了财税改革、土地改革、公共服务均等化改革的滞后与房地产泡沫的联系,比一般场合的发言有所突破,显示了决策层对于房地产风险的担忧。

确实,限制需求只是短期手段,加大供给、积极推动土地与财税改革才是让民众打消国家为楼市背书的顾虑,避免房地产市场香港化的关键。

———————————

① 930 新政是 2016 年 9 月 30 日出台的严格限制首付比例的调控措施。

供给侧改革和中美贸易关系实为远虑

从长远来看，由于 2017 年恰逢十九大召开，未来五年将会有更多的改革在新一届政治领袖的部署下展开，论坛也为中国经济面临的矛盾以及十九大后供给侧改革如何推进进行了深入探讨。

例如，2017 年 2 月履新的国家发改委主任何立峰提到了中国经济发展面临的三大结构性失衡：一是实体经济结构性供需失衡；二是金融和实体经济的失衡；三是房地产和实体经济的失衡。对于是否认可目前有些地方政府以基建投资作为补短板的主要内容这一尖锐问题，何立峰做了明确的不认可的回答。补短板主要是靠供给侧改革去改善营商生态的软环境和新产业、高端服务业的硬环境。

此外，全国社保基金理事会理事长楼继伟也表示，货币政策和财政政策确实可以增加杠杆，阶段性增加总需求，防止危机快速蔓延，但如果浪费掉了货币政策和财政政策买来的时间，那么政策空间会越来越小，最终可能就会在紧货币、紧财政的条件下进行改革，阵痛会更加剧烈，就更难凝聚共识，容易滑向"左倾"或者右倾的民粹主义。

笔者认为，中国官员的上述表述体现了高层对于推动结构性改革的迫切。希望十九大后，一些核心的供给侧改革，如国有企业改革、土地制度改革、财税改革、新型城镇化建设可以加快推进。

而从国际情况来看，由于 2016 年论坛后，全球相继出现了英国脱欧和特朗普胜选等黑天鹅事件，围绕全球格局的新变化，特别是中美关系的讨论亦成为论坛焦点。当然，早在前几年的论坛上，嘉宾便对中美关系"非常态"进行过一些讨论。

记得 2015 年前美国财长鲁宾曾在论坛上提到过一个中美外交的"现象"，即中美双方在讨论双边关系之际,常常从批评对方开始:美方抱怨人民币汇率受到干预,政府对于企业在能源、土地等方面实施不公平的补贴,以及中国对知识产权保护不力;而中方则不满于美方管制高科技产品的对华出口、对中国企业在美投资准入实施限制等问题。而前美国国务卿基辛格博士则在当年的论坛演讲中将中美摩擦的背后的实质归因于"崛起大国与守成大国的传统冲突"。

从这一角度来看,2017年的中美关系新格局的演变并非偶然,关键在于未来如何演变。此次论坛上,美国前财长亨利·保尔森将中美的经济关系称为两国关系最坚定的压舱石。美国前贸易代表巴尔舍夫斯基则提到,美国在全球化和市场化方向存在逆转,但美国如果脱离这种全球化的进程,风险很高,对中国尤为如此。

巴尔舍夫斯基指出当前中国一些产业贸易政策确实有一些偏向于中国公司,而且中国对出口的依赖度很高。未来若要避免中美贸易关系恶化,中方可以进一步在经济改革和开放、减少歧视性的措施、推动知识产权保护、减少监管壁垒、增加对美国投资以带动当地就业机会等方面做出改善。

中美关系是当前世界最重要的双边关系,中美两国均是全球化最大的受益国,正如中国快速增长的市场需求已成为美国打贸易战不得不慎重考虑的问题,而中国一定程度上开放市场并配合改革,推动市场主体公平,将既有利于降低贸易战的可能性,也符合中国改革的方向。

总之,此次论坛嘉宾对短期增长并不悲观,但对房地产和金融风险表示担忧。而从长期来看,十九大后能否在国企改革、土地改革、财税改革等方面取得突破,以及未来全球化趋势如何演变,中美贸易关系能否在进一步改善,都是影响中长期中国乃至全球经济发展的关键。

债务高增长,中国能否避免金融危机?

2017 年 5 月,国际信用评级机构穆迪宣布将中国主权信用评级由 Aa3 下调至 A1,理由是随着中国潜在经济增长放缓,中国财政状况未来几年将会趋向负面,经济层面的债务水平将继续上升。看空中国的言论再度兴起,一时间离岸人民币受到拖累,大宗商品价格走弱,全球投资者对中国的悲观情绪上升。

实际上,近十年来,看空中国的声音此起彼伏,从未间断。海外投资者数年前便有不少热衷于对中国将迎来"明斯基时刻"的讨论。而这两年,美元走强加大人民币汇率贬值压力之时,相当多的海外对冲基金又押注人民币下跌,如凯尔·巴斯的海曼资本管理公司曾在 2016 年年初提出人民币 3 年内下跌40%的判断,但其后预测被现实所击败,不少做空人民币的对冲基金也损失惨重。

但中国能够避免危机的发生,与中国在实践中尽量避免近 30 年三次严重的全球金融危机中的一些深刻教训密切相关。

亚洲金融危机的教训：避免一次性大幅贬值与
重新审视资本项目开放

回想 2015 年"811 汇改"以来，人民币曾几度出现大幅贬值的压力，市场让人民币一次性大幅贬值的呼声较高，但亚洲金融危机中泰国的例子表明，一次性大幅贬值往往是危机的开端。

当时，泰国放弃盯住美元制度得到了 IMF 的赞许，但其后泰国汇率市场的动荡之剧烈却远远超出预期，泰铢一路下跌 60%，银行挤兑，流动资金紧张，股市大跌，导致泰国经济陷入严重衰退期。而中国决策层吸取了这一教训，及时出手，避免了货币的大幅贬值。如今美元升值态势扭转，人民币企稳回升，资金外流态势也得到了缓解。

此外，亚洲金融危机之前，IMF 一直提倡资本项目的完全可兑换方式，而危机之后，IMF 通过对危机的反思，提出了资本项目基本可兑换的目标。中国央行一直表示，对于推动人民币国际化的改革进程中可能会出现的资本外流问题的担忧，可以对短期资本流动和外债进行宏观审慎管理。例如对短期投机性资本进行管理，包括征收托宾税、资本增值税、无息准备金、印花税；对待外债，可以有外汇头寸限制、期限管理、风险比例管理和信息披露等措施；甚至，在应急情况下可以实行临时性外汇管制措施。

然而 2017 年年初，外储跌破 3 万亿美元之时，市场再度恐慌，保汇率与保外储的争论日益盛行，其后央行采取了诸多资本管制措施抵御资本外流，甚至引发了对人民币国际化倒退的质疑。但如今人民币企稳，资本外流压力缓解，央行再度推出债券通等重拾人民币国际化进程信心，这些操作实则体现了对亚洲金融危机提倡资本项目完全可兑换教训的经验总结。

日本泡沫危机破灭的教训：避免政府强势刺破泡沫

20 世纪 90 年代，日本泡沫经济破灭成为日本进入"失去的 30 年"的导火索。如今中国房地产泡沫同样让人担忧。例如，在 2017 年 3 月北京召开的中国发展高层论坛上，野村证券董事长古贺信行便提到中日房地产泡沫的相似之处，甚至认为，由于中国影子银行贷款没有被充分写入资产负债表，中国居民对政府为国有银行金融风险背书有充分预期，以及中国汇率制度与资本管制等方面都与日本不同，一旦出现问题，可能给中国带来比日本当时更大的冲击。

但中日泡沫存在诸多不同之处，如当前中国城镇化水平低于日本，中国没有像日本经历"广场协议"之后出现货币大幅贬值现象，也未像日本一样出现大规模产业外移的现象。更重要的是中国政府似乎在对待房地产泡沫的态度上吸取了日本泡沫经济的教训，并未采取类似于日本强势加息、主动刺破泡沫的做法，而是在泡沫积聚的背景下，先通过行政手段打压房价持续上涨的势头，但避免刺破泡沫，而后通过收入水平提升与基本面的改善，换来房地产市场的短暂平稳，并未导致危机。

美国次贷危机的教训：不放弃雷曼式救助

2008 年全球金融危机的影响是深远的，直至今日，全球经济与金融市场也并未完全从危机之中恢复。总结金融危机的文献汗牛充栋，其中有一种观点认为，如果美联储当时能够在雷曼倒闭之前采取类似于后期对花旗、美林、AIG①（American International Group，美国国际集团）等金融机构的救助，金

---

① 一家以美国为基地的国际性跨国保险及金融服务机构集团。

融危机也许并不会严重至此。

回到中国,很难想象中国政府会允许雷曼现象的出现。恰恰相反,刚性兑付导致的金融市场扭曲一直是中国面临的一项重要挑战。中国模式的好处是避免了短期内危机的发生,但风险是加大了道德风险,而如何在二者之间取得平衡一直是考验各国央行与监管者的操作难点。

金融危机之后,全球金融监管新变化更加强调宏观审慎框架。在此基础上,中国也在2017年外部环境好转的背景下,如资本大规模外流压力下降、中美贸易战风险降低,加快了对影子银行的清理工作。

综上,中国似乎确实在企业债务指标、房地产价格指标、信贷增速指标等方面触及了国际警戒值,但在实践操作层角,中国又不断地通过吸收全球金融危机的教训,使得中国在短期内并未出现国际社会所预言的中国式危机。这也为海外投资者一直困扰的"中国何以避免金融危机之谜"提供了一些合理解释。

然而,独特的中国模式是否可以持续? 在笔者看来,广泛的国际指标并非没有借鉴意义,相反,这其实为中国敲响了警钟。在吸取历次全球危机各国经验的背景下,尽管短期手段有效但也只是暂缓危机的方式,唯有尽快推动各项供给侧改革,特别是国有企业改革、土地改革、财税改革等深层次的改革,才能从更为长远的角度化解危机。

加快改革步伐，避免陷入流动性陷阱

流动性陷阱源于 20 世纪 30 年代凯恩斯针对美国经济危机时期状况提出的理论，意在解释当利率下降到一定水平，货币需求弹性为无穷大，致使扩张性货币政策无法刺激企业投资和居民消费，导致出现货币政策失效的现象。2016 年 8 月，有关中国企业陷入流动性陷阱的讨论增多，央行调统司司长盛松成表示，当前 M1[①] 增速与经济增长背离，其背后原因是企业缺乏投资意愿，说明中国企业已陷入了某种形式、某种程度的"流动性陷阱"。如何避免这样的困境发生，值得我们深入探讨。

货币政策有效性递减

扩张的货币政策已经持续一段时间。自 2014 年 11 月以来，央行先后六次降息、五次降准，并通过 PSL、MLF、SLF 等定向操作向实体经济注入流动性资金。然而，尽管货币政策保持宽松，但企业经济活动仍显疲软。一方面企业持币观望、谨慎投资的现象有所增加，体现在 M1 增速持续提高：从 2015 年 3

①　M0、M1、M2、M3 都是用来反映货币供应量的重要指标。

月的 2.9％提高到 2016 年 6 月的 24.6％,M1 与 M2 增速的差距逐步扩大,高于同期 M2 增速 12.8 个百分点。另一方面民间投资持续下滑,2016 年 6 月,投资更是罕见转负,凸显了企业对投资前景的悲观预期。

导致当前货币政策传导失效的正是结构性矛盾,即尽管流动性看似供大于求,但由于部分行业产能过剩、诸多企业债务负担较重,存在借新还旧的现象,以及企业贷款大量进入房地产市场等原因,充裕的资金流动并未刺激有效的实业投资,结构性困境削弱了中国经济增长力度。

首先,当前企业债务负担积聚,借新还旧现象普遍。2008 年之前,中国非金融企业杠杆率一直稳定在 100％以内。全球金融危机后,加杠杆趋势非常明显,非金融企业杠杆率由 2008 年的 98％上升到 2015 年的 156％,扣除地方政府融资平台债务,杠杆率提高到 131％,高于美、英、德、日等国。存量债务高企之下,很多企业借新还旧的现象十分突出,这尤以地方政府融资平台为主。根据 Wind 数据显示,2016 年上半年地方债发行总计 3.58 万亿,其中新增债券8936 亿元,置换债券发行 2.68 万亿。地方政府债务增长迅速,一方面与稳增长项目需求增加导致财政压力较大有关,一方面也与存量债务到期压力陡增有关。根据 2014 年年底财政部对地方政府存量债务甄别的情况来看,2016 年到期 2.8 万亿元,2017 年则到期 2.4 万亿元。

其次,部分行业产能过剩严重。产能过剩是当前中国经济面临的一大顽疾,不仅体现在诸如钢铁、水泥、电解铝、玻璃等传统行业,也常见于太阳能、风能等新兴产业。受到产能过剩影响,当前制造业企业投资下滑态势十分明显。根据国家统计局数据,2016 年 1—6 月制造业投资同比增速 3.3％,单月制造业投资再度负增长,而上次出现类似情景还是 20 世纪 90 年代末国有企业大规模去杠杆期间。

煤炭、钢铁行业去产能是 2017 年经济工作的五大任务,但 2016 年上半年全国钢铁去产能 1300 多万吨,煤炭退出产能 7227 万吨。姑且不论还有诸多其他产能过剩行业去产能工作尚未完全铺开，仅钢铁、煤炭两大重点行业就面临着去产能与稳增长、保就业之间的艰难平衡，政策落实也实属不易。在此背景下，大量银行贷款难免仍在继续为产能过剩的行业或者企业输血。

再有，地方政府与国企垄断降低了有效投资。无可否认，一直以来，国有企业依赖于市场的排他性和垄断性，享受着丰厚资源和利润。然而，当前存在的以下现象也导致充裕的资金流动并未形成有效投资，例如，获得贷款相对容易的国有企业，却未进行投资，反而将资金高价通过信托贷给资金困难的中小企业，削弱了中国经济活力。

数据更能说明这一问题。2016 年上半年 1—6 月份，全国规模以上工业企业利润同比增长 6.2％。但是，全国国有及国有控股企业利润同比下降8.5％；其中，中央企业利润同比下降 9％，地方国有企业利润同比下降 7.1％。

同时，贷款歧视、私营企业融资的高成本，使得民营企业面临资金困境。这也伴随着企业家信心的下降，根据中央银行对企业家的调研显示，2016 年企业家信心指数比 2008 年全球金融危机时期还要低迷。这与 2015 年以来人民币汇率两度大幅贬值，宏观政策信号不明，国有企业改革举步维艰，乃至于对民间企业家私人产权保护不足等诸多因素有关。民间投资的大幅下降直接导致经济活力下降。

最后，房地产行业占据大量贷款资源。地产政策走势近年来始终是困扰决策层的难题。去库存是 2016 年重点工作任务。伴随着信贷政策调整与降息，2016 年上半年房地产销售大幅增长，也带动土地购置费用与房地产投资反弹。2016 年 4 月是房地产数据的高点，1—4 月房地产投资同比增速达到 7.2％，销售额同比增长 55.9％。在房地产市场回暖之下，2016 年上半年土地成交价款 3159 亿元，增长 10.2％。

房地产市场回暖的背后正是大量信贷资源的流入。数据显示，截至 2016 年 6 月末，房地产贷款余额 23.94 万亿元，同比增长 24％；上半年增加 2.93 万亿元,同比增多 1.04 万亿元,其增量占同期各项贷款增量的近四成。此外,个人购房贷款余额 16.55 万亿元,同比增长 30.9%,增速比各项贷款增速高 16.6 个百分点。大量资金进入房地产市场,对实体经济有挤出效应。

与 20 世纪 90 年代日本比较

日本是首个陷入流动性陷阱和长期通缩的主要工业国。20 世纪 90 年代日本资产泡沫破灭后,日本央行曾持续减息以期提振经济,结果不仅无效,反而将日本带入了流动性陷阱之中。物价进入通货紧缩状态,经济陷入近 30 年的低迷,失业率持续上行。中国是否会陷入流动性陷阱?对比当前中国与日本资产泡沫破裂之前的情况,笔者认为两者有八大相似之处,需要引起警惕。

相似点一:大量"僵尸企业"占据社会资源。20 世纪 80 年代的日本,设备投资增长迅速。除 1983 年为负值以外,其余都为正值。并且从 1988 年开始,由于受扩张性货币政策的影响,在低利率的刺激下,日本的设备投资增长率连年都超过 15%。同时,日本工矿业生产率并没有显著增加,部分设备闲置和产能过剩现象加剧,为之后的经济停滞留下隐患。正如上文所述,目前中国很多行业也同样面临显著的产能过剩现象,大量僵尸企业与产能过剩正是中国产业发展的"痼疾"。

相似点二:货币异常宽松。日本泡沫经济时期的显著特点是相当大的货币供应量和信贷扩张。从 M2 占 GDP 比重来看,日本 1980 年该比例为 140% 左右,而到 1991 年泡沫爆发前增加到近 190%,大量的货币投放造成了当时的流动性资金过剩。反观中国,金融危机以后,中国通过"四万亿"经济刺激计划带动大量项目推进,配套资金大规模下发,带动了银行信贷屡创新高。截至 2016 年 6 月末,中国的 M2 余额已经达到 149 万亿元,M2 与 GDP 比重接达到 220%,创下全球新高。

相似点三：经济增速持续下行。20世纪90年代之前，日本经济一直保持较高增速。在1950年至1970年经济起飞阶段，年均增速超过10%，在20世纪70—80年代经济增速高达7%，80年代中后期，日本经济如同吹起的肥皂泡，表象极度繁荣。但1991年春，伴随着泡沫破灭，经济减速，日本在泡沫中沉沦，至今已经经历了两个失落的十年。对比中国，在改革开放与加入WTO等利好之下，中国经济增速多年保持较快增长。但如今由于人口、环境、资源等束缚，中国经济潜在增速有所下降。经济增速换挡期、结构调整阵痛期、前期刺激政策消化期的三期叠加，使得中国经济传统增长方式受到挑战。

相似点四：股市表现低迷。日本泡沫时期，地价、股价疯狂联动，资产价格循环上涨：1989年12月29日，日经指数达到最高38915点，此后泡沫破灭，日经指数开始下跌，到1992年8月跌至14309点。对比中国，2015年资本市场曾一度在改革预期、流动性驱使，以及股市加杠杆等因素的推动下快速上涨，但截至2016年6月，股市出现暴跌，2015年下半年的两度暴跌更让居民财富损失严重。

相似点五：出口困境。从1981年开始，日本出口拉动GDP大幅增长，对GDP贡献达到23%左右，日本贸易顺差高启，依赖出口成为日本80年代的发展战略。但是由于当时美国正面临着贸易赤字和财政赤字的双重困扰，美国政府试图运用综合贸易及竞争法案干预外汇市场，促使当时世界第二大经济体的日本货币升值，广场协议以后的三年内，日元升值50%以上。反观中国，金融危机之后，中国出口需求疲软，而前期美元走强，人民币相对一篮子货币升值，又加剧了出口困境。

相似点六：房地产泡沫积聚。20世纪80年代的日本土地投机热潮高涨，房价节节攀升。日本泡沫经济破裂前，日本政府并没有采取有效的措施约束金融部门过度涉及房地产市场，最终致使房地产泡沫破灭。而当前中国同样面临房地产价格过快上涨的态势。2015年伴随着房地产政策调整，一二线城市房价快速增长,全国205宗10亿元的高总价地块的"地王"主要集中在一二线城市,资产泡沫不断累积。当然,三四线城市仍然库存压力较大,通过支持农民进城购房的去库存措施效果尚不明显。

相似点七:物价持续下行。与日本泡沫经济破灭后的长期通缩相比,中国当前情况虽然尚未如此糟糕,但也足以引起警惕。经济疲软,导致通胀回落,CPI(Consumer Price Index,居民消费价格指数)同比上涨1.9%,回落至2以下。6月PPI同比跌幅进一步收窄至2.6%,环比转跌,PPI持续负增速已经高达52个月,为史上最长。从2015年GDP缩减指数为负的情况来看,当前中国也面临通缩困境。

相似点八:银行业不良贷款上升。造成日本困境的另一关键因素是日本的"僵尸银行",即技术上资不抵债,但在政府支持下仍能继续经营的银行。由于政府的明确或隐含的担保纾困,"僵尸银行"不仅占有着大量资源,而且还错过了重振日本经济的宝贵时间,并未对经济增长做出贡献。

对比之下,中国银行业虽然还算稳健,但不良贷款激增的局面足以引起重视。来自银监会的数据显示,截至2016年6月末,商业银行不良贷款率为1.81%,相较于2016年一季度末的1.75%继续攀升。当然,如果经济继续恶化,土地价值下降(往往作为地方政府融资平台贷款的抵押),银行贷款数量将迅速下降,其带来的风险需要防范。

总之,当前中国经济已与20世纪80年代的日本存在一定相似度,如流动性过剩,经济增长放缓,出口企业运行困难,产能过剩,房地产泡沫加剧和银行不良贷款上升等等,这些问题都应该引起足够的警惕。

经济增长潜力仍然存在

相对而言,中日经济又存在以下不同之处:包括中国经济增长潜力,特别是城镇化潜力仍在,服务业和消费业还有很大空间。虽然面临人口老龄化压力,但全面二孩政策以及女性带动就业参与率高于日本等都是有利条件。因此,只要持续推动供给侧改革,中国应能够避免重蹈日本的困境。

具体来看,中国经济增长潜力仍然存在。首先,20 世纪 80 年代后期,日本人均收入已经相对较高。比较而言,中国目前人均收入水平仍然较低。

第二,日本在 20 世纪 60 年代末即达到刘易斯拐点,其后的 20 年中,制造业工人月薪资大幅提升,促进了消费提升。而中国刚刚经历刘易斯拐点,劳动力仍供不应求,未来低端群体收入提升有利于释放消费潜力。同时,沿海劳工短缺也有助于促进中西部产业转移,并促进产业升级,特别是服务行业和高附加值制造业的发展。

第三,中国当前城镇化率仍然低于日本当时水平。1985 年日本城市化率已达 76.7%。日本城市和农村地区较小的差异,导致 1985—1987 年日元升值以来,日本传统产业向国外转移,国内"产业空心化"的现象严重。而现在中国,城市化进程正处于加速阶段,2015 年中国城市化率为 56.1%。城市化进程的加速,有利于进一步释放内需,而中国东西部之间的差距,也有助于未来制造能力将越来越多向内陆移动,避免出现"产业空心化"的现象。

第四,中国当前的劳动力结构优于日本。日本是全世界老龄化程度最高的国家,65 岁以上老年人口占总人口的 1/4。中国虽然同样面临老龄化社会的挑战,但目前情况要好于日本,中国 65 岁以上人口占比接近 10%。且伴随着全面放开二孩政策、延迟退休政策等的推出,就业参与率有望进一步提升。更何况,相比于日本女性就业参与率低的局面,中国女性是就业大军中重要的支持力量。

综上所述,中国当前虽然面临不少挑战,但增长潜力仍要优于日本。如能通过加快供给侧改革,从化解过剩产能,处理僵尸企业,依靠市场力量促进国企、民企公平竞争,减少行政审批,推进城镇化战略,以及提高居民社会保障等方面着手加速改革,则有望避免重蹈日本覆辙。

值得肯定的是,在经济增长预期基本稳定在 6.5％左右的水平上,2016 年 7 月 26 日的中央政治局会议加大了对结构性改革的部署。具体提出,去产能和去杠杆的关键是深化国有企业和金融部门的基础性改革,去库存和补短板的指向要同有序引导城镇化进程和农民工市民化有机结合起来,降成本的重点是增加劳动力市场灵活性、抑制资产泡沫和降低宏观税负。

上述表述抓住了问题的关键,如能在国企改革、财税改革、金融改革等方面有所突破,中国有望避免陷入日本式流动性陷阱,重拾经济增长动力。

提振企业家信心：扭转民间投资恶化关键

2016 年,民间投资持续恶化,1—5 月民间投资同比名义增长 3.9％,5 月单月增长不足 1％,创出这一数据自 2005 年公布以来的最低纪录。对此,决策层已有所警觉,相关人士在 2016 年 5 月 9 日《人民日报》头版的关于中国经济形势判断的文章中,将民营企业投资大幅下降列举为中国经济的首要风险点。5月 4 日的国务院常务会议也专题研究民营企业投资增速大幅下滑的问题,并且罕见地派出多个督查组奔赴地方,排查民营企业所面临的困境。

考虑到 2015 年民营企业固定资产投资占全社会固定资产投资超过六成,而稳投资正是中国经济稳增长的关键,提振民营企业投资对于中国经济的意义不言而喻。

从历史数据上看,除了 2009—2010 年"四万亿"经济刺激时期之外,民营企业固定资产投资增速一直高于政府和国有企业的投资增速。民营固定资产投资占全部固定资产投资的比重也在 2006 至 2016 的十年间上升了超过30％。但是 2011 年以来,民间固定资产投资的增速不断下滑,与公共部门固定资产投资增速的差距越来越小并于 2015 年 9 月被公共部门的固定资产投资所赶超,"国进民退"的现象凸显出来。

为何自 2011 年以来民间固定资产投资增速出现趋势性下滑? 金融危机

以来,中国经济面临结构转型,经济增速下滑以及投资回报下降或是最主要原因。而其中,国企民企投资增速的相对变化,或许与以下三点原因有关:

一是伴随着中国劳动力成本和其他成本的不断上升,以民营企业为主导的中国制造业部门的竞争力有所下降,在整个国民经济的比重也有所下降。而在代表新的经济增长动能的服务业和其他一些垄断性行业中民营企业却受制于种种壁垒,没有进入的机会。

二是伴随着中国经济的持续下滑,政府不得不在稳增长中发挥更加重要的作用。这直接导致了政府投资占比的上升和与政府关系紧密的国有企业的投资占比上升。

三是伴随着近些年信用风险的上升,金融系统对于存在一定政府隐形担保的国有企业授信偏好有所加强。

然而,这些长期性的因素却并不能够很好地解释为什么自2016年以来民营经济固定资产投资增速显著恶化。从同比增速的角度观察,民间固定资产投资增速从2015年12月底到2016年5月短短五个月间下滑将近8％,呈现出自我加速的态势,这和过去两三年间的相对平稳下滑的历史趋势出现了明显的背离。

分部门来看,在2016年一季度政府采取了一些措施并推动总需求反弹的情况下,民营企业在房地产和基建领域的投资增速也出现了企稳反弹(虽然显著弱于政府和国企投资增速),但是在制造业和房地产及基建以外的服务业领域却出现了急剧滑落,并拖累整体投资增速下行。与之相对,2016年以来各部门政府和国企投资增速则都实现了较为强劲的反弹。

鉴于近几个月来总需求出现了一定的回升,2016年民营企业投资的下滑恐怕不能够简单解释为经济周期下行的自然结果。那么到底应当如何解释目前民营企业投资的显著滑坡呢?

一种观点认为民营企业投资增速的恶化与2016年开始大规模推动的"去

产能"运动有关：2016 年 1 月，国务院制定了未来三至五年严格的产能处置计划，其执行对于企业投资的影响应该说不容小觑。但是，这一判断存在疑点，如果去产能是导致制造业的民营企业投资下滑的主要原因，那么为什么制造业的国企投资却大幅反弹？有部分研究者认为，可能的解释是在去产能的过程中，政府倾向于保护国有企业，但是这一观点也无法得到数据的支持。从目前去产能的两个主要突破口钢铁和煤炭行业的情况来看，国家统计局的数据显示，2016 年以来，这两个行业民营企业的投资增速都高于整体的增速。

第二种观点认为 2016 年以来在政府刺激的支持之下，国有企业投资的高增长"挤出了"民营投资。对此判断，笔者同样存有疑问，特别是在制造业领域。一般而言，挤出效应可能有两种情况：

一种情况是国有企业扩大了市场份额（通常是因为持续得到政府和银行支持），挤出了民营企业。这种情况下我们应当看到民营企业利润显著下滑，被迫退出市场。但是，国家统计局公布的工业企业利润显示，2016 年其同比增速已经由负转正，反而是国有企业的利润仍然负增长。考虑到工业企业中包括国企和民企，这意味着民企的利润水平应当并不是很差。因此，挤占市场说难以成立。

另一种情况是国企获得了较多金融资源，挤出了民营企业的贷款份额。如果是这种情况，金融市场的利率理应显著上升，但实际上市场并未显著地出现这一现象。以民营企业经常使用的票据融资利率为例，该利率 2016 年除了春节期间因季节性因素上升之外，基本保持平稳，与 2011 年温州民间借贷危机期间持续处于高位的局面大相径庭。

当然，在受到较多管制的服务业领域，挤出效应的可能性很难排除。如果国有企业投资在某些领域有较大的上升，这可能意味着民营企业想要获得行政许可或者克服其他隐形门槛进入该领域的可能性大大降低。

因此，民营企业家对于未来投资信心的缺失可能是近期民营企业投资大幅下滑的主要原因。根据人民银行公布的对 5000 户工业企业企业家的调研显示,企业家信心指数自 2012 年下半年以来一直在 58—68 的区间波动,却在 2015 年四季度出现了大幅下跌并在 2016 年一季度创出 43.7 的历史新低,甚至比 2008 年全球金融危机时期还要低迷。

虽然上文中提及的许多长期因素都会影响企业家信心,但笔者以为,2015 年三季度以后汇率市场的异常波动和随后金融市场的动荡,摇摆不定的宏观政策信号,举步维艰的国有企业改革,乃至于对民间企业家私人产权保护不足等诸多因素可能都对于企业家信心产生了相当的负面影响。

在民营企业的盈利状况和融资环境都没有出现显著变化的情况下,民间投资和企业家信心的大幅下滑需要高度警惕,短期经济下滑的风险正在进一步上升。因此,应加速推动民主与法治建设,加强物权保护和公民人身权利保护,加速推动市场准入改革和国有企业改革,让各种经济主体获得平等的竞争地位,重塑民营企业家对于中国经济和中国社会的长期信心。

应避免主动刺破房地产泡沫

在多地严格的房地产政策下,2017 年 5 月中国房地产市场似乎出现拐点。投资同比增速 8.8%,扭转了 2016 年下半年以来的上升态势,首次出现回落;土地购置面积增速 2017 年 1—5 月下滑至 5.3%。与此同时,房地产销售持续下滑,新开工增速回落至个位数,二者作为房地产市场领先指标预示着未来房地产前景的黯淡。

这样的情形与前两年火爆的房地产市场形成了鲜明对比。可以看到,自 2015 年"3·30"房地产政策以来,伴随着去库存调整、信贷政策放松,以及契税政策调整等,中国房地产市场发生了颠覆性反转,过去两年当中库存迅速积压,房市一举进入快速上涨通道。当时房价涨幅之大,涨速之快前所未有。

可以说,中国一二线城市用两年时间即完成了发达国家用数十年完成的房价翻倍。然而,如今中国房地产市场又呈现冰火两重天的局面,这该如何理解?中国房地产是否出现泡沫,泡沫又能维持多久,又将如何演化等问题显然是当前国内外投资者关注的焦点。

螺旋式上升的"房价—收入"周期

不难发现,过去十几年中国房地产市场涨多跌少,且每次下跌都是在政策调控下的短期回落,其后由于政策由紧转松,报复性反弹后,房价都会在很短的时间便超过前期峰值。中国房地产鲜有下降周期,且诸多衡量泡沫的国际指标均处于高位,然而这种情况仍长久持续,并未出现房地产危机。

中国房价之所以屡控屡涨,泡沫从不曾破裂,最主要的原因是中国独有的房地产"螺旋式上升"模式。在泡沫积聚之际,监管者并未采取类似于 20 世纪末日本政府主动刺破房地产泡沫的做法,而是在短期内通过行政手段防止泡沫进一步扩大,同时推动收入的改善,在发展中逐渐化解泡沫。具体来看,过去历次中国房地产周期均显示,中国房价先是一段时间内快速增长,其后引致严厉的政策调控措施,调控导致短期内供需关系以及房价上涨预期改变,再通过经济增长带动收入提升,为高企的房价提供支撑。

这种"螺旋式上升"房地产泡沫的特殊模式之所以能在中国得以实现,主要得益于中国经济过去 30 年前所未有的高增长。改革开放以来,中国经济一直享受着改革开放与经济全球化的红利,经济增速整体上保持了高速增长,收入增速多年来保持两位数。2013 年以来,收入增速回落至 10% 以内,但整体上也保持了 8%—9% 的较高水平,不低于 GDP 名义增速。这就使得即便中国房地产泡沫短期出现,经济高速发展的基本面也能消化泡沫,进而降低房地产危机的风险。

与以往不同的是,由于中国已处于由高速收入增长向中高速增长转变的新常态时期,未来居民收入很难延续以往两位数的较高增长率,甚至可能由于转型,出现短期的结构性失业。虽然 2016 年下半年开始中国经济出现反弹,但长期来看,中国已经进入"三期叠加"时期,即增长速度换挡、结构调整阵痛、前期刺激政策消化时期。

2016、2017 年的一二线城市房价比以往涨得都凶狠，说明市场未对收入放缓有充分预期，相反，凭借以往房价只涨不跌的经验，仍有人认为中国房地产市场具备独特性，相信政府会为房地产的背书能够对抗经济规律。

中国房地产市场的独特之处

试将中国的房地产市场特殊情况与日本当年房地产泡沫时期进行对比，不难发现中国房地产市场的独特之处。

一是中日购房者的购房资金来源与购房者结构不同。东京的投资者似乎很难想象，中国普遍存在父母倾其所有，举全家之力为子女在一二线城市购房的现象。这种父母支持购房首付、子女还贷的模式在东京投资者看来很难理解。这个背景也解释了为什么北京首次购房者年龄仅为 27 岁，在东京却达到了 41 岁。而从近年来购房者构成来看，与泡沫共舞的也并非是投资者想象中的富人。新增房屋购置者大多为首套刚需，如购置婚房。此外，购置二套改善型需求房在一线城市也比较普遍，如购置学区房，或为父母购置养老住房。可以发现，这部分人以城市中产阶段为主，并非富豪。

二是中国独特的土地财政。中国并未推出房产税，土地收入仍然是当前地方政府重要的资金来源。而从博弈论的角度来看，政府通过限制供给，保持土地拍卖的高价是维持长期稳定收入的占优策略。

三是中国一线城市资源的集中程度日本难以比拟。中国一线城市拥有其他城市无可比拟的资源与就业机会，独特的户籍制度又使得要素流通并不自由。同时，中国的住房租赁市场尚不成熟，租赁市场往往缺少契约精神，诸多因素造成了一线城市新市民往往倾向于在就业几年内便购置自有住房。而城市的高速发展与人口集聚，又使得教育、医疗资源等发展显得相对滞后且不均衡,这使得改善型需求住房,诸如学区房需求也十分旺盛。

四是中国政府对房地产市场政策强有力的干预。

房地产过热的五大风险

房地产始终是国民经济的支柱产业,房地产业加建筑业占 GDP 比重超过
12%。考虑到房地产的发展情况还直接影响到家具、建材、装潢材料的相关消
费,并与上下游企业的发展、金融行业的风险以及地方政府收入都有着紧密联
系,作用更是不容忽视。例如,在房地产税尚未进入实质性进展阶段,市政债
开闸并未有所突破之时,土地收入仍旧是地方政府收入的重要来源。然而一
旦房地产市场崩盘,不仅影响投资与消费,也将减少财政收入,也使抵押品价
格下降从而诱发银行坏账上升,无异于中国经济硬着陆。

但是,2017 年这轮房地产市场显然已不仅仅是资产泡沫大小的问题,而是
对整体经济形成了五大风险。

风险一是这次房价的全面上涨与经济走势和居民收入预期背离,缺乏基
本面的支撑。这样的上涨之所以值得担忧,在于其既没有良好经济预期的支
持,也没有居民收入大幅上涨的支持。之前,房价与经济走势相关,经济走强,
居民预期收入提升,购房需求增加导致房价上涨,资产价格走高推升财富效应
进而带动消费与经济,似乎是更加良性的循环。然而,当前中国经济面临的情
况恰恰并非如此,即便自 2016 年第三季度开始宏观经济迎来一波上升趋势,
也主要靠基建和房地产支持,经济主体活力仍然较差。在此背景下,房地产市
场一枝独秀,高杠杆透支了居民对未来收入与经济的预期,一旦情况转差,金
融风险必将有所增加。

风险二是恐慌性购房、投机性购房增加了经济脆弱性,一旦预期扭转,可
能加大金融风险。可以看到,2017 年房地产市场的涨幅已导致恐慌性购房情

绪蔓延。任何有关房地产政策的风吹草动,市场便草木皆兵。

　　风险三是住宅用地供给不足,楼市香港化趋势明显。尽管中国内地整体国土面积较大,但住宅用地整体较低,供给受到制约,这点与香港情况类似。一方面,当前中国内地主要土地是耕地,18 亿亩的耕地红线不得动摇;另一方面,城市大量土地又被建设用地占据,留给住宅用地的少之又少,这也是住宅用地拍卖地王层出不穷的原因之一。

　　风险四是房价过快上涨加大收入差距,损害社会公平。正如香港楼市所反映出的问题,一旦房价涨幅超出普通民众承受能力,也会拉大收入差距,加剧社会矛盾。根据香港特区政府统计出的数据,自 1971 年至 2011 年的 40 年间,香港的基尼系数上涨了 25％,从 0.43 升至 0.537,接近 0.6 的国际警戒线。而其间房价大幅上涨,2003 年至 2015 年的 13 年中,香港整体房价上涨了 4 倍,同时香港普通民众居住条件难以改善。而当前香港爆发出的一系列社会问题,都与收入差距扩大有较大关系。以此为鉴,避免内地楼市香港化至关重要。

　　风险五是房地产一枝独秀,或将遏制经济转型与创新。比居民加杠杆购房更加令人担忧的是,房地产利润丰厚,远超出实体行业收益,打击了企业家创新的信心,不少企业家卖掉企业进入房市的现象令人担忧。创新是未来经济转型的关键,然而高房价无疑推高了创新的成本。

避免刺破房地产泡沫

　　一直以来,房价都与房地产政策密切相关。2013 年以来,决策层希望通过打造房地产市场的长效机制,比如推出房产税,走出房地产市场短期调控、行政性干预过强导致市场波动过大的怪圈。然而,由于此前去库存位列五大任务,出乎意料地推升了一二线城市房价过快上涨。此时,政策面临两难,一旦出手调控，政策力度把握困难，经济下行之下，担忧打击经济；而若不出台政策，恐慌性购房推高房价，并加大金融系统风险。且决策层对应采取何种手段也有顾虑，如房地产税虽然是既定改革，但在此背景下，反而怕用力过度，造成不可预期的损失。

在处理当下房地产风险上，笔者认为中国应避免主动刺破泡沫。1989 年，日本央行强势加息，自 1989 年 6 月到 1990 年 8 月 5 次上调政策利率从 2.5％ 至 6.0％，主动刺破泡沫。相比之下，如今中国政府对待泡沫方面十分小心，在房市显示出泡沫征兆时，监管层应采取行政手段打压房价持续上涨的势头，但应避免刺破泡沫。纵观过去十几年，每次意识到泡沫的存在，政府总会出台措施，换得其后几年房地产市场的短暂平稳，并没有出现危机。

中国房地产市场的五大风险使得调整楼市政策的持续性十分必要，关键在于扭转恐慌性购房者的预期，比如增加充足的土地供应、引导信贷资金合理配置、因地制宜地启动地方房地产政策、避免资金过度进入房地产市场等。而从长远来看，改革没有捷径可走，通过居民加杠杆帮助企业降杠杆的尝试是有风险的，切实推动结构性改革，比如推动国企改革，才是解决问题的根本途径。

房地产市场对整体经济形成诸多风险

2016 年国庆期间,约 20 个城市密集出台房地产调控政策,随后供不应求的房市遇冷,各地房地产成交量下滑,多地出现量价齐跌现象。自 2015 年"330 房产新政"刺激房地产政策出台,伴随着去库存调整、信贷政策放松,以及契税政策调整等,中国房地产市场发生颠覆性反转。从前两年库存积压局面一举进入快速上升通道。这轮房地产市场显然已不仅仅是资产泡沫大小的问题,而是已经对整体经济形成了诸多风险点,需要警惕。

如何看待房地产市场泡沫?

早在 2016 年年中的中央政治局会议上,决策层便已经将抑制房地产泡沫纳入日程,这主要是基于 2015 年年底提出的房地产去库存政策在实践中的异化,即并未带动三四线城市库存的减少,反而在持续政策利好,如降准降息、契税调整的激励下,导致一二线城市房价大幅攀高。

然而,相比于 2016 年年中便确定的紧缩政策基调,调控政策出台的时点已是数月之后,实则慢于预期。从另一角度来看,调控政策在短短几天之内便接踵而至,密集程度之大超出预期,反映了中央决策层抑制房地产泡沫的决心，而其背景也离不开短期内房地产市场的疯狂。

根据国家统计局数据，2016 年 8 月，70 个大中城市中，64 个城市房价环比上涨，比 7 月增加了 13 个；一、二、三线城市房价均在上涨，其中，北京、上海、广州、深圳四个一线城市环比涨幅分别为 3.8％、5.2％、2.4％、2.1％，同比涨幅为 25.8％、37.8％、21.2％、37.3％；即便如此，一线城市也并非领涨，8 月郑州房价环比涨幅 5.6％、厦门同比涨幅 44.3％，分别是环比和同比涨幅最大的城市。此外，一二线城市涨幅也向三线城市蔓延，全面的上涨态势已然成型。

调控政策是否应该出台，又是否有效？这很大程度上基于对房地产泡沫的基本判断，而对此至今仍然存在广泛争议。一般而言，衡量资产泡沫并非易事，当前支持房价泡沫存在的观点主要基于与一些国际指标的对比。

从笔者计算的房价收入比指标来看，当前一线城市北京、上海、深圳房价已经高于伦敦、纽约和东京；二线城市中，南京、厦门、苏州房价也已经超过了居民收入可负担程度；深圳、厦门资产泡沫情况更为突出。而从租金收益来看，上海和北京租金收益（年租金/房价）在 2011—2015 年仅有 2％—2.2％，而到 2016 年这一比例继续下降至 2％以下，甚至不如理财产品的收益。国际指标对比显示房地产市场存在泡沫。

当然，对此判断也有反对意见，有观点认为中国经济与体制的特殊性导致房价过高，因此泡沫未必存在，主要体现在：一是我国资源集中在一二线城市，大城市新增人口与小城市人口流出的局面以及逐步放开二孩的事实，使得一二线城市需求远远得不到满足，导致房价上涨；二是资产荒的存在，特别是在前期人民币贬值导致资本流出管制加强的背景下，一二线城市房子被认作是相对安全的资产。

上述观点都有合理之处，通过归纳以往资产泡沫的共同特征发现，以往资产泡沫的积聚过程中有如下几个相同点：一是在泡沫破灭之前，认清泡沫是非常困难的。例如，20 世纪 80—90 年代日本房地产泡沫破灭之前，日本房价与地价持续攀升，但当时仍有很多经济学家和政府人士认为日本的高房价是有需求支持的，同期的股票价格高涨共同反映了日本经济的辉煌；而在美国次贷危机之前，美联储主席格林斯潘也并未对泡沫有所警觉，反而看重于市场价格调节的有效性。

二是经济基本面由盛转衰的事实。一般而言，在资产价格上升的早期阶段，通常有坚实基本面的支撑，如因新技术带来的经济繁荣。但出于习惯性预期，不少投资者对于资产价格上涨的趋势产生依赖，并认为其会持续下去，直到泡沫的后期阶段，也未意识到或者忽视基本面的改变。例如，20 世纪日本房价高涨阶段。其实日本经济增长已经告别了高速阶段，如 1950—1970 年日本经济起飞阶段，十年间平均增速高达 16.82%，20 世纪 70 年代经济增速高达 13.62%，而到 20 世纪 80 年代中后期，十年平均增速已经回落至 6.37%。

三是有利的流动性支持。资金可得性的降低实际上为资产价格高涨创造了契机。无论是对比 20 世纪 80 年代的日本，还是次贷危机前的美国，极度宽松的货币条件和信贷支持，都是必要因素。而在其后，也往往由于货币政策收紧，导致泡沫的破灭，并引发更为严重的经济危机。

四是大量非理性投机者的存在。2002 年诺贝尔经济学奖得主弗农·史密斯（Vernon Smith）在研究房地产泡沫中指出，一般而言泡沫的规模与投资者的经验密切相关。在他模拟的交易研究中，如果交易人缺乏经验，资产价格会显著偏离基本面；反之，通过增加交易熟练程度，泡沫会自动消失。新兴市场国家很多资产泡沫的形成都与缺乏投资经验的投资者有关。回想 2015 年中国资本市场股灾之前，大量散户预期股票价格会持续攀升至一万点而不惜加杠杆大量买入，导致后期股灾破灭，损失惨重。

五是政府的隐形担保，导致投资者面对的风险收益曲线扭曲。从理论上来看，一旦价格偏离基本面，便会有部分投资者做出相反预期，进而导致价格回归。而一些资产泡沫之所以会持续上涨，有部分原因是基于政府的隐形担保,即投资者预计政府不会让资产价格下跌,以防范金融风险,而这无疑扭曲了资产的定价机制,降低了风险溢价。

对比上述五点可以发现,当前的中国房地产市场与资产泡沫已有惊人的相似之处:一是 2016 年"十一调"控政策出台之前,鲜有人认为房价会有下跌趋势,因此加杠杆购房,甚至存在大量群体借款支付首付现象;二是中国经济基本面下行、收入增长缓慢的事实被忽略;三是流动性异常宽松,2016 年房地产开发贷款和购房贷款占据了新增贷款的 70%;四是大量缺乏理性分析的投机者存在;五是由于政府 2015 年年底提出了去库存目标,人们对政府隐形担保坚信不疑,不相信房地产价格会下降。因此,笔者认为,当前中国房地产市场已经有一些泡沫的风险,值得引起重视。

对整体经济形成诸多风险

2016 年这一轮房地产上升周期是国家把"去库存"作为 2016 年经济工作重点之一的背景下发生的。这轮房地产市场显然已不仅仅是资产泡沫大小的问题,而是对整体经济形成了诸多风险点,需要警惕以下方面。

第一,推高了整体杠杆率,加大了金融风险。从开发商的角度看,如今房企整体负债率已达到 76.9%;除去房地产贷款的来源,绕道表外理财进入房地产企业资金更多。根据中债登中央国债登记结算有限公司《中国银行业理财市场半年报(2016)》统计数据显示,2016 年上半年投向房地产业的理财资金约为 5500 亿元。个人购房贷款方面,虽然其中有一部分属于刚性需求与改善型需求购房,但隐性首付贷、消费贷绕道进入房地产,P2P 网贷等产品大量进入房市,也已然推高了居民杠杆率。

第二,楼市香港化趋势明显,收入差距加大。香港供地的严格控制是房价高企的重要因素,而内地同样面临住宅用地供应不足的情况,这点与香港情况类似。而正如香港楼市所反映出的问题，一旦房价涨幅超出普通民众承受能力，也势必会拉大收入差距。而当前香港爆发出的一系列社会问题，都与收入差距扩大有较大关系。

第三，房地产一枝独秀，不利于经济转型与创新。一般而言，创新团队前期盈利水平较差。当前比较有影响力的企业，如京东、阿里巴巴在创业初期也往往在租金成本方面承担能力有限。一旦房价推高租金成本，也会对创业者造成负面压力，并扼杀其他行业企业，特别是具有创新潜力企业的生存空间，阻碍经济转型。

第四，房地产政策绑架政府，让政策进退两难。由于 2016 年去库存位列五大任务之一，但该政策却出乎意料地推升了一二线城市房价过快上涨，因而，此时政策选择面临两难。

第五，加大人民币贬值压力。当前一线城市房价收入比指标远超东京、纽约、伦敦，出于资产配置需求，越来越多的资金会选择海外房产进行配置，由于中国楼市价格存在一定修正空间，加之美联储 2016 年 12 月的加息，为人民币带来了一定贬值压力。

未来房地产政策如何调整？

从这个角度而言，既然中国房地产存在一定程度的泡沫，且其对宏观经济影响较大，未来应推出相应的政策，以促进房地产市场的健康回归，避免房地产对稳增长造成负面影响。以下几点建议可供参考：

一是避免紧缩过度，特别是货币政策的急速转向，而应确保基本面企稳。日本、美国房地产泡沫破灭都是由于在经济下滑阶段，采取了密集的紧缩政策，持续加息使得对经济影响很大。当前全球货币政策宽松，中国经济基本面也不支持加息，这为稳定经济与提升收入，促进经济转型，进而温和挤出泡沫创造了条件。需要借此宝贵时机,加快经济增长点的培育与推动改革,以改善经济基本面,为房价提供支撑。

二是防范金融风险。2015 年以来,股灾重创国内居民财富,汇率市场的大幅波动也扰乱了投资者预期,加之海外经济形势不确定性较强,因此防范系统性金融风险十分重要。这一方面也需要得到经济基本面的支持;另一方面,也需要增强宏观审慎管理与完善金融监管体制。

三是从长期来看,应推动区域协调发展战略。可以看到,当前房地产市场分化,一二线城市房价上涨,而三四线城市依旧库存高企。因此,有别于以往一刀切的全国性房地产调控政策,未来政策应该结合地区特点进行。对于一线城市,高房价应从其根源着手解决。大城市的资源过度集中,是人们蜂拥而至的原因。应该以区域协调发展战略为突破口,如京津冀国家战略以及城市群的发展,打破了利益束缚,真正做到了资源共享,这对于缓解一线城市高房价问题与房地产调控或许是殊途同归。

四是推动新型城镇化建设。2016 年 10 月,国务院办公厅印发了《推动 1 亿非户籍人口在城市落户方案》文件,力求推进 1 亿有能力在城镇稳定就业和生活的农业转移人口举家进城落户。在笔者看来,这是一个重要举措,不仅能为未来经济提供新的增长点,如果能做到社会服务均等化,也有助于房地产去库存目标的实现,改善民生。

五是财税改革适时推出,促进房地产长效机制建立。一直以来,房价高企与土地财政制度密切相关,这也是投资者相信政府会为房价背书的主要原因。未来落实房地产市场长效机制,可以尝试在房价平稳之际,考虑适时推出房产税。

总之,当前房地产市场风险使得调整楼市政策十分必要。关键在于扭转恐慌性购房者的预期,比如增加充足的土地供应,引导信贷资金合理配置,因地制宜地启动地方房地产政策,避免资金过度进入房地产市场。

中国高债务风险之辩

关于中国债务风险是否可控这一争辩已持续数年。一直以来,悲观者认为,中国杠杆率过高已不可持续,是危机的前兆。例如几年前便有观点提出中国将迎来"明斯基时刻",后来又有国际评级机构陆续下调中国主权债务评级,以及对冲基金加大做空中国的观点等。而持相反观点的人认为,中国债务虽然有一定风险,但主要是企业杠杆率过高,属于结构性问题,且中国的独特性使得国际标准并不完全适用,中国债务风险整体可控。

中国债务问题到底有多严重?是"高枕无忧"还是"岌岌可危"?如何防范中国债务风险?显然已是困扰政策制定者与市场人士的重要话题。2016年中国发展高层论坛上,同样有不少围绕中国债务风险的讨论,观点激烈碰撞之下,有关上述问题的讨论更加辩证与深入,现将部分观点进行总结与分析如下:

中国是否有债务风险,其主要体现在哪里?中国社科院李扬团队的资产负债表研究显示,虽然中国债务整体可控,但仍有一定风险,主要体现在:一是整体债务增长过快。2008—2014年,中国经济整体债务占GDP的比重,从170%上升至235.7%,6年上升了65.7个百分点。剔除金融机构,中国实体部门债务占GDP比重从2008年的157%上升到2014年的217.3%。可以说,无论取何种口径,中国杠杆率增长过快的事实都不可回避,需保持高度警惕。

二是非金融企业杠杆率过高。2008 年之前,中国非金融企业杠杆率一直稳定在 100％以内,全球金融危机后,加杠杆趋势非常明显,非金融企业杠杆率由 2008 年的 98％上升到 2014 年的 149.1％,扣除地方政府融资平台债务,杠杆率提高到 123.1％,高于美、英、德、日等对比国家情况。

除此以外,IMF 曾在 2015 年 8 月发表的对中国年度第四条款磋商报告中提出,危机以来中国社会融资总量与私营部门信贷额均增长过快,信贷/GDP 已经超过 BIS 信贷缺口并在国际比较中处于高位,值得警惕。此外,IMF 警示,未来中国债务风险是否可控在于能否通过推行改革的方式使得未来五年中经济保持中高速增长。IMF 认为,如果不推行改革,中国经济增长率将在 2020 年跌至 5％左右,届时负债率将会显著提高。

对于上述中国债务增长过快、非金融企业债务过高,以及增长大幅下行会加重债务负担等基本事实,中国决策层的总体基调是整体债务风险可控,局部风险特别是企业债务过高值得警惕。例如:2015 年中央经济工作会议上,去杠杆位列 2016 年经济工作五大内容之一;国务院副总理张高丽在中国发展高层论坛主题演讲中提到防范金融风险,特别是对于可能出现的股市、汇市、债市、楼市风险,要高度重视防止交叉感染。

中国人民银行行长周小川在中国发展高层论坛上坦言中国企业债务偏高存在风险,认为"十三五"规划要加大资本市场的发展,减少企业对于借贷杠杆的依赖;全国人大财经委副主任吴晓灵在论坛上提出,中国的整体债务率并不严重,只是企业债务偏高,结构优化后,风险并不大;中国银监会副主席王兆星则表示,中国的金融风险是可控的,当前拨备覆盖率已超过 180％,完全可以覆盖不良贷款。银行业资本充足率达到了 13％以上,有能力抵御可能出现的风险。总之,整体而言,中国决策层对于债务风险的判断是谨慎偏乐观的。

然而在发展高层论坛上,《金融时报》首席经济评论员马丁·沃尔夫对中国债务不糟糕的观点进行了反驳。他提出，危机爆发前决策层往往都认为没有问题，如英国银行在遭遇 300 年来最严重的金融危机之前也称其资产负债表表现很好，但危机往往在忽视中爆发。

马丁·沃尔夫所言不虚，但遗憾的是，其未能就问题的关键，即如何识别危机，什么是引爆危机的导火索，以及危机如何传导等关键细节给予更多说明，信息量仍然有限。毕竟近年来，颇为流行的几大中国危机论，如影子银行危机、地方政府债务危机、房地产市场危机都被提及但从未被验证。

从这个角度而言，理清上述问题的逻辑关系，客观分析中国抵御债务危机的有利与不利条件，并对可能引发危机的导火索加以高度防范，或许是避免中国债务危机爆发更为务实的方法。

然而总体而言，当前中国仍具有防范债务危机爆发的有利条件，具体体现在如下几点：

第一，中国经济增长潜力仍然巨大，服务业与消费业是中国经济的新增长领域。可以看到，当前面临债务危机的主要是国有企业以及传统产业，但中国已经出现转型迹象，2015 年服务业占 GDP 比重达到 50.5％，首次过半，消费业对 GDP 贡献率更高达 66.4％。在此背景下，如果未来中国供给侧改革持续推进，特别是随着国有企业改革的深入，中国经济转型将有助于支持经济增长，并在增长中缓解债务矛盾。

第二，中国杠杆率较高的局面与特定背景因素有关，可以通过加速改革缓解。周小川行长在发展高层论坛上列举了中国债务率较高的历史性原因，如中国国民的储蓄率高，股本市场发育比较晚以及民间财富比较少等独特因素。同时，不难发现，当前中国债务问题主要集中在企业债务与地方政府债务。针对企业债务过高，通过债转股、发展资本市场等方式有助于缓解，而对于地方政府债务则可以通过中央政府债务进行置换以及加快财税改革来应对。

第三，中国债务主要以内债为主，并没有大量外债。发展高层论坛上，汇金公司副董事长李剑阁曾对马丁·沃尔夫的提问颇有兴趣,他提出,为什么海外对于中国债务情况如此担忧,但日本债务数据比中国更高,仅公共债务占GDP比重便高达250％,也未见做空?实际上,在笔者看来,中日债务问题均值得警惕,但未见得会出现危机,其中一个关键的因素在于二者均以国内债务为主,与债务危机爆发的国家海外债务过多的普遍情况有明显差异。

第四,中国政府有化解危机的成功经验。发展高层论坛上,时任桥水基金CEO达里奥的观点非常独特。他认为,中国21世纪初面临的债务危机严重程度远远高于当下,而且帮助中国渡过难关的主要执行者仍在岗位,相信凭借他们处理危机的经验,中国债务危机不会出现。此外,与欧美日等发达经济体不同,中国政府往往能在危机出现之时,迅速动用国家资源,如释放流动性,降低了因流动性不足引发债务风险爆发的可能。

当前中国债务问题并非危机前兆,中国经济增长潜力、处理危机的成功经验都将为避免更深层次的债务危机打下基础。但对待当前企业债务增长过快的局面,过度自信的态度并不可取,甚至有可能贻误时机。因此,更为理性的方式是直面问题,增加危机意识,并加大化解债务风险的改革措施力度,未雨绸缪,将危机化解在摇篮之中。

因此,如何处理好以下几大关键问题,以免触发债务危机的导火索至关重要:

第一,切勿忽视系统性金融风险。金融领域风险容易相互传导,正如国务院副总理张高丽所谈,应注重防范系统性金融风险,特别是防止汇市、债市、股市、楼市风险交叉感染。

对待楼市风险,要防止因三四线城市去库存目标而引发的一二线城市房价过快上涨,防止新一轮房地产泡沫;而对待资本市场方面,应吸取2015年股灾的教训,从制度建设方面发力才能实现资本市场对实体经济融资的支持作用。

　　第二，切实推进供给侧改革，并注重改革的协调。不少认为中国债务危机即将爆发的质疑来自于对中国改革进展缓慢的担忧。可以看到，自十八届三中全会以来，中国改革层面的文件不断出台，但政策之间不协调，改革走回头路的情况同样存在。如2015年大刀阔斧的财税改革便由于经济下滑、地方财政过紧，而采取了扩大地方政府债务的过渡措施；备受期待的国企改革既强调国企市场化运作，又强调高管限薪，以及强调国企做强做大的做法也让人看不清方向。金融改革方面，注册制面临资本市场波动也遭推迟。

　　此外，作为当前化解债务的良方之一的债转股，虽然从理论上可以起到作用，但在国有企业改革进展缓慢的当下还是有局限性的。试想进驻被整合的国有企业的董事会成员，在现有体制下，行政级别很可能低于需要纾困的企业管理者，这种情况下，对其如何履行对公司治理监督的职责效果存疑。因此，加快国有企业改革，并从供给端改革协调发力，才能从根本上解决问题。

　　第三，注重金融监管协调能力的提升。2015年"811汇改"与2016年年初中国汇率市场遭遇大幅波动，与当时决策层与市场沟通不畅，导致市场预期混乱密切相关，其后资本流出造成外汇储备大幅下降，最后不得不采取加强资本管制的措施以防止做空。此外，2015年的股灾，几年前出现的钱荒，以及如今屡屡爆发的P2P风险，也说明监管层对金融危机的防范能力亟待加强。

　　从这一角度而言，改革当前金融监管框架应该提高到战略高度，以避免系统性金融风险的出现。当然，应当如何改革，当下仍然处于激烈讨论当中。

第三章

中国政策与改革

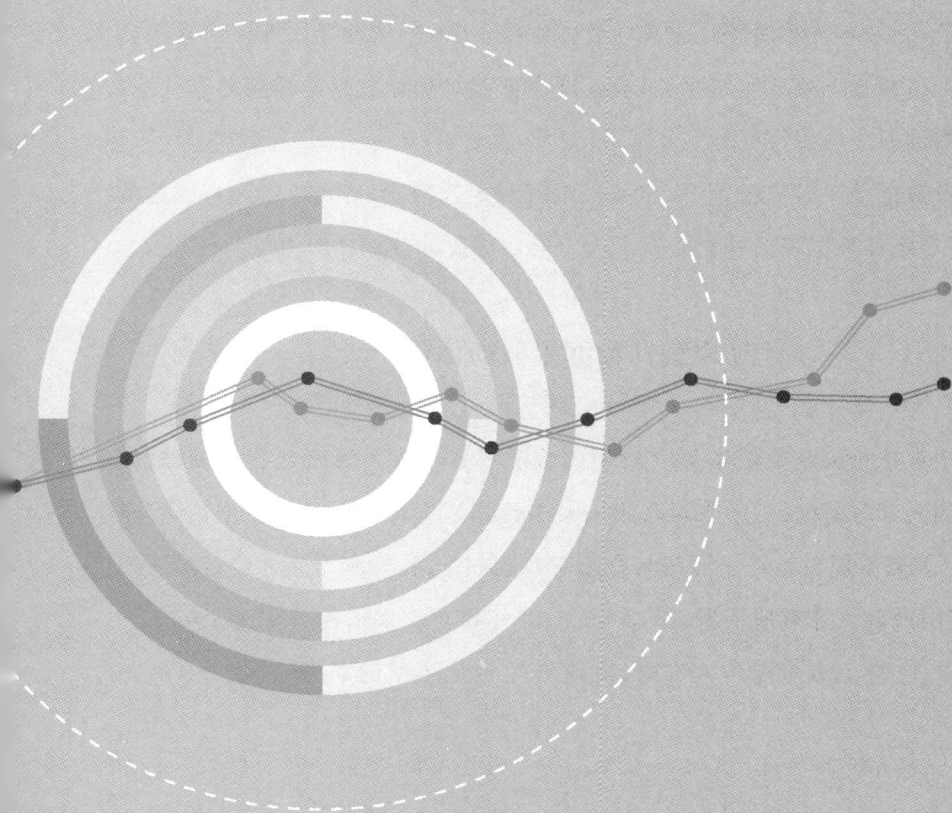

辽宁统计数据造假暴露了什么？

2017 年 1 月，时任辽宁省省长陈求发首次公开确认，2011—2014 年辽宁省所辖市、县存在财政数据造假的问题，并指出在 2011—2014 年的"官出数字、数字出官"现象，导致经济数据被严重高估。

尽管 2016 年外界对于辽宁统计数据质疑不断，但从省级领导层面直接就统计数据造假表态确认实属罕见，毕竟以往官方对统计数据的质疑鲜有回应，且大多数的回应也以反驳为主。

统计数据关乎政府公信力，也是决策层制定政策、经济研究者分析问题的基础，辽宁统计数据造假的影响有多大？对中国统计数据的改进又有何意义？

辽宁统计数据扭曲的体现

辽宁省近年来统计数据异常波动的状况非常明显。财政数据方面，2012 年以前的大部分时间，辽宁省财政收入大多数都是维持两位数的高增长，直至 2013 年，伴随着新常态以来经济与全国财政收入下滑，特别是东北经济陷入困境，辽宁财政收入才有所下滑，2013 年、2014 年财政收入增速分别为 7.6%、—4.6%。2015 年财政数据挤入水分，财政增速更是罕见的下滑至 —33.4%，与

2013—2015 年全国公共财政收入增速均在 14％左右的整体稳定形成鲜明反差。同时，2015 年辽宁为全国仅有的财政收入负增长的三个省份之一，增速远低于黑龙江、江西的－10％左右的增速，极度恶化的数据除了受到东北经济下滑影响之外，统计数据调整的人为影响是主要原因。

　　除了财政收入数据以外，陈求发省长同时提到，2016 年辽宁省加大了对其他经济数据的调整。笔者经观察发现至少还有如下数据有明显的挤水分痕迹。例如，固定资产投资数据方面，2015 年辽宁省固定资产投资数据同比增速为－27.8％，是全国唯一一个固定资产投资负增长的省份，截至 2016 年前 11月累计增速则进一步下滑至－63.6％，增速最低，而同期全国其他 30 个省（自治区、直辖市）固定资产投资比 2015 年平均回落 1.8％。而此前 2010—2014年的五年时间，辽宁省的资产投资增速在全国的排名分别是第 7、21、17、28、30位，从未垫底。

　　此外，规模以上工业增加值方面，2016 年 11 月辽宁省工业增加值是全国唯一一个负增长的省份，增速为－17.3％。从 GDP 结构来看，消费额数据相对于投资数据水分似乎更少些，截至 2016 年 9 月，辽宁省的社会消费品零售总额同比增速为 7.2％，在全国范围内与宁夏并列第 28 位，高于山西、北京分别 6.9％和 4.8％的增速，并未有明显的调整。

　　基于大范围数据修正的影响，辽宁省 2016 年前三季 GDP 增速仅为－2.2％，是全国唯一一个负增长的省份，而早在 2012 年，辽宁 GDP 增速还曾高达 9.5％，在全国范围内并不属于异常值。

辽宁统计数据造假的影响

　　"官出数字、数字出官"，从位列全国 GDP 前十的大省要员口中做出这样坦诚的反思并不常见，而在行动上，从财政、投资、工业生产等全方位挤出数据水分也是顶住唯GDP论的体制压力的重要突破口。然而，辽宁数据修正的影响并不止于其本身，一些潜在的冲击仍然存在。

首先，辽宁省数据的扭曲对全国数据以及经济决策都产生了重要影响。尽管数据修正举措值得提倡，但直接挤水分，对历史数据不进行修正的做法，也有很大负面影响。

以固定资产投资为例，截至2016年11月，全国固定资产投资累计增速8.3%，比2015年10%的增速回落了1.7个百分点，这是在2016年基建加大、房地产市场前期政策宽松的背景下取得的。然而，一旦除去辽宁省，其他省份加总的固定资产增速截至2016年11月累计同比增长11%，反而比2015年上升了。

失之毫厘谬以千里，2016年稳投资的力度如此之大，很大程度上是基于经济情况下滑超出预期的判断做出的。当时，决策层相继派出专项调查组赴多地调研，研究稳增长措施。甚至在2016年年中中央政治局会议中便已明确提出抑制资产泡沫，其后也由于担忧稳增长措施退出过早而有了迟疑，直至2016年三季度多项指标显示增长已然全面向好之后，政策重点才转向防风险，严厉的房地产调控也相继而至。虽然我们不能简单地把稳增长稳过头归咎于个别省份数据异常，但不能否认的是，由于统计部门缺乏对异常值的警示以及未从专业的角度进行历史数据修正，一定程度上误导了决策层的判断。

此外，辽宁一省的案例显然加大了市场对于地方统计数据可靠性的担忧。正如时任辽宁省委书记的李希评价辽宁的数据造假时提到："哪位同志担任负责人，都想让本地区发展快一点，数据好看一点，这是一种担当。但我们追求的政绩，要对党的事业负责，对历史负责，对人民负责，这是更大的担当。"毫无疑问，一味追求业绩、GDP业绩与政府官员升迁挂钩，以及地方统计部门缺少独立性并非辽宁特有现象，试问在同样的"土壤"中，其他省份又有多大程度上存在上述问题？

笔者简单地将近年来的全国各省份 GDP 数据加总,发现自 2011 年以来,全国各省加总的 GDP 总量比国家统计局公布的国内生产总值五年平均要高出 3.6 万亿,接近 GDP 规模的 6%,而此前 5 年(2006—2010 年),该数据平均值为 4.8%。差异部分在增加,如果二者差异的一部分可以归因于各地经济往来、数据重复计算,但如此体量的增长有多少属于被地方政府高估并未可知,也很难相信只有辽宁省一个省份存在上述情形。

更进一步,如果投资高估在全国范围内广泛存在,那么显然当前中国居民消费率就存在被低估。这与早前部分学者的研究成果也有一致性,例如,现任中国人民银行副行长易纲曾在 2013 年提出,尽管当时官方公布的消费率不足 50%,但其研究认为,中国消费率已经超过了 60%。与之类似,学者张军早前也提出,由于中国的统计数据大大低估了居住消费,官方统计数据没有涵盖由公司账户付费的私人消费,以及传统的住户调查方法存在局限,中国消费占比在 2010 年便已达到了 GDP 的 60.9%,而非官方数据给出的47.4%。如此看来,中国的经济结构转型可能早已发生。

如何突破迷雾,看待当前中国经济?

实际上,需要纠正和回应数据质疑的并非仅有辽宁一例。当下诸多相互之间存在矛盾的数据都为认清中国经济现状增加了困扰。

例如,收入数据方面,2017 年 1 月 17 日,中国社会科学院金融研究所与腾讯等机构联合发布的《国人工资报告》显示,2004 年至 2015 年间,全国工资水平上涨了约 2.95 倍,其中,北京和上海在 2015 年分别达到了 11.1 万元和 10.9 万元,居全国前两位。但对比国家统计局数据,虽然全国人均工薪收入 12 年间从 7152 元增长到 2.2 万元,幅度同样约为 3 倍,但整体收入水平存在明显被低估现象。北京、上海人均可支配收入(除工薪收入外,还包括财产收入、经营净收入、转移性收入等)2015 年均不足 5 万。国家统计局与民间数据对居民收入统计差距超过一倍,且早前学者王小鲁也从灰色收入的角度证明中国收入数据存在被低估现象。同时,结合实际调研的感受,笔者认为,官方居民收入统计要明显低于实际值,因此,决策层对居民消费能力与财富效应也存在一定程度的低估。

从更为宏观的角度来讲,当前中国 GDP 数据也有不少争议,毕竟 2016 年全年增长率鲜有变化,均维持在 6.7%,但高频数据的显示与实体经济的表现在 2016 年一年当中却是明显不同的。2016 年三季度以来,从工业企业利润、发电量、货运量、重卡销售、汽车销售等十大指标来看,2016 年经济比 2015 年已有显著改善,而作为考察一国经济最重要的数据 GDP 却并未体现出这样的趋势,全年稳定在一个值域,不利于决策层认清经济形势,对稳增长力度的拿捏,这也间接增加了后续政策措施,特别是防范金融风险、抑制资产泡沫的政策难度。

总之,统计数据是政府宏观决策的基础。统计数据缺失、透明度不高甚至谎报,不仅为学术界与投资界研究平添困扰,也极大地影响了决策层政策的有效性。提升数据质量任重道远,未来若能从体制上破除唯 GDP 论,从专业上多借鉴国际经验,从心态上直面质疑,并鼓励民间群体和学术界对统计数据深入研究互补短长,才是真正地增加制度自信、缓释外界质疑的关键。

从"巨大中华"看产业政策之争

2016 年 11 月 9 日,北京大学林毅夫、张维迎两位教授就产业政策是否有效进行了正面交锋。纵观整个辩论,林、张两位教授在理论基础、产业政策含义理解等方面存在明显差异,林毅夫教授的主要观点是基于新结构经济学的理论框架,特别强调了产业政策在基础科研投入,以及帮助发展中国家企业家解决自身所难以克服的外部性和相应软硬基础设施方面的协调作用,强调"有效市场"和"有为政府"的共同作用。

而张维迎教授则不赞成新古典经济学中的市场失灵,认同"米塞斯-哈耶克范式",认为市场失灵并不存在,背后实则是市场理论的失灵。他所理解的产业政策与林毅夫也并不相同,他认为产业政策主要指政府对私人产品生产领域的选择性干预和歧视性对待,并认为企业家才是市场的主角,产业政策与企业家精神存在矛盾,其不过是穿着马甲的计划经济,进而遏制创新和技术进步。

二者的辩论鉴于两种不同的理论范式,尽管进行了长达三个小时的辩论,也很难说服对方。从实践的角度而言,不难观察到,纵观过去数百年国际经济发展史,产业政策存在不少成功的样本,如日本、韩国及其他亚洲四小龙的成功超越使其成为发达经济体,但也存在产业政策失败的案例,如印尼的大飞机项目。所以，产业政策的成败需要具体情况具体分析。

同时，从不同时间维度来看，同样的产业政策在不同阶段也往往有不同的评价，有些在短期甚至是负面的、但长期来看也不乏成功的产业政策。例如，针对中国钢铁、光伏产业的扶持政策就很难简单评价。2008年"四万亿"刺激计划中，二者位列十大振兴产业之中，发展迅速，却在其后两三年成为产能过剩的重灾区，一时间广受诟病。而在最近全球钢铁、光伏行业大调整的背景下，多数海外企业亏损严重，频频倒闭，但中国企业得益于国家产业支持存活了下来，大幅占领国际市场，在实现了盈利增长的同时也增强了国际竞争力。

从这个角度而言，不同时间维度也往往有不同的结论，说明对待产业政策应该辩证来看，需要有综合、客观、多维度的考量。回顾中国扶持电信行业的产业政策，尤其是对扶持"巨大中华"①四家通信企业成功和失败的经验教训，可以看到，产业政策对于后进国家实现崛起和赶超是必不可少的，但同时，对扶持企业也需要创造公平竞争的环境，政府不自己挑选得胜者，对国企和非国企一视同仁，对于产业政策的成功至关重要。

20世纪90年代初，笔者曾在芬兰留学，其后在芬兰通信企业诺基亚公司总部工作过一段时间。清晰记得当时中国通信业发展刚刚起步，与国际先进企业相比差距明显，国内电信根本无法参与国际竞争，而中国政府在八九十年代提出发展国内通信行业的产业政策，支持力度之大有目共睹，为后来中国通信行业的快速发展奠定了基础。

中国政府当时推出的一系列支持通信业发展的产业政策，包括加大研发投入、鼓励电信企业创新、对技术改造项目实行海关半税政策、对急需的通信设备实行特批全免关税政策、各地方政府建立通信领导小组负责区域性电信

① 所谓"巨大中华"，指的是当时国内新兴的四家有代表性的通信制造厂商，分别为巨龙通信、大唐电信、中兴通讯、华为技术。其中，前三家，巨龙、大唐、中兴分别为国有企业，唯有华为是民企。

发展、把通信作为地方政府工作的重要议事日程纳入当地经济发展总体规划、地方政府协调筹集建设资金,并对通信业发展给予各种费用减、免、返等特殊优惠政策,加速原有落后固定资产折旧政策等等。

特别值得一提的是,由于海外市场的垄断,程控交换机的价格十分昂贵,这给当时国内的电话普及制造了很大障碍。然而,正是基于产业政策支持下的前期科研投入起到了至关重要的作用。国内科研攻关,团队历经数年,终于在 1991 年研制出了自主交换机品牌 HJD04-ISDN,即一度被国人视作骄傲的"04 机",这一技术突破也被当时的副总理朱镕基批示为"在国有企业纷纷与外资合营或被收购兼并后,04 机送来了一股清风"。

正是凭借自主研发程控交换机的突破,20 世纪 90 年代后期国内出现了饶有名气的"巨大中华"四家通信企业,成为民族通信制造业崛起的代表。

行业发展之初,除了研发方面的支持,上述通信设备企业在资金与产品推广方面也得到了政策扶持。笔者当时所在的诺基亚内部广泛流传的中国通信企业生存之道是:由于优惠政策性贷款优势,即便产品不成熟,也能通过低价出售或者免费试用等方式让海外客户企业先行试用,以此在外资通信设备企业几乎垄断的竞争中寻求空间。而如果任何产品遇到质量问题,凭借员工的勤奋,24 小时都可以召回产品,并通过客户反馈返厂以改进产品与技术水平。

这样夹缝中求生存的策略离不了产业政策的支持,也令国际上的竞争对手倍感压力。此后,依靠本土通信设备厂商的日益发展并介入竞标,90 年代后期,国内长期被海外垄断的高端电信设备在价格上逐渐松动,国内运营商也开始获得合理的价格空间,进而运用成本优势大规模进行基础设施建设,为后来全行业的蓬勃发展奠定了基础。

从这个角度而言,20 世纪八九十年代的通信产业政策是成功的。恰恰得益于前期的政策支持,才有了落后行业的快速发展,并为赶超国际先进水平提供了契机。

然而，此后四家企业的发展却出现较大差异。曾经在交换机技术上处于领先的两大国企——巨龙和大唐逐步衰落，特别是巨龙，这个曾顶着生产出中国第一台大型数字程控交换机 04 机光环的企业，且鼎盛时期拥有占据国内交换机市场半壁江山的骄人战绩，却由于在现代企业制度、法人治理结构方面展现出的缺陷，逐步遇到制度瓶颈并且衰落，如今已消失于公众视野。

中兴和华为快速后来居上，中兴凭借"国有控股，授权经营"的混合经济模式逐步成长，华为公司更是异军突起，作为四家中唯一一家民营企业，借助更加市场化的运营方式、优秀的企业家精神以及先进的公司治理理念和员工的勤奋等个性化因素，在行业竞争中得到了长足发展，成为全球的行业领军企业。自 2010 年首次杀入世界 500 强以来，全球排名从 397 提升至 222 位，平均每年提升 44 个排位，位列全球通信产业龙头。华为 2015 年销售收入为 608 亿美元，海外业务销售收入占比 45.7%，以 3898 项专利技术获得世界知识产权组织专利技术申请量第一的荣誉。

如此看来，对待产业政策，全面否定是不够客观的。当然，产业政策能否成功与众多因素有关，也与选择的时间维度以及观察角度紧密相关，并无统一标准。因此，需要探讨的重点不应该是是否需要产业政策，而应该是什么是合适的产业政策以及如何改进产业政策。"巨大中华"的例子表明，在行业发展初期、国际竞争力较弱的阶段，适当的产业政策能够帮助国内企业快速积累技术、资金、人才以实现赶超。当然，尊重市场，对国企和民企一视同仁，提供公平公正的竞争环境，则是产业政策成功的必要条件。

从习近平考察小岗村看中国政策动向

2016 年 5 月,有关中国经济与金融市场的信息比较混乱,政策方向的讨论也存在较大争议,这导致了一些奇特的现象:如 2016 年一季度中国经济开门红,但民间投资增速几乎腰斩;宽松货币政策下,债券违约与取消发行频频出现;2015 年经济工作会议提到的"三去"任务中,去杠杆变成了债转股最后的"晚餐",去产能的同时又强调企业不破产保就业,去库存也演变成一二线城市的高房价。种种矛盾现象背后,有质疑的声音认为,中国政府是否已不准备坚持市场决定作用这一原则? 改革是否会走回头路?

2016 年 4 月,习近平考察小岗村释放的政策信号,似乎有助于理顺模糊的政策预期。小岗村在中国改革开放历程中绝对具有里程碑意义。1978 年小岗村村民敢为天下先,自发开启"包产到户"行动,并以"家庭联产承包责任制"的形式推广到全国,成为中国农村改革的发源地。此次习近平考察小岗村,强调"雄关漫道真如铁,而今迈步从头越",实际上表达了继续改革的决心。

那么,既然改革方向不会发生转向,又应当如何理解当前中国经济面临的上述矛盾情况,特别是去产能、去杠杆目标在执行中的弱化?

其实,五大经济任务虽然谈起来振奋人心,但是平衡稳增长与调结构的理想愿景在实施中难免存在矛盾。如无论是去产能,还是去杠杆,在经济下滑阶段，切实执行必将对经济增长造成打击，又如何能保住 6.5％以上的增长？另外，去产能与去杠杆的关键也在于国企改革，到底是强调做大、做强、做优，还是引入现代公司治理制度，让市场发挥决定性作用？国企改革将往何处去？当时来看这些问题仍没有答案。

然而，在 2016 年 3 月两会政府工作报告中，笔者感觉政府已经有了倾向性的态度。两会传达的信息让诸多矛盾出现了更具有倾向性的处理方式，即在政策落实当中，稳增长与保就业仍然位居首位，而这也就意味着传统意义上的去产能与去杠杆实现可能性的降低，还是以稳定增长与保住就业作为首要考虑的因素。正如习近平考察安徽小岗村时，既表明改革决心不动摇，又提到对就业的关切，适度扩大总需求，便也意味着短期内稳增长仍然是第一要义。

既然根本上改革方向不变，为何短期无法获得突破，甚至存在着看似走回头路的现象？一个举足轻重的原因便是中国特殊的政治经济周期，即 2017 年党代会十九大的召开。很巧合的是，1977 年十一大以来，中国经济周期与政治周期具有较高一致性，每五年一次的党代会前后一年的经济表现情况都要好于党代会的空窗期。这说明，在党内换届之前，各层官员有动力追求更高的经济成就为接下来可能出现的政治升迁打下基础。

实际上，关于政治经济周期（Policy Business Cycle）的研究并非笔者主观臆断，从理论上和实证上国内外学者已有不少成果。例如，国外方面，诺德豪斯（Nordhaus，1975）提出政治性经济周期的机会主义模型，认为执政者为获得连任，选举前夕采取的扩张性经济政策往往成了经济周期性波动的诱因。希布斯（Hibbs，1977）提出"党派"（Partisan）模型，强调不同政党的执政者拥有不同的宏观经济目标，轮流上台执政会使宏观经济形势呈现出周期性波动。

艾莱斯那（Alesina，1987）提出理性机会主义模型和理性党派模型理论，其后对政治经济周期进行了检验，结果发现 1961—1985 年期间美国在净转移支付上存在选举周期（1988）。他认为，德国尽管拥有独立的中央银行和保守的财政政策,但仍然存在政治经济周期(1992)。他还得出了18个经济合作和发展组织国家的货币政策在理性预期条件下存在党派周期的结论等等(1997)。

针对中国政治经济周期现象,国内外也有大量研究。如Li Yinan(2012)提到党代会与经济周期的关系紧密,党代会前后一年固定资本形成增速处于上升期,其核心在于政治中心化(Political Centralization)与经济去中心化(Economic Decentralization);谭之博等(2015)基于中国省级面板数据,发现省级信贷投放与固定资产投资都随省委书记和省长的任期呈"倒 U 型"变化,转折点在三至四年左右;纪志宏等(2014)发现,银行信贷规模与地方政府主要官员年龄呈"倒 U 型"关系,信贷规模峰值出现在地方官员 54 岁左右。

总之,基于诸多理论与实践方面的研究成果可以发现,中国政治周期与经济周期存在一定联系的判断是成立的。从这个角度来看,更多深度改革可能会在十九大过后推出。

猜忌横行，只因数据缺乏透明度

每一次做空人民币情绪高涨，都离不开对中国宏观数据的质疑。2016年年初，海外媒体与对冲基金纷纷发表文章，对中国宏观数据提出质疑，如：认为中国外汇储备数据不实；同时，央行公布的2016年1月人民币信贷收支表中外汇买卖数据突然消失；国家统计局公布的2016年1月CPI经过权重调整，其后数据低于预期。海外投资者甚至有观点认为，这说明数据有造假之嫌。

虽然中国GDP有可能高估了实际增长，但这几个数据造假的说法并不可信。只是我们的央行或国家统计局在数据调整之时或之前应该广而告之，积极与市场沟通，以免引起不必要的猜疑，切勿因数据透明性欠缺而助长海外做空势力。

具体来看，海外市场对数据质疑有以下几个例子：

第一，认为外汇储备数据不实。美国对冲基金经理凯尔·巴斯（Kyle Bass）在早前报告中，预言中国将遭遇债务和货币危机。他认为，中国外汇储备被严重高估，应扣除掌握在主权财富基金中投公司手中的7000亿美元资产。然而，这一判断有悖常识，犯了严重的错误。

其实，外管局早就应该对这些没有根据的质疑做出回应，但直到2016年2

月 21 日,国家外汇管理局才通过官方微博表示,目前中国按照国际货币基金组织数据公布特殊标准公布外汇储备构成。据要求,外汇储备在支持"走出去"等方面的资金运用在记账时从规模内调整至规模外,外汇储备对中投公司等的注资已扣除,不再计入外汇储备规模。

第二,认为央行通过调整报表掩盖真正的资本流出规模。对于央行发布的金融机构 2016 年 1 月人民币信贷收支表,市场也有争议,原因在于,央行将"外汇买卖"项改成了"中央银行外汇占款",这一细微的变化被解读为央行通过并不透明的手法让市场对资本流出规模无法估算。

对此,笔者的解读如下:以往市场往往认为有两个外汇占款数据:一个是央行"外汇占款",通过每月央行资产负债表可知;另一个是金融机构包括央行与商业银行"外汇买卖",由每月金融机构信贷收支表可知,两个表不是同日发布,可是市场常常认为有两个外汇占款数据,继而分析两者走势与差别,导致对外汇占款数据的过度解读。

此次央行信贷收支表单独列出央行"外汇占款"一项,而非"外汇买卖",差额商业银行部分归入"股权与其他投资项",目的是减少市场对于外汇占款数据的过度解读。预计 2016 年 1 月信贷收支表中这一"外汇占款"数据也将与日后公布的 2016 年 1 月央行负债表中"外汇占款"数据吻合。

简而言之,央行本意是希望通过调整信贷收支表明细项的方式,使得日后只需公布一个央行"外汇占款"数据,与央行资产负债表对应,减少对两个"外汇占款"引起的过度解读以及以往经常会由此引发的对热钱流入流出的不当猜测。数据造假应该不太可能,但央行应该在公布新的数据表格之前或当天就对市场做出解释,以免引起不必要的猜疑。

第三,CPI 权重调整是否为货币政策宽松打开空间。2016 年 1 月 CPI 为 1.8%,低于早前市场预期,而这一差异源于自 2016 年 1 月份起,CPI 权重有所调整。若非如此,1 月 CPI 恐将上升,甚至超过 2%,而质疑者认为,这样的调整实则是为宽松政策铺路。

实际上，CPI 权重调整无可非议，也是国际例行惯例。但充分的事前沟通是有必要的，如：主动增加透明度，公开更多的统计细节；定期公布 CPI 权重与权重调整历史，则有利于减少无谓的猜忌。

总之，统计数据的透明性不仅是把握经济走势、完善宏观调控的重要依据，更是应对质疑、增强统计部门公信力的体现。在全球金融风险较大、海外看空声音也有所增加的情况下，提高数据透明性，提高沟通技巧对于回击做空势力而言无疑是至关重要的。

牛市不需"国家战略"

自 2014 年下半年至 2015 年中旬,中国 A 股市场走出了一轮强劲的大牛市行情。从 2014 年最低点的 1991 点上涨到 2015 的逾 5000 点,涨幅超过 150%,可谓"牛"冠全球。然而,面对指数的快速走高,国内外投资者的态度却形成强烈反差,甚至可以用"冰火两重天"来形容。

从笔者接触到的国外投资者来看,绝大多数人认为,当前中国股市估值明显过高,经济低迷,改革预期被过度夸大,投资 A 股无异于火中取栗。而国内投资者的主流观点仍保持乐观,提出本轮牛市是在政府悉心呵护之下营造出来的,既有改革预期支撑,也有无风险利率下降过程中的充裕流动性作保障,在"国家牛市战略"之下,政策支持使股市很难下跌,并提出 6000 点甚至 10000 点的预测。

当然,虽然市场主流观点如此,但中国国内官员和学者的公开表态中,也出现了一些担忧的声音。例如,中央汇金公司副董事长李剑阁曾公开指出,资本市场的常态就是有涨有跌,牛市不会按照个人的主观意志去发展,股市是牛还是熊不应该体现国家意志,所谓"国家牛"是不可持续的;而以许小年为代表的观点则认为,当前股市是疯狂的,除了凯恩斯提出的的动物精神外没有任何理论可以解释,而且泡沫破灭的后果极其严重。

尽管如此，但整体来看，海内外投资者"外冷内热"的总体趋势并没有改变。这从早前 A 股能否加入 MSCI（Morgan Stanley Capital Internatinal，美国指数编制公司）问题上，国内外两种明显不同的情绪中也可以发现佐证：即国内对此曾一度欢欣鼓舞，认为这将带动大量海外资金入市，支持股市长红。而海外基金经理则多数表示质疑，认为 A 股市场过去 12 个月内已翻番，即使 A 股加入 MSCI，他们也不想在顶部做"接盘大侠"。

实际上，两种投资风格恰恰是两个市场投资者结构差异的体现。毕竟海外投资者以机构投资者为主，奉行价值投资，估值是否合理是其投资最重要的依据。而国内投资者主体则是散户，预期因素、流动性因素对投资决策的影响似乎更加显著。诸多观点交锋之下，本文从最基础的功课做起，梳理了影响本轮以至于未来资本市场上涨的动因，以及可能存在的风险，在此基础上提出政策建议，以期做出理性判断，确保金融稳定。

支持股市快牛的六大因素

支持资本市场上涨的原因可以大致归纳为以下几个因素：

一是货币政策放松带动无风险利率下行，从而带来估值的回归。可以看到 2014 年上半年，货币政策相对偏紧，降准、降息等常规性货币政策被束之高阁，结构性政策承担着货币政策的主要任务。但自 2014 年 11 月首次降息以来，央行货币政策可谓大转弯，不仅两次降息、三次降准，且幅度超出预期，这也导致货币市场利率下行。截至 2015 年 5 月，同业拆借加权平均利率为 1.42％，比 2014 年同期低 1.14 个百分点；质押式回购加权平均利率为 1.30％，比 2014 年同期低 1.26 个百分点。展望未来，在经济下行、通胀压力不大的情况下，预计货币政策会进一步宽松，而这也将进一步降低无风险利率，支持资产价格上涨。

二是对改革的乐观预期。时任中国证监会主席的肖钢在中央党校讲话时提到,"改革牛"理论是成立的。与肖主席持有相同观点的人不占少数,比如国泰君安首席宏观分析师任泽平将此前几轮大小牛市分别以特征命名,称2006—2007年是"周期牛",2009年是"刺激牛",2012—2013年叫"转型牛",而本轮牛市则是"改革牛"。

可以看到,自十八届三中全会以来,新一届政府全面深化改革的决心十分坚定。60条306项的具体任务逐步推进,金融改革、城镇化改革、财税改革、价格改革、京津冀一体化战略、国企改革等深水区改革顶层设计相继通过。从本轮资产价格上涨的情况来看,投资改革概念股的资金更是赚得盆满钵盈,如京津冀改革、医疗改革、国企改革等相关股票表现卓越。可以说,市场对"改革牛"的乐观预期是推动本轮股市上行的重要原因。

三是对经济有望触底回升的判断。可以看到,伴随着中国经济增长持续下滑,决策层对稳增长的要求已然加大,包括基建投资密集批复,其中,涉及水利项目、机场项目、铁路项目等;特别是为化解项目资金难题,将地方政府债务置换额度增加值达到2万亿;国家发改委早前公开招标1043个PPP项目,总计投资达到2万亿,力度不可谓不大。此外,盘活财政存量资金、发展消费金融、降低消费税等措施相继推出。

四是人民币国际化的战略需求。2008年金融危机以来,全球经济遭遇重创,发达国家率先推出量化宽松政策加以应对危机,但上述政策却使得中国面临4万亿美元外汇储备的资产安全问题。为应对困境,中国加快人民币国际化步伐,截至2015年6月,中国央行与28个国家央行与货币当局签订了双边本币互换协议,与12个国家央行或货币当局签订了清算安排,更有30家中国央行与货币当局把人民币纳入了外汇储备。

五是国企改革的内在需求。2015年6月5日全面深化改革领导小组会议已经审议通过了《关于在深化国有企业改革中坚持党的领导加强党的建设的若干意见》和《关于加强和改进企业国有资产监督防止国有资产流失的意见》，国企改革顶层设计大幕拉开。6 月与国企改革相关的文件陆续出台，有关资本公司的改革方案、混合所有制改革方案、员工持股方案也陆续出台，央企和地方国企的改革加速进行将使得国企改革概念股炙手可热，对资本市场形成了影响。

六是居民储蓄转化为投资的需要。可以看到，去杠杆无比艰难，当前中国决策层正在进行重构各部门资产负债表的尝试。一方面，由于 2008 年金融危机后，中国企业杠杆率迅速攀升，从危机前约 95％，上升到 2014 年的 120％以上，杠杆率过高局面让决策层担忧，而这也是 2014 年上半年常规性政策降息、降准被更多定向措施所取代的主要原因。另一方面，面对企业债务高企现象，中国居民杠杆率仍然较低，可以看到，本轮股市上涨与早前一个明显的不同在于高杠杆资金入市推动。因此，从整体来看，上述过程体现了通过直接融资市场将储蓄转化为投资，重塑资产负债表，化解企业债务风险的实践，符合决策层意图。

牛市背后暗含的六大风险

从上述角度而言，A 股市场告别 2000 点并实现一定程度的上涨是有基础的，且是对早前过低估值的修复，有一定的合理性。同时，不难发现，本轮股市在上涨一路上得到了官方媒体的悉心呵护，使得牛市预期因素有所放大，体现了一定程度的国家意志。然而，现在面临 5000 点节点，越来越多的风险正在显现，比如估值明显偏高，股市财富效应与支持实体经济收效甚微，投资者杠杆率高企加大了金融与社会风险等等。总之，上述现象的出现值得政策决策者反思，值得投资者保持警惕。

第一，当前估值是否合理？可以看到，经历了本轮上涨，A 股证券化率（股市总市值与 GDP 的比值)快速提升。截至 2015 年 6 月 12 日,沪深股市总市值报 71.25 万亿元,若以 2014 年中国 GDP 总值 63.6 万亿元计算,A 股证券化率已经高达 120％,比 2014 年 7 月的 55％翻了近一倍,比 2013 年最低点证券化率不足 40％翻了三倍,接近于 2007 年 122.06％这一历史最高水平。之所以值得警惕,在于历史教训显示,经历了 2007 年的辉煌后,2008 年中国股市惨跌,当年年末,证券化率回落至 38％,开启持续六年的熊市。

随着市值的飙升,A 股主板及创业板市盈率也相对较高。来自 Wind 数据显示,截至 2015 年 6 月,上证 A 股当前市盈率约为 23 倍,而就在数月之前,其市盈率还不足 10 倍。深证 A 股市盈率接近 80 倍,中小企业板为 94 倍,创业板高达 151 倍。更有一些业绩亏损、市盈率为负值的股票仍然能够涨幅跑赢大盘。增长过快,且脱离了业绩支撑的股价上扬,已经体现出了一定的非理性与泡沫成分。

第二,经济持续低迷,改革预期远远领先于政策落地。本轮资本市场与经济基本面脱离是个明显特征。中国国家统计局公布的数据显示,2015 年 5 月中国宏观经济数据仍然低于预期,特别是固定资产投资继续下探,2015 年 1—5 月下滑至 11.4％,继续拖累经济增长。

脱离基本面的牛市可以存续多久并不确定。与此同时,改革红利的释放尚待时间,改革并未取得实质性进展之前过度透支政策利好同样是有风险的。

第三,股市“负财富效应”出现。一直以来,资产价格上涨可以被看作起到了财富效应,是带动经济增长的重要内容,美国本轮经济复苏也在讲述这样一个故事。但是,伴随着中国资本市场的快牛,并未看到财富效应的显现,反而呈现出负的财富效应,即居民推迟消费,资金进入股市,这对稳增长同样是不利的。

例如,据国家统计局数据显示,2015 年 5 月社会消费品零售总额同比名义增长 10.1％,依然保持低位。汽车消费相比以往的两位数增长率大幅降低,

2015 年 3、4、5 月，汽车消费同比增长仅为 -1.3%、1.6%、2.1%，形势不容乐观。

第四，对于企业而言，尽管决策层期待股市的上涨可以帮助企业化解杠杆高的风险，但真正流入实体经济的资金实则有限，反而存在大量大股东减持现象。

另外，据统计，2015 年 5 月以来，两市更是有多达 1403 名高管（或其亲属）进行了减持，其合计减持 24 亿股，由此套现 569 亿元产业资本，部分源于管理层在公司股价飞涨时对未来业绩的悲观预期。2015 年 5 月以来，因上市公司大股东或高管违规减持，深交所已对 22 家上市公司发出监管函，数量超过深交所当期发出监管函总数的 1/4。由此可见，本轮股市上涨成了部分群体股市套利圈钱的乐土，造成了资金的进一步错配，这与引导资金进入实体经济的初衷是相违背的。

第五，存在投资者保护的问题。尽管相对于其他金融产品而言，股票市场早已实现了风险自担，但如果政府对市场预期引导过度，甚至让全民产生了国家牛市、稳赚不赔的假象，显然适得其反。据《新华每日电讯》2015 年 6 月的调查统计，参与调查的大学生中，炒股比例高达 31%，且有 26% 炒股学生投入 5 万元以上。同时，据券商营业部反映，股市上涨之下，农民工群体的开户数也在增加。

没有收入的大学生、收入有限的农民工以及一些收入有限却借钱炒股的居民大量进入股市，与股市只涨不跌的预期有关。换言之，上述群体对可能承受的风险缺乏充分认识，一旦投资出现损失则不仅会造成严重的经济损失，也会增加社会不稳定因素。早前一长沙股民以四倍杠杆融资买入中国中车股票，后因股价连续两日跌停，赔光所有，跳楼自杀的案例便足有警示意义。

第六，快钱效应不可持续，亦不利于经济结构调整。当前中国资本市场承担了帮助经济结构调整、企业内部转型升级的任务。毫无疑问，上述过程的发生并非一朝一夕,需要有足够的时间与积累,而快钱的冲击让股东短期内收益过高,产生较大的溢出效应,反而导致生产收益低于资本市场收益,资金从实体经济流入股市或者股东套现事件频频出现,未必对转型有利,反而有可能助长投机行为,阻碍上述调整的发生。

如何防范风险,引导资本市场回归正常?

通过以上分析可以发现,中国股市从 2000 点低位反弹,反映了流动性的宽松和改革预期的显现,也是对早前过低估值的修复,具有一定的合理因素。但面临较大风险之时,政府与投资者应该冷静思考,防范股市风险与泡沫的积聚。想要引导资本市场回归正常,决策层可以从以下几个方面入手:

第一,确保经济增长不至于下滑过快,企业盈利能够回升以对股市提供支持。其实,面对 2015 年上半年经济下滑,决策层已经出台了一系列政策手段稳定增长,比如对消费提供全方位支持,强调用好财政沉淀资金,通过 PPP 项目引入民间资本等等,这不仅对经济有利,也是提高企业盈利、降低股市风险的必要举措。

同时,如下几点是稳增长措施中需要特别明确的:一是增加财政支出力度。考虑到 2015 年地方债到期金额近 3 万亿,进一步增加置换额度仍有必要,与此同时,保证地方政府融资平台公司在建项目后续融资也是避免矫枉过正之举。二是引导贷款利率走低,毕竟经济和通胀下行,企业实际利率较高之时,降低融资成本可以促进企业获得更高盈利。三是降低一二套房首付,降低房贷利率,保持房地产回暖势头。四是配合改革措施的协调推进,以 PPP 而言,需要政府改变以往集运动员、裁判员于一身的角色,加快政府职能转型,推动价格改革、国企改革与金融改革等配套改革措施,才能点燃社会资本的热情。

第二，密切控制杠杆，防范风险。就资本市场而言，本轮股市上涨与 2007 年的明显特征在于杠杆的运用，也意味着更大的风险。数据显示，2014 年 6 月牛市开启时，市场融资余额仅在 4000 亿元人民币左右，而截至 2015 年 5 月 29 日，已有开展两融业务的证券公司 92 家，标的证券数量 912 个，投资者数量 367 万人，证券公司两融余额达到 2.08 万亿元。

当然，可以肯定的是，决策层已经对上述杠杆融资进行规范。2015 年 6 月 12 日，证监会表示，为促进证券公司融资融券业务规范有序发展，证监会对《证券公司融资融券业务管理办法》公开征求意见，其中提出合理控制两融、明确证券公司的六种禁止行为、将管理办法由证监会公告上升为部门规章、允许两融合理展期等九大修订内容。因此，管理层适当控制两融规模，符合宏观审慎管理框架，如能尽快落实，有助于扭转股市疯涨的局面。

第三，做好投资者保护工作。正如上文所提，中国资本市场散户占据九成，相对于机构投资者，相当一部分个人投资者专业水平有限，且风险意识淡薄，一旦市场走势扭转，不仅承受经济损失的能力有限，更有可能出现极端行为。

从这个角度而言，避免国家为股市背书，防止投资者产生股市只涨不跌的预期是有必要的。中国政府的预期管理能力强大是制度优势，比如 2014 年 11 月以来的货币政策及时转向，扭转了市场悲观预期，对给予市场信心与支持经济企稳是有必要的。

但是，一段时间以来，中国官方媒体对资本市场有明显倾向性的评论是不合时宜的，毕竟过度引导股市预期甚至形成国家牛市的概念是存在危险的，例如法国曾一度推动牛市但遭受到了惨痛的教训。此外，疯狂投机气氛的形成有悖于服务实体经济、推动转型升级的初衷。因此，经历了疯狂上涨后的中国股市，毫无疑问是需要一些理智思考与反思的。真正的牛市有其自身的逻辑，形成"国家战略"反而是揠苗助长，并不利于牛市的健康发展。

反思"四万亿"恐惧症

2013 年 8 月,新一届政府宏观经济政策出现调整,稳增长力度不断加大,市场对中国是否会出现新一轮"四万亿"的担忧再次涌现。实际上,大多数国内外投资者提及"四万亿"刺激不仅恐惧,甚至可以说是深恶痛绝。

例如,笔者在海外路演时发现,大多数海外投资者都倾向于认为,改革无疑要经历痛苦,如果新一届政府重新进行经济刺激,便表明其不能承受改革的代价,结果必然是重走"四万亿"的老路。而国内学者的批判则更为严厉,代表人物有经济学家吴敬琏、许小年等等,甚至包括官方媒体《人民日报》2013 年 8 月也发文抨击"四万亿",并澄清如今新增投资不是新版"四万亿"。

其实,上述担忧并非没有道理。如今反观"四万亿"经济刺激政策确实后遗症较多,包括房地产泡沫积聚、地方政府债务高企及连带的银行坏账风险加大以及部分行业产能过剩等等都与之不无关联。但是,一个最基本的问题需要首先明确,即"四万亿"广受诟病到底是反周期宏观政策的逻辑错误,还是经济体系本身存在缺陷或政策执行机制中存在某种弊端?显然,这二者本质不同,应对方式也大相径庭,一旦混淆不利于总结经验,反而容易矫枉过正。

不妨回顾下"四万亿"推出之时的背景:

2008 年下半年受金融危机影响,中国出口急转直下,从 2008 年年初的超过两位数增长迅速回落至负增长。而 2009 年一季度，出口转为两位数负增长，且工业生产大幅下滑，发电量零增长，大量中小出口企业关闭，沿海地区失业潮出现等等。

总之，当时中国经济已经可以称之为硬着陆，危急之时，"四万亿"政策意在避免更多的失业与经济衰退，方向是正确的，且推出之时市场也颇为兴奋。而这说明，"四万亿"的教训恐怕更多的是其背后经济结构自身及决策的问题，其中有如下几点值得反思：

第一，地方政府财政行为缺乏约束机制。包括资金方面，地方政府一旦获得支持，便有花钱欲望，所谓"不花白不花"的现象就反映了对资金运用缺乏约束机制的事实，所以号称"四万亿"的经济刺激最终超过了十万亿。而项目方面，"以 GDP 论英雄"的政绩考核体系一贯存在，一些地方官员为追求一时的高 GDP，可以不顾一切上项目，全然忽略了对项目的营利性与风险性的考虑。

第二，金融体系缺乏自主权。当时银行承担了准财政功能是导致之后系统性金融风险加大的主要原因。例如，有报道称，2010 年 10.7 万亿的地方政府负债中，有 80％来自银行贷款。试问为何中国银行业在经济下滑阶段、缺少优质项目之时会取代财政功能，大量放贷？恐怕与当时政府施加的支持实体经济的压力密切相关。

第三，国有企业的隐性担保机制。由于缺乏必要的市场退出机制以及存在隐形的政府担保，国有企业历来被视为优势企业，其项目被视为无风险项目，而这也是银行忽视风险管理以及日后产能过剩企业能够大量存在的关键。实际上，当前大部分产能过剩企业都以国有企业为主，至今没有一例兼并重组案例，更无法谈及破产机制。

第四，产业政策存在不少弊端。当时的"四万亿"是配合十大产业的振兴计划以及大力发展七大战略新兴产业推出的。而现在来看，曾经支持力度较大的行业，如钢铁、造船、光伏产业由于进入过度，面临严重的产能过剩危机。

家电行业也由于节能补贴政策导致近两年国内家电厂商坐享红利,而技术革新却落在了国际竞争者之后。

综上所述表明,"四万亿"的教训不在于是否推出刺激政策,而在于为何执行过程中忽视了中国经济固有的结构性弊端。刺激不刺激需要根据宏观经济周期形势变化而定,不刺激绝非"李克强经济学"的要义,坐视经济硬着陆而不采取政策是对"四万亿"矫枉过正的表现。

值得肯定的是,本届政府在避免再次出现上述困境方面也做出了积极努力。比如政府推出铁路地铁建设项目等更多是运用反周期的财政政策,通过减税、增加政府支出等手段,加大中央财政支出而非让银行重新贷款给地方融资平台承担准财政功能,有利于避免地方债务问题重演;除了提出信息产业的发展外不再推出产业政策,则有利于发挥市场机制;最高决策层表态不依GDP论英雄有利于约束地方政府行为;启动金融市场化改革有利于加大银行对风险的控制等等。

总之,稳增长与调结构需要协调推进,在经济萧条时期调结构是非常困难的,只有在增长中为结构调整创造良好条件,在调结构中使增长可持续才是最佳方式。从中长期来看,如果十八届三中全会能够立足结构性改革推进中央和地方的财政体系、户籍制度和农村土地流转改革,无疑将释放更多改革红利,不仅能够化解了"四万亿"后遗症,而且可以支持未来十年GDP 7%左右的增长。

去产能不应止于为国企解困

产能过剩一直是近年来中国产业发展的"痼疾"。不仅困扰着钢铁、水泥、电解铝、玻璃等传统行业，而且太阳能、风能等新兴产业也难逃厄运。产能过剩行业整体亏损，机构繁杂，人员工资难以保证，困境之下，常年来依靠银行贷款不断展新，靠地方财政持续补贴度日，整体而言拖累中国经济。

产能过剩风险之所以值得重视还在于来自国际经验的警示。20世纪80年代爆发的房地产泡沫与其后三十余年的经济衰退令人不寒而栗。实际上，对比当前中国与日本危机之前的情形，不难发现已有不少相似之处，如经济增长放缓、货币政策效用递减、货币升值削弱出口竞争力等等。同时，危机爆发前的日本经济同样面临严重的产能过剩局面，大量僵尸企业占据社会资源，企业创造性被破坏，长此以往，风险积聚导致最后危机爆发，最终陷入流动性陷阱，值得中国引以为戒。

如何去产能是个难题，当前中国决策层开出的药方主要包括：严格控制增量；尽可能多兼并重组、少破产清算；完善财政、金融等支持政策，做好职工安置；通过债转股降低杠杆率和提升再融资能力，并通过引入战略投资者，在深层次上实现产能过剩行业的重组。

期望是好的，但可以预见，上述措施在落实中仍将面临难题。比如，当前决策层去产能的思路体现了一种平衡思维，既要去产能，又要保就业，但也面临理想状态下推进的不确定性。试想在市场条件下，如果企业财务状况已达到破产境地，却被要求兼并重组，具体操作是由市场还是行政手段主导呢？应由谁来出面？倘若任务又落到国企肩上，是否有违于国企改革初衷？

同样，如何做好职工安置，避免大规模社会问题也至关重要。然而，央行行长周小川在2016年3月政协会议分组讨论时也提到，做好职工安置问题离不开养老、医疗保障体系的改革。但是，从当前来看，上述改革进展仍然缓慢，现收现付在保障体系所占的比例仍然相当高，现在的员工还承担着过去中老职工的养老保障负担。养老金账户可携带性不足，也是职工转岗再就业的体制性障碍。

此外，备受期待的债转股能否对于去杠杆、化解产能起到很好作用？理论上虽然可以，但在国有企业改革推迟、企业经营行为无法实现市场化运作的当下，如何通过引入战略投资者的方式进行公司决策仍然是个难题。

与市场化国家去产能有所不同，中国式产能过剩的化解绝不能仅就去产能而去产能，要从制度性、体制性原因出发，配合行政体制改革、国有企业改革、社会保障制度改革、价格改革、金融与财税改革等多项措施协调推进，才能达到标本兼治，从根本上化解产能过剩危机。

具体来看，如下几项改革是政府破解产能过剩难题的关键：

一是理清政府与市场边界。一直以来，造成中国式产能过剩的原因很大一部分来自于政府行政的手伸得过长，特别是传统官员的考核、晋升机制与GDP密切相关，才导致当前"重复建设""过度竞争""过度投资"和"产能过剩"等类似的问题屡见不鲜。因此，在去产能过程中，要避免政府包办的路径，尽量运用资本市场，并强化破产中法治的力量，以市场化的手段去产能，才能让去产能的路不至于走偏。

二是财政补贴需要强调有所为，有所不为。去产能过程中将涉及大量财政支持,而如何运用这些政策将显得十分关键。从以往情况来看,财政补贴的过度支持也是加剧产能过剩、导致僵尸企业大量存在的重要原因,如中央政府对光伏曾在一个较长的时期内给予高达 70％ 的投资补助,引发全国范围的光伏投资狂潮,而光伏产业已经成为产能过剩重灾区。因此,财政支持应该主要体现在去产能过程中可能出现的人员转置工作,特别是需要配合社会保障体系改革,减少转型中的痛苦,尽量避免走上以往过度支持特定行业与特定企业的老路上来。

三是加快国有企业改革。过剩产能主要以国企为主,无论是债转股,还是关停并转,能否取得效果都涉及政府对待国有企业态度以及国有企业公司治理能否取得进展。有人将当前中国去产能情况与 1997 年朱镕基总理启动国有企业改革做类比,当时政府通过艰难的国有企业与银行业改革,用了三年的时间,才使得国有企业实现盈利,此后银行剥离不良资产所需时间更长。从这个角度而言,面对当前严峻挑战,中国政府更需要中长期的计划和耐心。尽管短期内恐将牺牲一定程度的经济增长,但比较强刺激所带来的短暂经济复苏,改革红利更为持久。

四是推进价格改革,发挥市场价格在化解产能过剩与产业升级中的作用。正如周行长在政协演讲中提到的,"产能过剩在很大程度上与价格扭曲有关。有些行业上项目时,大家都表现得非常积极,这很可能是因为价格有问题。价格有问题也可能是税收有问题间接造成的"。鉴于当前中国大多数资源性产品价格长期处于较低水平,土地、矿产等自然资源产权制度改革方兴未艾,水电煤气等价格改革也尚未完成,未来理顺价格机制,从根本上减少价格扭曲,进而将要素成本体现在企业运营成本之中,对于避免进一步的产能过剩局面同样重要。

五是加快金融改革,防治金融财政化局面。虽然金融改革并不直接对应于产能过剩问题的化解,但利率市场化的持续推进,将有助于银行重新衡量资金成本与风险,对项目投资进行深入评估,防止资金源源不断进入过剩行业和企业。而从社会融资情况来看,进一步减低信贷比重,发展资本市场,推动私募债等多种形式的直接融资,更有助于降低企业债务成本,解决困扰民营中小企业多年的融资难、融资贵的局面,也能为化解产能过剩提供市场化途径。

总之,去产能任务艰巨,但能否有效推进,不仅需要财政、金融方面的支持,更为重要的是一篮子市场化改革措施的配合。坚持依靠经济增长方式的转变,改变政府对资源和生产的强大控制和影响,加快完善市场体制和机制的改革,进一步放开市场准入机制,严格破产退出制度,理顺市场价格体系和定价机制,才能从根本上发挥市场竞争优胜劣汰作用,化解产能过剩的痼疾。

"十三五"规划亮点与挑战何在？

2015年11月，"十三五"规划建议全文公布，作为指导未来五年中国经济领域的纲领性规划，建议中积极进取的增长发展目标、积极参与国际规则制定的雄心、注重新供给学派的创新因素、强调公平，以及关注绿色发展等都可以称之为亮点，体现了新一届中央领导人的经济治国理念。

当然，"十三五"期间是中国能否跨越中等收入陷阱的关键期，国际国内的挑战亦不容忽视，未来五年如何应对美国维持一强独霸的强硬态势和行动，如何处理好改革与稳增长的关系，以及伴随着资本项目开放如何协调监管、防范金融风险仍是未来五年需要重点解决的难题。

首先，"十三五"规划建议中有如下亮点：

第一，雄心勃勃的增长目标。近年来在投资回报率大幅下降、人口红利减少、劳动力工资上涨与老龄化以及环境污染等成本刚性上升等压力下，中国经济潜在增长率有所下滑，2015年三季度中国GDP跌至6.9%，低于政府目标，结合更为悲观的发电量、企业利润、货运量等数据，不少质疑甚至认为，当前中国经济增速或比官方数据更低。然而，此次"十三五"规划建议提出"经济保持中高速增长"，考虑到中共十八大提出的到2020年GDP与居民人均收入比2010年翻一番的目标，预计"十三五"期间GDP底线目标仍将定于6.5%以上。

这意味着"十三五"将稳增长置于首位,而确保中国经济不跌破上述增长底线的挑战仍然不小。

第二,积极主动参与国际规则制定。相比于过去对外开放的表述主要集中在通过参与全球分工合作的方式促进国内贸易投资增长,抑或是以开放促改革等做法,"十三五"规划更进一层,希望提高在全球经济治理中的制度话语权,预计"十三五"通过"一带一路"倡议及人民币国际化有助于实现上述目标,影响世界经济金融格局。例如,通过"一带一路"倡议帮助中国企业走出去,缓解产能过剩,同时,推进双边与多边合作,特别是加强与欧洲交流,防止美国重返亚洲对中国形成挑战。人民币国际化方面,亚投行、丝路基金等金融机构发挥作用以及 2016 年 10 月人民币加入 SDR,将带动人民币更进一步国际化,使得"十三五"期间人民币成为国际储备货币水到渠成。

第三,突出新供给学派的创新。"十三五"建议将创新单列,显示了其战略地位。在创新框架下,"大众创业、万众创新"将致力于释放新需求;《中国制造业 2025》①意在使"中国制造"向"中国智造"转变,推动产业升级;而行政管理体制改革、国企改革、财税改革等又符合制度创新的内涵。简言之,"十三五"规划注重从供给端发力,破除增长困境,释放增长红利。除了创新以外,"十三五"放开二孩政策是应对劳动供给约束、人口红利逐渐消失的必要之举;加快建设人才强国,深入实施人才优先发展战略,是注重人力资本对增长的作用;坚持绿色发展,则是应对环境约束逐步加大所必须选择的道路。

第四,效率优先但不牺牲公平。效率与公平经常被认为是矛盾和冲突的,但两者也是发挥市场决定性作用与对政府职能协调作用的重要考量。伴随着中国综合经济实力的提升以及居民收入水平的提高,特别是早前资产价格的快速上涨,近年来居民贫富差距有所拉大,继而引发了中国陷入中等收入陷阱

---

① 中国政府实施制造强国战略第一个十年的行动纲领。

的担忧。"十三五"是跨越中等收入陷阱的关键，收入分配改革则是重中之重。"十三五"从协调发展的角度提出要重点促进城乡区域协调发展，从共享发展的角度提出缩小收入差距，预计未来户籍改革、公共服务改革都将加快。

第五，绿色发展指引产业升级。"十三五"期间中国经济增长更加注重环境约束，如新能源汽车作为符合绿色发展要求的产业位列《中国制造2025》十大重点产业的名录，或将带动制造业升级以及服务业发展。"十二五"阶段的后三年，服务业占GDP比重超过工业且一直保持上升态势，截至2015年三季度，服务业占比上升到49.5％。未来若要实现绿色发展，进一步开放服务业促进其占GDP比重进一步提高是方向之一。而金融方面，构建中国绿色金融体系，发展绿色债券市场、绿色股票指数、绿色保险等，将带动更多民间资金投入绿色产业，也有助于推动"十三五"产业转型。

当然，机遇与挑战同在。未来五年中国还不可避免地面对如下挑战：

第一，超级大国美国的挑战。近几年以来，中美两国有关南海争端、网络安全等话题一直热度不减，而亚投行申请事件、TPP（Trans-Pacific Partnership Agreement，跨太平洋伙伴关系协定）孤立中国等又将两国在经贸领域的激烈角逐体现得淋漓尽致。特别值得关注的是，中美两方如今谈判往往以指责对方开始，如美方常常抱怨中国政府对于企业在能源、土地等方面实施不公平的补贴，以及中国对知识产权保护不力；而中方则不满于美方管制高科技产品的对华出口、对中国企业在美投资准入实施限制等问题。

2015年4月中国外交部部长王毅曾在高层发展论坛演讲中提到现有的国家秩序中的缺陷，即国与国之间的关系总以自身利益为出发点，不太关注发展中国家的需求，中国的外交理念是以合作互利为出发点，并希望以此改进国际关系。而时任中国财政部部长的楼继伟也表态，中国不认为现有的国际金融机构实现的是最佳行为准则，中国主导的亚投行不会照搬现有模式，而是会更多地考虑发展中国家的诉求。

此次"十三五"所建议的提高我国在全球经济治理中的制度性话语权,既是机遇也是挑战。考虑到中美摩擦背后的实质是"崛起大国与守成大国的传统冲突",预计"十三五"中美双方在经济、政治、外交领域的摩擦将不断加剧,中美 BIT(Bilateral Investment Treaty,双边投资协定)谈判或将进展缓慢。而应对中美关系的重塑与调整,中国需要加强双边与多边合作,特别是与欧洲的合作以应对。考虑到中欧关系交好,欧洲难民潮加剧了欧美间隙,"十三五"期间是中欧合作应对美国超级大国挑战的关键时期。

第二,国企改革与稳增长目标能否兼得?改革的加速推进从长期来看有利于进一步释放红利。近期一系列文件也释放了"十三五"改革利好,例如,行政管理体制改革方面规定,从 2018 年起,正式实行全国统一的市场准入负面清单制度;价格改革方面,"十三五"中期,竞争性领域和环节价格基本放开;财税改革方面,以税改为突破口;金融改革方面,全速前进支持人民币国际化。

国企改革方面,尽管顶层设计与相关配套文件已下发,但不少关键问题如何演化尚待观察:例如,大举提倡国企高管限薪却保留行政级别,使得如何能够真正做到激励相容、政企分开?国有股强势情况下如何激起民间资本热情以实现混合所有制?特别是产能过剩困扰中国经济,亦凸显政策难题。

具体来看,如果不抑制政府投资的冲动,产能过剩得不到解决甚至会愈演愈烈,而其引发的连锁反应,不仅对中期经济增长有一定制约,也会导致生产要素价格扭曲;反之,如果压缩产能,采取不破不立、关停并转的方式,也会短期内影响经济与就业。毫无疑问,国有企业是产能过剩的重灾区,国企改革与稳定经济增长两个目标如何兼得尚待考验。

第三,资本项目开放与金融协调监管的困难。"十三五"规划提出加强金融宏观审慎管理制度建设,加强统筹协调,改革并完善适应现代金融市场发展的金融监管框架,健全符合我国国情和国际标准的监管规则,实现金融风险监管全覆盖。回想 2015 年年中发生的股灾,虽然造成了 20 万亿财富蒸发,但很难想象，如果此轮股灾发生在资本项目开放之时，后果将何等惨痛。因此，如何在"十三五"利率与汇率市场化、资本项目开放化、人民币国际化不断深入的阶段，做好金融协调监管显然关乎金融稳定。

毫无疑问，本次股灾暴露出"一行三会"协调监管十分薄弱。在现有中国"一行三会"体制下，央行专注于货币政策的制定和实施，而银监会与证监会、保监会分别覆盖银行、证券、保险等三大领域的监管，导致金融市场的机械分割不能适应金融机构混业经营的新情况，难以形成高效、一体化的金融市场监管体系，灰色地带更容易形成监管真空。2017年7月成立的国务院金融稳定发展委员会，将会强化人民银行宏观审慎管理职责，在降低监管成本的同时防范系统性金融危机的爆发。

中国经济政策三大新取向

　　《人民日报》于 2016 年 5 月 9 日头版头条刊登的"权威人士"对中国经济形势评价的访谈引发了海内外的广泛关注。文章以《开局首季问大势——权威人士谈当前中国经济》为题,回答了经济形势怎么看、宏观调控怎么干、供给侧结构性改革怎么推、预期管理怎么办、经济风险怎么防,这五大问题。这是《人民日报》继 2015 年 5 月 25 日刊文《五问中国经济——权威人士谈当前经济形势》、2016 年 1 月 4 日刊文《七问供给侧结构性改革——权威人士谈当前经济怎么看怎么干》后第三次报道关于"权威人士"的访谈。

　　但此次报道引发的关注度明显高于前两次,并且直接作用于市场:A 股下挫,期货市场部分黑色金属暴跌,股市期市同时遭遇"黑色星期一"。这一市场反应部分是因为"权威人士"对中国经济将会长期持续 L 型走势的判断给注重预期的股市以一定打击,也因为"权威人士"对于过度投资和过度信贷刺激经济的批判,引发市场对中国目前宽松的货币财政政策是否要开始转向的担忧。而最引人关注的是,这篇文章中的观点与现行政策乃至部分高层之前的发言有明显的不同之处,甚至可以说否定了近期的一些政策倾向,这是否体现了上层决策者不同意见的公开化?

　　首先,有三大不同政策倾向:

不同点一：对第一季度经济形势的判断

"权威人士"称，"总的看，今年（2016 年）开局的经济形势平稳。经济运行的总体态势符合预期，有些亮点还好于预期。但是，经济运行的固有矛盾没缓解，一些新问题也超出预期。因此，很难用'开门红''小阳春'等简单的概念加以描述"；"然而，不可否认，我们面临的固有矛盾还没根本解决，一些新的问题也有所暴露。'稳'的基础仍然主要依靠'老办法'，即投资拉动，部分地区财政收支平衡压力较大，经济风险发生概率上升"。

然而，2016 年 3 月 20 日召开的中国发展高层论坛上，中共中央政治局常委、国务院副总理张高丽发表主旨演讲时指出，"（2016 年）一季度将能够实现'开门红'，今年（2016 年）攻坚克难，可能明年就海阔天空"。随后，4 月 13 日，国家发展改革委政研室副主任、新闻发言人赵辰昕表示，"从目前主要经济指标看，可以说中国一季度经济实现了'开门红'，'六个升'①体现了经济向好发展的积极变化"。

主管经济的副总理以及国家发改委新闻发言人都用到了"开门红"一词，而权威人士却明确表示"很难用'开门红''小阳春'等简单的概念加以描述"，非常不同于国务院和国家发改委对第一季度经济形势的判断。

不同点二：对刺激政策拉动经济增长的态度

"权威人士"称，"如果我们还走需求刺激的老路，市场就会担心迟疑、无所适从"；"在现实情况下，要彻底抛弃试图通过宽松货币加码的方式来加快经济

---

① 分别为投资增速有所回升，价格总水平有所回升，企业利润由降转升，房地产市场交易量明显回升，财政收入增速回升，市场预期有所回升。

增长、做大分母降杠杆的幻想";"需求侧起着为解决主要矛盾营造环境的作用,投资扩张只能适度,不能过度,决不可越俎代庖、主次不分";"'退一步'为了'进两步';我国经济潜力足、韧性强、回旋余地大,即使不刺激,速度也跌不到哪里去";"避免用'大水漫灌'的扩张办法给经济打强心针,造成短期兴奋过后经济越来越糟"。

对刺激政策拉动经济的否定与之前领导人的发言有一致地方,但侧重点不同。李克强总理在 2016 年 3 月 15 日会见十二届全国人大三次会议的中外记者时提到:"我多次说过,在新常态下,我们会保持中国经济在合理区间运行。如果速度放缓影响了就业收入等,逼近合理区间的下限,我们会在稳定政策与稳定市场对中国长期预期的同时,加大定向调控的力度,来稳定市场的当前信心。我们这几年没有采取短期强刺激的政策,可以说运用政策的回旋余地还比较大,我们'工具箱'里的工具还比较多。"而此前,李克强总理在 2016年 2 月 29 日会见美国财政部长雅各布·卢时表示,"中国正处在经济转型和新旧动能转换的过程中,实施积极的财政政策还有较大空间,会更加有力"。

此外,对刺激政策拉动经济的否定与现阶段的经济政策取向不同。在 2016 年 1—2 月经济指标普遍疲软的情况下,3 月经济指回暖,其中,房地产投资与基建投资大幅反弹,新增贷款十分强劲以及 M2 增速高于 13% 的目标等都显示本轮经济复苏与政府前期政策放松联系紧密。特别是作为 2016年第一季度反弹主要支撑的房地产,很大程度受益于前期央行降准降息、契税调整、房贷首付比例下降以及公积金政策调整等多项利好因素。

不同点三:对僵尸企业的态度

"权威人士"称,"对那些确实无法救的企业,该关闭的就坚决关闭,该破产的要依法破产,不要动辄搞'债转股',不要搞'拉郎配'式重组,那样成本太高,自欺欺人，早晚是个大包袱"；"一些产能过剩领域的企业，亏损加大，拖欠的工资增多，银行很痛苦，职工也很痛苦，而且越拖越痛苦。怎么办？长痛不如短痛。对这些企业进行'清盘'"；"处置僵尸企业，该'断奶'的就'断奶'，该断贷的就断贷，坚决拔掉'输液管'和'呼吸机'"。

权威人士在文中八次提及"僵尸企业"这一社会热点问题，对产能过剩行业出清、国有企业改革的态度要比其他高层更加强硬。又如其对债转股的看法也偏向负面。1999 年时任建设银行行长的周小川，在《经济社会体制比较》杂志（1999 年第 6 期）上首次发表了《关于债转股的几个问题》，2016 年 4 月 15 日周小川行长又披露债转股细节，强调"债转股主要是针对杠杆率比较高的公司，并不是针对特定规模或产权结构的某一类企业。大型企业借贷比较多，杠杆率自然也比较高。而这些大企业既有上市公司，也有未上市的混合所有制企业，也包括一些民营企业。这个政策对它们都适用，可以帮助它们降低杠杆率"。

而《人民日报》关于"权威人士"的报道又使得逐渐明晰的倾向性出现不确定性，即到底改革优先还是稳增长优先？对此，有三个方面的问题需要考虑：

第一，6.5％以上的经济增长目标是否还要坚守？

这个问题很重要，但被"权威人士"回避了。这其实是短期目标和长期目标的协调与博弈问题，保增长是短期目标，促改革是长期目标。有观点认为，短期目标和长期目标可以同时达成。但这种观点在现实中有些过于理想主义，要改革就必有代价和阵痛——工厂关闭无疑会给工业生产、就业、消费带来短期冲击，去杠杆势必会造成短期流动性紧缩和资金短缺，打破刚性兑付让债券违约自然会引发资金市场成本上升，令国际投资者暂时失去信心，突然戳破泡沫则会带来金融市场的动荡甚至引发金融危机。所以，如果改革当先，短期目标让位于长期目标，就有不保 6.5％经济增长，无法达成 2020 年 GDP 翻一番这一目标的可能性。

第二，即使在放弃 6.5％增长目标的情况下，坚守"保证劳动市场稳定"和

"防范发生金融危机"的底线也绝非易事,即使要维持 L 型增长也并不简单。

关于"即使不刺激,速度也跌不到哪里去"的描述也容易让人产生疑问,"速度跌不到哪里去"指的具体是多少? 而没有政策托底也不会硬着陆的判断依据也没有提及。中国现在处于非常复杂且关键的时期,国内面对着"经济增长速度换挡期、结构调整阵痛期、前期刺激政策消化期"之"三期叠加"下问题和矛盾交织的状况,中国自身经济增长在"下台阶",从 2007 年的 14% 到 2010 年的 10% 左右再到 2015 年的 6.9%,防范金融风险、稳定经济的任务仍然较重。而国际环境也不容乐观,全球经济低迷不振,IMF 在 2016 年已下调过一次世界经济成长预测,一次东亚太平洋地区发展中国家增长预测。虽然全球主要央行维持极度宽松的货币政策,美联储亦推迟加息,但疲软的世界经济并没有显著的抬头迹象。尤其是美元变动带来的不确定性,让防范金融危机愈发考验决策层的智慧与经验。

第三,供给侧改革如何改,在具体执行的过程中如何把握? 改革中如果出现了困难,是否可以挺得过去? 放缓的中国经济是否可以承受改革所带来的阵痛?

总之,笔者认为中国最需要坚守的底线是"保证劳动市场稳定"和"杜绝发生金融危机",而稳增长与调结构在尽可能协调推进的同时,也不得不在政策目标的选择上有所侧重,有所取舍。需要强调的是,在当下复杂的国内外经济形势之下,预期管理显得尤为关键,经济决策层统一定调,释放连续一致的政策信号,对于稳定市场预期十分重要。

点燃民间资本热情的关键是改革

2015 年 5 月底,国务院办公厅转发财政部、发展改革委、人民银行联合制定的《关于在公共服务领域推广政府和社会资本合作模式的指导意见》(简称《指导意见》),决定围绕增加公共产品和公共服务供给在多个公共服务领域广泛采用 PPP 模式。

《指导意见》的出台不仅有利于应对当前经济疲软、投资下滑,从长期来看,也为政府与社会资本合作提供了新的范式,对防范地方债务风险、提高公共服务效率大有裨益。但应当注意的是,当前 PPP 项目的签约率不高,地方政府的热情明显高于社会资本,显示出社会资本对于 PPP 项目仍有担忧与顾虑。

应避免财政悬崖

2015 年上半年,中国经济成绩单不容乐观。2015 年一季度实际 GDP 降至 7%,位于过去六年来最低水平。与此同时,不少高频数据与调研资料佐证了经济下滑态势,如几乎零增长的发电量与用电量数据、大幅下滑的铁路货运情况,以及持续通缩的工业生产品价格等等。

正是考虑到经济形势差于预期,决策层"稳增长"举措已有加快之势。这不仅体现在货币政策方面,如常规政策工具的使用已更加频繁,自 2014 年 11 月底开启降息,至 2015 年 5 月,已有三次降息、两次降准,频率之高、力度之大已非比寻常,同样体现在财政方面,为避免早前"43 号文"对在建、续建项目的负面影响,各种避免财政悬崖的过渡性安排已然加速,包括要求妥善解决地方政府融资平台公司在建项目的后续融资,以及开篇提到的在公共服务领域推广政府和社会资本合作模式等,都是例证。

财政方面的积极变化体现了决策层"稳增长"与"促改革"协调推进的基调。实际上,受经济下滑影响,2015 年财政压力已然较大,2015 年一季度全国财政收入增速只有 2.4%,而 2013 年同期的增速为 9.3%。虽然 2015 年 4 月财政收入同比增速回升至 8.2%,但主要是由部分金融机构上缴利润增加所致,并未改变财政收入低迷的整体局面。因此,此时决策层鼓励更多社会资本进入公共服务领域,不仅是应对当前经济疲软、投资下滑的必要举措,从长期来看,也为政府和社会资本合作提供了新的范式,即促进更广泛的政府与社会资本合作,对防范地方债务风险、提高公共服务效率大有裨益。

民间资本仍存顾虑

从上述角度而言,当前中国政府对于 PPP 的热情是空前高涨的。例如,早前国家发改委网站公开发布的 PPP 推介项目显示,目前涉及 PPP 项目总数高达 1043 个,总投资近 2 万亿元,力度之大令人惊讶。

但另外一个尴尬局面是,尽管决策层促进 PPP 范式的意愿强烈,社会资本却表现相对冷静。为何社会资本参与 PPP 合作的热情不高?主要有以下两点原因:

一方面,社会资本对与政府部门合作的地位存有顾忌。一直以来,政府在与企业的关系中往往保持着强势地位，无论是在项目选择还是在项目推进过程中，忽略企业精神的案例比比皆是，这使得企业部门在与政府谈判中常常处于劣势地位。此次大力推广 PPP 模式，从政府角度看有拓展融资渠道、缓解债务风险的内在考虑，但如果只是政府单方面的好处，无法真正做到与企业利益共享，则很难获得社会资金的青睐。此外，政策连续性也是社会资本的担忧之处。PPP 项目时间跨度大，政府部门变动是否会影响政策连续性也是社会资本的隐忧，政府单方面放弃合同导致项目损失的案例也不在少数。从这个角度而言，重塑政府信用是关键。

另一方面，从项目本身而言，项目的盈利情况、长期资金来源等都是社会资本担忧的方面。由于 PPP 项目大多涉及公共服务，而公共服务大多带有公益性质，现金流估算往往面临较大的政策不确定性。例如，在水务领域，早前有过通过 BOT（Build-Operate-Transfer，建设—经营—转让）方式吸引社会资本进入的案例，但由于水资源的价格形成机制尚不完善，且水价调整涉及民生，使得项目现金流估算比较困难。再如，城市地铁项目出于引导公众绿色出行、缓解城市交通的考虑，对地铁票价存在一定折扣，这样的背景下，如何帮助企业计算成本与合理补贴都是政府与企业需要思考的问题。

改革需协调配合

上述现象说明，促进政府和社会资本广泛合作并非一日之功，还需要更多的配套改革协调推进，才能调动社会资本积极性，取得理想效果。具体来看，应该从以下几个方面做出努力：

第一，致力于理顺政府与市场的关系。实际上，PPP 模式虽然是当前财税改革推进下，开拓融资渠道、化解政府债务风险、保证基建投资项目顺利推进的新模式，但若仅立足于此，恐怕也只是地方政府的一厢情愿，难有所作为。

做到政府与企业利益共享和风险分担,即通过加快推进政府职能转型,改变政府以往集运动员与裁判员于一身的角色错位,遵守契约精神,公平谈判,才有可能吸引社会资本的参与。

第二,加快推进资源品价格改革。PPP项目大多涉及公共服务,而目前诸多公共产品价格形成机制尚未理顺,也对项目收益成本核算造成了一定困扰,这意味着未来加速公共产品定价市场化势在必行。例如,在医疗领域,政府对药品的定价应该进一步取消;水电煤气价格方面,应扩大输配电价改革试点,推进农业水价改革,全面实行居民阶梯价格制度等等。与此同时,还需配合以完善税制、统一监管、打破准入等配套措施,通过政策组合拳推动公共产品价格市场化。

第三,推动国有企业改革。相比于国外普遍意义上的PPP,中国的PPP被定义为政府和社会资本之间的合作,其中最大的区别在于中国的企业部门其实包括大量的国有企业。考虑到公共服务项目本身回报周期长,对部分私人资本的进入存有疑虑,预计PPP中更加普遍的合作仍然是政府与国有企业的形式。在此形势下,如果国有企业预算软约束的现状无法改变,以行政手段干预企业经营,那么风险剥离也只是美好的想象,即便债务从地方政府资产负债表中剥离,仍旧会转嫁到国有企业部门,亦成为变相的政府债务。因此,加快国有企业改革是化解债务风险、推动公共服务效率提升的必然要求。

第四,金融改革协调推进。目前受金融监管等因素影响,金融市场上更多的是流动性、收益性、灵活性都较好的短期金融工具,吸引长期资金参与到短期融资中。可以看到,当前银行信贷资金大多集中在3—5年,10年以上的长期贷款占比有限,而这与PPP项目的资金需求并不匹配。此外,当前社会融资成本高,也有很大一部分原因来自于国内资金的期限错配。从这一角度而言,加大金融市场改革,发展债券市场,为投资者提供更长期的金融工具,大力推动资产证券化等都有助于解决PPP项目期限错配的问题。

　　总之，在当前经济增速持续下滑阶段，一方面要重视稳增长政策的推出，另一方面也要注意调结构与促改革的协调推进。大力发展 PPP 项目不仅可达到短期内加快基建项目出台、提振投资、稳定增长的效果，从长期来看，更是为政府和社会资本合作提供了新的范式，对防范地方债务风险、提高公共服务效率有重要意义。更加重要的是，财税改革步入深水区之时，还需在政府职能转变、价格改革、国企改革与金融改革等方面做出制度安排和支持，毕竟只有协调推进改革才能实现 PPP 吸引社会资本进入的初衷。

以"创造性破坏"化解中国式产能过剩

中国的产能利用率情况不容乐观

产能过剩一直是近年来中国产业发展的"痼疾"。根据 IMF 的报告,自 2008 年金融危机以来,中国产能利用率一度从危机前的 80% 左右下降至 60%。出人意料的是,产能过剩不仅困扰着传统行业,新兴产业也难逃厄运。

从具体指标来看,产能利用率(即实际产出与潜在产能之比)是国际范围内较为通用的判断标准。然而,相比于欧、美、日普遍公布的产能利用率指标,中国产能利用率指标的公布却缺少规律的发布周期。从国家发改委、国家统计局、中国人民银行等相关单位披露的有关数据来看,截至 2014 年上半年,我国工业企业产能利用率只有 78.3%,处于 2006 年以来的历史低位,其中钢铁、水泥、电解铝、平板玻璃、焦炭这些传统的产业的产能利用率只有 70%—75%,风机的产能利用率不到 70%,光伏利用率就更低一些,只有不到 60%。

国际经验显示,产能利用率正常水平为 81%—82% 左右。一般而言,高于 85% 表示产能不足,75% 以下表明产能过剩严重。若以此标准判断,当前中国 78.3% 左右的产能利用率情况已经不容乐观。

导致中国式产能过剩的"三座大山"

从市场化运作的角度来看,产能过剩情况的出现往往与经济周期、结构转型相伴。周期性产能过剩,主要体现在"当经济走向萧条或衰退时",需求萎缩可能导致多数产业领域的富余产能增加,达到一定程度时即形成产能过剩。毫无疑问,2014年中国经济正处于增速下滑态势:2014年GDP增速下降至7.4%,创24年来的新低。

与周期性原因相比,经济结构失衡是当前不同行业出现产能过剩的长期原因。中国经济正在由工业主导向服务业主导加快转变,这意味着产业结构正在发生调整,表现为传统产业的没落与新兴产业的兴起。传统产业投资下降而新兴产业投资有限的局面,造成整体投资需求的萎缩与产能过剩现象的出现。特别值得一提的是,2008年金融危机之后中国政府曾一度推出的"四万亿"经济刺激计划,虽然导致短期内中国经济增速迅速反弹,但过剩产能迅速被旺盛的需求所掩盖。政策退出之后,诸多产业大幅上升的资本支出无法消化,反而加剧了产能过剩局面。

中国政府主导型增长模式则是产能过剩的深层体制性原因。相比一般性产能过剩而言,体制性原因导致的产能过剩在治理方面不仅需要经济政策配合,更多的还需从政府管理体制改革入手,化解起来更加不易。首先,政府干预投资和经济增长的能力过强。其次是财政体制扭曲,政府常常直接用财政补贴的方式支持相关产业。再次是银行信贷倾斜。在中央历次出台的产业支持政策中,一般都有关于银行信贷资金要向重点产业倾斜的规定。最后,预算软约束的企业大量存在。从产能过剩企业主体来看,基本上以国有企业为主,这也是中国式产能过剩的特殊之处。

切勿重蹈日本覆辙

产能过剩风险不容小觑。日本 20 世纪 80 年代爆发的房地产泡沫与其后三十余年的经济衰退让人不寒而栗。中国经济与日本经济在 20 世纪 90 年代的表现也有很多相似之处,随着流动性过剩、经济增长放缓、通缩风险加剧、货币升值压力加大、产能过剩和资产市场投机与大量"僵尸企业"浮出水面等等,中国应该积极寻求有力措施,避免重蹈日本覆辙。

需以"创造性破坏"摆脱产能过剩局面

根据产能过剩困境出现的一般性原因与体制性原因,化解过程需要遵循以下两大思路:一方面,对周期性及经济结构转型过程中出现的产能过剩,应主要通过市场的力量实现过剩产能消化,这其中,美日欧等发达国家和地区曾有过不少经验,可以作为借鉴。另一方面,对于体制性原因,除了经济政策以外,更多的是改革的协调推进,包括地方政府行政管理改革、财税改革、金融改革、国有企业改革等。总体而言,若要摆脱长期积累导致的产能过剩局面,中国或许需要迎接一次如熊彼特所预言的"创造性破坏"。

债市违约频发背后的改革困境

　　2016 年，中国经济与金融市场有一个奇特的现象值得关注。一方面，中国经济在稳增长政策逐步加码的情况下持续企稳，2016 年一季度经济数据实现开门红，房地产投资与基建投资表现良好。特别是 2016 年一季度新增贷款 4.6 万亿以及社会融资总量 6.59 万亿均创单季历史新高，意味着货币政策仍然宽松，大宗商品价格走高；然而，中国债券市场上却有债券违约与取消发行频频出现的情况，甚至违约主体从民企传导到国企、央企，投资者避险情绪增加。

　　为何在整体宏观面向好、资金面充裕的情况下，债券市场却遭遇动荡？如何防范相关风险，显然是值得政策制定者与投资者密切关注的话题。从宏观经济的角度来看，当前债券市场出现的投资者风险偏好下降主要与以下几点因素有关：

　　第一，营改增引发银行融资成本上涨，或将进一步向利率传导。根据《关于全面推开营业税改征增值税试点的通知》，2016 年 5 月 1 日国内商业银行将面临营业税、增值税的政策落实。但由于银行类机构没有进项税可以抵扣，税收效应会直接反映在价格上，抬升银行业的融资成本。

　　第二，1 万亿债转股成型，或将导致市场对于企业逃废债的担忧。债转股是新一轮企业降杠杆与化解银行不良贷款的宏观举措，目前来看，主要是一些债务负担较高的企业有多大的动机去申请,作为其"最后的晚餐"。但市场担忧,债转股是否会产生大量废债,并在保护银行债权的同时,对中小投资者债权造成不利。

第三,对国有企业去产能的担忧。2008 金融危机以来,僵尸企业是困扰中国经济转型的难题。2016 年去产能位列中央经济工作任务之一,钢铁、煤炭行业更是承担了去产能的主要任务。在此背景下,一些国有僵尸企业可能会面临市场化的出清方式,而这也是 2016 年年初央企中铁物资和地方国企东北特钢未能幸免于难,频频出现违约事件的原因。

总之,2016 年中国债券市场出现的违约现象,与去产能、去杠杆、财税改革等综合改革因素有关,从长远而言,打破刚性兑付也有利于建立正确的信用机制与推动金融产品价格真正的市场化。但为了防止风险的扩大,加强改革的协调性,特别是对改革可能引发的负面影响做出充分的预判,对稳定增长与防范金融风险至关重要。

从政策层面短期来看,应对金融债务风险仍然应该保持宽松的货币政策。目前通胀风险仍然可控,从全球范围来看,全球央行协调稳增长也在推进之中,然而中国经济基本面虽然向好,但主要得益于房地产投资与固定资产投资的拉动,制造业受困于产能过剩,增长并不高。

此外,民间投资持续下滑,在全国固定资产投资企稳反弹之际,民间投资增速腰斩,这显然不是一个好现象,说明为了保证增长的可持续,进一步的稳增长政策以及保持宽松的货币环境都是有必要的。

从长远来看,供给侧改革令人期待。但 2016 年金融风险出现,说明改革要注意协调性,建议尽快制定方案,让诸如债转股、去产能、财税改革等政策路径更为清晰,以形成稳定预期,防范金融风险。

以债转股为例,很多人将其与 1999 年中国化解银行债务危机的债转股进行类比,但两轮债转股所处的改革历史阶段不同。1999 年债转股改革意在帮助国有企业脱困，而如今债转股所涉及的主体银行、资产管理公司以及主要国企均已上市，处理银行与企业坏账更多的是市场微观主体的自主行为，不应该成为"最后的晚餐"，更不是"免费的午餐"。

是否选择债转股，选择哪些企业债转股以及如何评判债转股的收益与风险等，应该更多的交给市场主体自主选择，而非依靠行政力量，要重点处理好市场与政府的边界。如果不能做到这点，不仅债转股难以达到初衷，反而会形成大量废债预期，加大金融风险，有碍于结构改革的推进。

债转股需要国企改革的推进

2016 年 4 月,新一轮债转股备受期待,乐观者把其看成为仿效 20 世纪 90 年代末,中国化解银行不良资产手段的重现,而且也不失为助力 2016 年经济工作任务之一"去杠杆"的重要手段。同时,周小川行长提出"债转股主要是针对杠杆率比较高的公司,并不是针对特定规模或产权结构的某一类企业"。然而,在当前中国经济的现实背景下,杠杆率较高的企业中产能过剩企业占据较大规模,那么如何处理好去杠杆与去产能,以及去杠杆与国有企业改革之间的关系是重中之重,更是债转股能否达到预期效果的关键。

之所以有上述判断在于,首先,就债转股对象的选择而言,如何避免纾困僵尸企业是个难点。毕竟债转股出台的背景意在化解企业高杠杆率,而对于这方面需求较大的往往是多年来通过不断债务展期才能存续的企业,且这部分企业相当多数量处于产能过剩严重的行业之中,如钢铁、煤炭,且以国有企业居多。

同时,考虑到一直以来,国有企业在银行融资方面都存在着天然优势,在2016 年中国经济基本面整体疲软、优质项目缺乏之下,银行似乎也更有动机将贷款向存在隐形担保的国有企业倾斜。

如此看来,去杠杆与去产能关系如何值得思考。可以看到,2016 年五大经济工作任务之中，"去产能"位列 2016 年中国经济工作任务之首，特别是钢铁、煤炭产业是去产能工作的着眼点，意在五年之内，钢铁行业去掉 1 亿—1.5 亿吨产能，3—5 年煤炭行业退出产能 5 亿吨、减量重组 5 亿吨。如果债转股在执行过程中主要表现为向产能过剩企业纾困则不是一个好的迹象，因为这不仅与当前去产能的政策意图相悖，延缓结构调整的进程，也无法减轻银行金融风险，而是把风险从高杠杆企业转向了银行。

其次，债转股之后能否真正履行市场化的运作机制，应不仅仅针对国企。债转股对象并非以企业性质为选择标准，筛选对象应是短期内存在资金困境，但从长期来看，产品水平、公司管理，以及行业发展都是有前景的企业。从理论而言，这样的企业短期内受困于资金压力，经营面临短期困境，但由于产品优势仍在，待到市场改善，企业就有望实现盈利，可以给予银行股东更高的回报，如果是这种情况，债转股无可争议，对原债务人与债权人而言都是利好。

但问题的关键是，在整个过程中能否奉行市场化原则，且在当前国企改革尚未完成、企业公司治理尚不完善的背景下，银行能否很好地履行股东职责，并得到股东的应有回报？试想，当前国有企业改革尚未完成，政企不分的现象仍然广泛存在，一旦银行由债权人转为股权持有者，进驻被整合的国有企业，且不说银行是否有足够多的专业人员可以进驻入股企业，就算是银行向入股企业派出董事、监事等人员，但在现有体制下，行政级别很可能低于原债务企业的管理者，这种情况如何避免出资方利益不受影响？银行能否履行其对公司法人治理机制、提高经营管理水平的职责？

再有，债转股过程存在股东结构变化情况，如何减少由于大股东之争而徒增的损耗也是值得考虑的问题。可以看到，债转股会造成原有股东结构的变化，如果转股金额与企业原有资本额相比数额更大，公司实际控制人也有可能发生变化。而这一过程也许仍存在矛盾与道德风险，比如对于一些地方政府控股的企业而言，出于增加税收、稳定就业的考虑，地方政府可能希望避免企业破产,并尽可能地采取债转股方式,然而一旦其中股东结构发生变化,甚至影响到了地方政府对企业的绝对控制,这将是地方政府不愿意看到的。

例如,在上一轮债转股的过程中,原有地方政府作为企业大股东,为了避免控制权旁落,出现了在债转股之前通过各种方式,如增加林权等向企业虚增资产的问题,而这为未来企业实现盈利埋下了隐患。因此,如何处理好债转股过程中地方政府与银行之间的关系,避免不必要的损耗也十分关键。

最后,债转股要因地制宜,避免在落实过程中盲目跟风。债转股更多的应该是企业与银行之间的自主行为选择,双方考虑的基础是各自经济利益最大化的市场原则,且受制于当前国有企业改革未能取得较大进展的背景下不宜大规模盲目地推进,以免在执行过程中出现扭曲,孕育新的风险。

对此,反思早前的"四万亿"经济计划可以为我们提供更多的参考。当时"四万亿"经济刺激计划本意在于避免中国经济的大幅下滑以及由此引发的失业,但从执行情况来看,当时虽然名为"四万亿",但后期带动配套资金落实下来居然超过十万亿,且金融承担了更多财政的功能,为后来房地产、地方政府债务等风险埋下了伏笔。

这说明,对于政府积极鼓励的政策,下级单位无论是地方政府,还是国有企业与银行,无论是出于政治考量还是自身利益,都有足够的动机推动并促成。而这其中便存在着盲目跟风、忽视中长期风险、重视短期效益的可能。

新一轮债转股是化解当前企业高杠杆与银行不良资本率上升的途径,无论是去杠杆还是去产能,如果仅以纾困国有企业为目的,则是暂时规避风险的举措。若想从长期化解债务风险,培养健康的市场主体与竞争环境,配套新一轮供给侧改革,特别是国有企业改革是无法逾越的重要内容。

牛市重在制度建设

2016 年 3 月,在中国高层发展论坛会上,周小川行长就"十三五"金融改革做演讲,提到如何健康发展资本市场以及如何看待中国企业部门高杠杆率。其中,周行长提到的中国国民储蓄率高是化解企业高负债的有利条件之一,被有些媒体解读为决策层鼓励"储蓄入股市"。

针对牛市是否到来的问题,笔者参会后有如下几点感想:

第一,市场对周行长表态的过度解读,可能更多地出于一厢情愿的立场。笔者亲临现场,并未感觉到周行长演讲中对股市的过多"青睐"。周行长提到国民储蓄率较高,其中包括居民储蓄与企业储蓄,而这可以解释为长久以来我国以银行信贷为主的间接融资模式,这也是债务率较高的原因之一,把这个直接解读为央行鼓励居民入市,十分牵强。同时,周行长讲话中主要提到发展资本市场化解企业存量债务较高的问题,而化解存量债务与二级市场炒股并非直接相关。

第二,政策牛市是 2015 年股灾的惨痛教训,相信决策层不会为国家股市背书。2015 年上半年,中国资本市场经历了一轮火爆牛市。从早前不足 2000 点短短半年期间上涨到逾 5000 点,涨幅"牛冠全球",但脱离基本面的火爆表现也为下半年的股灾埋下了伏笔。当时官方媒体曾一度公开表态提及资本牛市，被市场解读为政府背书，但高杠杆、高估值、快钱效应、背离经济基本面，以及透支改革预期都使得国家牛市面临风险。因此，总结教训，笔者不认为决策层会再度为牛市背书，而是从制度建设的角度理顺直接融资机制，恢复投资者信心。

第三，资本牛市的根基在于日益完善的制度建设。"十三五"规划中提到创造条件实施股票发行注册制，发展多层次股权融资市场，深化创业板、新三板改革，规范发展区域性股权市场，建立健全转板机制和退出机制。这为未来几年资本市场发展指明了方向：制度建设是重拾市场信心的关键，包括注册制仍符合市场化改革的路径，待市场时机成熟后依然需适时推进；引入机构投资者，强调对中小投资者的保护；做好监管改革的调整，及时发现并积极防范金融风险等等。

第四，投资者信心的恢复在于经济企稳与供给侧改革的有效推进。从短期来看，两会后稳增长措施加码，基础设施投资与房地产新开工有反弹迹象，且新经济与服务业在传统产业低迷之时对经济增长的贡献有所加大。而从长远来看，供给侧改革，如国有企业、户籍制度、财税体制、金融体制、社会保障等诸多改革均位列"十三五"改革重点，还需切实推进，毕竟唯有改革开放才能重拾投资者信心，为资本市场繁荣提供扎实的支持。

因此，中国股市只有完成深刻的制度重建，才能迎来持续的牛市。

第四章

塑造大国领导力

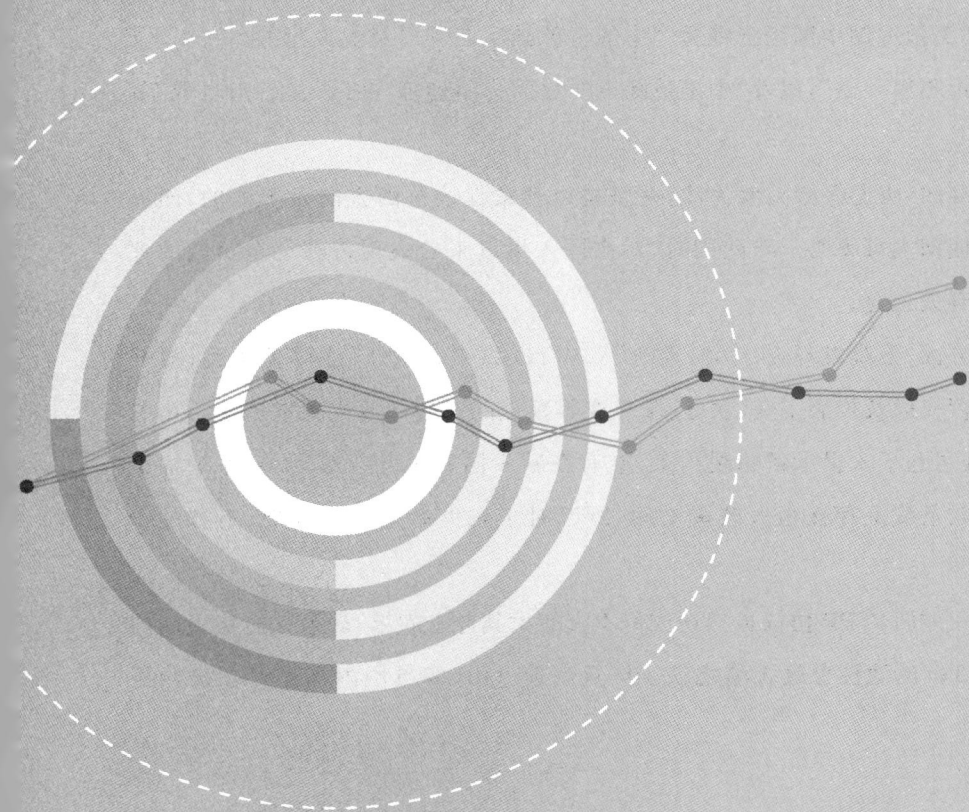

毫无必要的"TPP 恐慌症"

2015 年 10 月，由美国主导的历时五年之久的跨太平洋伙伴关系协定 (TPP)达成基本协议。然而，占全球经济总量第二、货物贸易第一、服务贸易第二的中国却被排除在外，这使得不少悲观观点与恐慌情绪占据上风，甚至出现诸如"美国遏制中国经济崛起""中国将被排斥在世界经贸大门外，中国产业与人民币不堪一击"，以及"中国被踢出局是因为不遵守 WTO 而咎由自取"等论调。

对 TPP 协定保持高度关注，并坚持以开放促改革的方向是可取的，然而过于恐慌却大可不必。与此同时，对中国入世以来的表现持有完全负面的评价更是有失公允。

一方面，不难发现，自 2001 年加入 WTO 以来，中国已在降低关税、放开外贸经营权以及扩大工业、农业、服务业等领域的对外开放方面取得了不小的进展，且达到了入世承诺的硬约束，唯有在减少国有企业行政干预、保护知识产权等软条款上存在很大改进空间，所以对于入世后中国的表现，不宜过于偏颇。

另一方面，TPP 协议虽然达成但不宜夸大其冲击效果，认为其能在短期内取代 WTO 的地位也属无稽之谈。毕竟当前 TPP 成员国内部尚存在政治压力与法律障碍，前景并不明朗。尽管 TPP 涵盖全球四成经济总量，但产业链并不完善，很难想象，越南、马来西亚等劳动密集型产品输出国可以有足够大的承载力来满足以往由中国提供的强劲需求。同时，TPP 成员国中不仅中国被排除在外，欧盟也未涵盖其中，相比之下，正在进行的包含欧盟在内的 TTIP（Transatlantic Trade and Investment Partnership，跨大西洋贸易与投资伙伴协议）谈判更加值得关注，当然，考虑到欧美之间在 ISDS（Investor-State Dispute Settlement，报资者—国家争端解决）、劳工保护等方面的分歧更大，谈判将会更加艰难。

因此，中国所能把握的，一方面是通过继续加强双边与多边合作，并加快推进"一带一路"倡议等降低 TPP 协定的负面影响；另一方面，便是把握时机，加快推进国有企业、金融、知识产权等多项改革，毕竟上述改革本就是国内改革的诉求与既定方向。

具体来看，对 TPP 协定过度恐慌不可取有以下几点原因：

第一，TPP 成员国内部尚存在政治压力与法律障碍，前景并不明朗。

有观点认为，TPP 协定组织将取代 WTO，使得中国难以向过去十年一样继续分享全球贸易投资一体化的红利。诚然，TPP 协定有别于传统商品贸易协定，其不仅在商品与服务贸易上更加全面开放，在投资自由化、知识产权、国有企业、劳工工资、环保、互联网业务等方面也做出了更为具体和严格的规定。但目前来看，来自内部的阻力仍然不小，顺利推进并非一朝一夕之功。实际上，即便 12 个成员国就 TPP 协定内容达成基本协议，但尚需时间得到各国国会等立法机构批准，而当前即便是主导国美国，其国内反对声音也十分强烈。

第二，TPP 协定成员国之间产业链尚不完善。

尽管 TPP 协定组织涵盖了全球人口 13％、GDP 总量四成的经济体，且对上下游产业链均有涉及，比如，美国主要以出口机械设备、电机、精炼石油成品为主，澳大利亚、智利、新西兰和秘鲁四国以农业和自然资源产品出口为主,越南则作为劳动力密集型产品的主要出口国出口服装等,但很难想象,没有中国在内,仅靠越南、马来西亚等经济小国就能够满足对成员国的劳动力密集型产品如服装、纺织用品等出口需求。实际上,贸易方面,截至2014年,中国对美国的出口已经占到美国进口份额的16.9%,体量之巨短期内难以替代。

第三,除中国以外,欧盟也并非在内,因此,认为中国被孤立在世界规则以外有些过激。

而这也意味着,相比于TPP协定,正在进行谈判的包括欧盟在内的TTIP协定更加值得关注。毕竟欧盟与美国经济总量全球占比60%,商品贸易占比33%,服务贸易占比42%,一旦美、欧、日被纳入统一框架,对中国的负面冲击更为显著。当然,欧美之间分歧明显,农业问题、劳工问题更难协调,况且欧洲与中国近年来贸易金融关系紧密,因此,对TPP的影响不易高估。

第四,中国尚能通过双边和多边自由贸易加以应对。

可以看到,中国已与多位TPP协定成员国签订了双边贸易协定,如TPP中的澳大利亚、新西兰、秘鲁和智利。而中韩自贸协定于2015年6月1日签署,双方货物贸易自由化比例均超过税目90%、贸易额85%。

同时,在更广区域,东盟10国与包括中国在内的6国间的自贸协定("10+6")——RCEP(Regional Comprehensive Economic Partnership,区域全面经济伙伴关系协定)谈判已进入关键阶段,由于其涵盖全球一半以上人口,经济和贸易规模占全球的30%,据商务部估计,一旦建成,将提高亚太与全球GDP的2.1%和1.4%,甚至高于TPP协定的贡献。因此,未来对内通过构建自贸区,对外通过推进双边和多边协定,落实"一带一路"倡议有助于增加中国对外贸易与投资份额。

但是,对待全球贸易投资规则新变化,除了抓紧时间加快改革,尽可能地增加谈判砝码,并无他法。

中国如何应对全球贸易规则新变化

2015 年 10 月，习近平主席出访英国，受到最高规格款待，且两国达成涉及 13 项政府间和非商业协议、21 项商业协议，以及 18 项其他成果，共计 59 项实质成果，很好地回应了此前市场对于 TPP 导致中国被全球新贸易金融体系孤立、面临灾难性冲击的担忧。

实际上，早前 TPP 协定一经推出，便有观点认为，以美国为主导的 TPP 或将中国孤立在全球贸易投资新同盟之外。但笔者认为，情况绝非如此悲观，TPP 成员国只有 12 个，中国、欧盟成员国都没有涵盖其中，很难想象缺少上述两大贸易主体的贸易投资协定可以短期内取代 WTO，对全球贸易格局造成实质性的冲击。

相反，争取与欧盟的合作，并积极推动区域全面经济伙伴关系等多边合作能够很好地应对 TPP 协定带来的挑战。毕竟，相比于 TPP 协定，其孪生兄弟 TTIP 协定的谈判才更加重要，但毫无疑问，中欧关系友好，且欧美之间在农业问题、劳工问题方面分歧明显，TTIP 协定前景不容乐观。

2015 年有报道称，中国和印度正在抓紧推动区域全面经济伙伴关系谈判。由于中印两国均被排除在 10 月 5 日达成的由美国主导的 TPP 协定之外，此时加速区域贸易协定可以看作是中国应对 TPP 协定冲击的回应。与此同时，德国柏林也爆发了大规模反对 TTIP 协定的游行。

因此，对待 TPP 协定，既要保持关注，也不宜过度渲染其冲击，而应仿效十多年前中国入世的成功经验，将外部压力化为改革的动力，一方面，通过继续加强双边与多边合作，包括"一带一路"倡议等，降低 TPP 协定的负面影响；另一方面，积极推动国有企业、金融、知识产权、劳动市场等多项改革，实为应对之法。

其实，推动人民币国际化举措一方面是出于应对全球货币投资新局面的举措，而另一方面这也恰是金融危机以来，国内对于以美元本位制国际货币体系下内在缺陷的反思与经验总结。

可以看到，过去 30 年来，中国政府通过资本管制、利率管制、固定汇率并通过采取出口为导向的发展战略，促使经济得到了高速发展。然而，2008 年金融危机爆发后，以美元为主的国际货币体系出现系统性风险，使得"人民币成为国际储备货币"上升为国家战略，推动人民币国际化进程不仅与中国经济实力、全球经济金融地位相称，也将大大降低人民币过度依赖美元带来的储备资产安全问题。

其次，积极推进"一带一路"倡议。"一带一路"倡议是本届政府重要的部署，连接了东亚经济圈与发达的欧洲经济圈，涵盖 44 亿人口，GDP 规模逾 20 万亿美元，发展潜力巨大，不仅有利于帮助中国企业走出去，缓解国内产能过剩，也将进一步加强国际合作交往。与此同时，由中国牵头提出的亚投行得到了 52 个国家的积极响应，一些美国的老牌欧洲盟友也积极加入，显示了中国在全球金融话语权的提升。特别值得一提的是，若能以"一带一路"倡议为契机，未来加深与欧盟国家的合作，更是应对 TPP 协定挑战的重要内容。

再者，以自贸区为蓝本，加速推动国内改革。自 2001 年加入 WTO 以来，中国已在降低关税、放开外贸经营权以及扩大工业、农业、服务业等领域的对外开放方面取得了不小进展，并且达到了入世承诺的硬约束。但不可否认的是，中国在减少国有企业行政干预、保护知识产权等软条款上仍存在很大改进空间。

而中国（上海）自由贸易试验区自 2013 年 9 月成立之初，便承担了改革试验田的重任。在自贸区范围内，不仅推行了金融、贸易改革试点，其也在法律、负面清单管理模式等方面做出了积极探索。未来进一步研究 TPP 协定细节，推动上海自贸区实践，不仅是中国融入国际服务贸易和投资体系全球化战略新框架的表现，也是推动国内经济转型的需求。

可以看到，在知识产权、劳工、环境标准和规则一体化方面，上海自贸区已先于国内其他区域，进行了向国际标准看齐的探索。例如，上海自贸区在 2014 年就形成了第一家专业的知识产权仲裁庭，未来还将在原试验基础上，在产业预警、权益保护、信息公开、科技创新、人才服务体系等方面进行创新。与此同时，伴随着自贸区行政管理经验的推广，预计国企改革也会加速，推动改革进程。

总之，此次由美国主导的全新经济规则的达成让中国感到了挑战，所幸的是，入世的成功经验证实外部压力亦是改革的动力，推动国有企业、金融、知识产权、劳动市场等多项改革，本已是国内改革诉求与既定方向。

逆全球化之下,落实 G20 共识面临四大难点

2016 年的杭州 G20 峰会,给予了首次出任主席国的中国一次操练全球领导力的难得机遇。在全球加强政策协调、创新增长方式、建设更高效的全球经济金融治理、促进更强劲的全球贸易和投资、推动包容和联动式发展等方面,峰会达成了多项"杭州共识",是中国推动下的应对当下全球经济增长乏力、金融和政治风险上升的药方,体现了中国在国际上领导力与话语权的提升。

然而,尽管 G20 峰会达成了诸多共识,但在现实执行当中仍然面临诸多挑战。在未来全球经济前景更加复杂与多变的局面下,如何做到中国国家主席习近平所说的"避免清谈,付诸行动"呢?笔者认为,有以下四大难点需要特别关注:

逆全球化与孤立主义思潮崛起

G20 峰会就促进更加强劲的贸易和投资达成了广泛共识,《二十国集团领导人杭州峰会公报》强调"承诺推动贸易投资自由化和便利化,加强开放性世界经济""维护以世贸组织为核心、以规则为基础、透明、非歧视、开放和包容的多边贸易体制""反对任何形式的贸易保护主义"。

这是对金融危机以来,贸易与投资逆全球化现象做出的反击,但多大程度可以落实存在不确定性。要知道,经济低迷、失业率上升使得贸易保护越来越有市场已经是不争的事实,美国对中国向美国输出廉价钢铁,导致当地失业率增加的指责也十分强烈,难民危机也加剧了孤立主义兴起,逆全球化言论如今越来越有市场。

如根据监督世界各地保护主义的全球贸易预警组织发布的报告显示,当前的世界贸易减缓程度比原先预期还糟,在保护主义升温的背景下,过去一段时间的全球贸易总量是下降的。

加大财政支出并非易事

G20 会议公告中提到,仅靠货币政策不能实现平衡增长,在强调结构性改革发挥关键作用的同时,还需强调财政战略对于促进实现共同的增长目标同样重要。把财政提到如此战略高度,是应对当下货币政策已发挥到极致,为提振经济增长而不得不做出的积极举措。

诚然,危机以来,为走出经济低迷,各国货币政策创新层出不穷,量化宽松、负利率都是以往未曾涉足过的领域。然而,宽松货币政策的效果及可持续性已然面临挑战。如发达国家企业大量囤积现金却投资乏力,在日本央行负利率、欧洲央行降息之后,日元、欧元反而大涨,反映了市场认为政策出尽的绝望态度。此外极度宽松的货币政策,也推高了资产价格,不利于金融稳定,加剧了收入差距。

G20 峰会就强调财政战略达成共识,是个很大进步,但毫无疑问,各国仍面临国内政治压力。例如,欧洲方面,欧债危机以来,欧元区内部就债务支持与紧缩政策的关系便存在不同声音,德国对紧缩的要求异常苛刻,货币同盟向财政同盟的过渡任重道远。而 2015 年德国仍然实行财政紧缩政策,财政盈余达到 121 亿欧元，这对于负利率穷尽货币政策的欧元区来言，是极其不明智的政策。

美国方面，对债务问题与财政支出方向的不同意见也一贯是两党政治博弈的基础，以往针对提高债务上限，两党甚至不惜金融市场"波澜壮阔"，投资者恐慌情绪提升，也要始终讨价还价到最后一刻。

从这个角度来看，财政战略的提出非常不易，但考虑到过去几年的实际情况，能否切实落地尚待观察，毕竟破除内部挑战与政治上获得支持并非易事。

结构性改革说易行难

G20 峰会的重要成果便是确定了九大结构性改革优先领域，包括在促进贸易和投资开放、推动劳动力市场改革及获取教育与技能、鼓励创新、改善基建投资、促进财政改革、促进竞争并改善商业环境、改善并强化金融体系、增强环境可持续性、促进包容增长九个方面达成共识，并强调结构改革的优先领域不同，应关注与自身改革联系最密切的优先领域。

结构性改革是摆在各国面前的难题。以美国为例，危机以来，结构性改革进展非常有限，储蓄率过低、贸易逆差的局面没有改变，再工业化进展缓慢，经济复苏主要得益于量化宽松带来的金融和房地产市场向好，但收入差距仍在加大；基建投资空间虽然较大，如当前美国城市交通设施陈旧、道路亟待维修、港口破败不堪等情况屡见报端，但受制于两党政治立场难以达成一致仍无法得到解决。

欧洲方面，老龄化、高福利、劳动力市场体制僵化等制度性问题制约了欧洲的发展；日本人口老龄化、女性参与就业率过低的局面也制约了经济增长；中国产能过剩局面导致僵尸企业大量存在，资产价格过快上涨挤压实体经济发展空间；印度基建投资较为薄弱，制度障碍如劳动法修订、放宽土地法限制等降低了对外资吸引力。

如此看来,结构性改革找准了药方,但各国能否突破各自利益团体束缚,取得突破,仍任重道远。

美联储货币政策的干扰

G20峰会表示,汇率的过度波动和无序调整会影响经济金融稳定。因此重申此前的汇率承诺,包括将避免竞争性货币贬值和不以竞争性为目的来盯住汇率。这样的承诺在现实中如何演化,与全球金融市场环境有关。毫无疑问,如果在全球金融市场波动较小,投资者并未出现恐慌与避险心态的情况下,竞争性贬值不会成为问题。

然而在美国与其他国家采取相反的货币政策取向,年内美联储加息预期浓烈的背景下,做到这样的承诺显然并非易事。2015年下半年,当时8月市场便预期美联储9月加息几成定局,但"811汇改"之后以来全球金融市场波动剧烈,美联储罕见的将货币政策外溢性纳入考虑,9月暂缓加息。市场预期落空,反而导致股市大跌,其后由于12月加息预期高涨,导致美元一路走强,新兴市场国家资本流出加剧,恐慌情绪再度蔓延。

总之,G20峰会为中国提供了向世界展现自身经济实力与领导力的难得机遇,会议成果也针砭时弊,就财政战略、结构性改革提出精准药方,为低迷的全球经济寻找出路,明确反对贸易和投资保护主义与当前日益兴起的民族主义思潮,体现了东道主的责任与担当。但就具体落实而言,仍然存在四大难点,特别是各国缺少政治领导力,政党博弈与选民不满情绪增加,以及美国与其他国家货币政策方向背离等,这些都需要中国作为"杭州共识"的发起国持续不断的关注。

托宾税存在许多负面效应，如要推出需反复权衡

有人提出，为抑制短期跨境资本流出，应进一步丰富政策工具箱，其中包括"托宾税"的使用。

"托宾税"是以资产选择理论及传动机制分析著称于世的美国经济学家詹姆斯·托宾于1972年首先提出的，针对现货外汇交易征收的交易税，九年后他获得了诺贝尔经济学奖。通俗地说，"托宾税"就是在飞速转动的国际资金流动的链条上掺沙子，以降低资本的流动速度。托宾认为，这种税收有助于减少外汇市场的波动和短期资金大幅流入流出。

在当前复杂多变的形势下，提出"托宾税"这一政策工具或有未雨绸缪之意。然而，"托宾税"存在许多负面效应，如要推出，还需反复权衡，仔细掂量。

首先，实施"托宾税"难免被市场理解为中国难以管控资本流出的负面信号。从2014年下半年起，伴随着美联储逐步结束其宽松的货币政策并开始加息进程，我国出现了一定程度的汇率贬值和资本流出现象。但是2016年以来特别是G20财长和央行行长上海会议之后，我国资本外流的压力已大幅缓解。

从历史经验上看，加息对美元的影响最主要是在首次加息之前，首次加息之后美元反而有较大概率走弱。美联储前主席本·伯南克表示"美元或

已经完成绝大部分升值"。如果在资本外流压力下降的时候,贸然实施"托宾税",恐怕反而会引发市场猜想中国货币当局对资本外流的前景非常担心,甚至已经在做"最坏打算",说不定还会引起市场恐慌并诱发更大规模的资本外逃。

而实情是,央行行长周小川多次表示"人民币没有持续贬值的基础",我国"经历了多年资金流入,当前一部分热钱择机撤出,并不奇怪"。央行行长处变不惊的态度,无疑是给市场参与者最好的"定心丸"。

其次,西方发达国家的过往经验和相关学术研究表明,交易费用的增加与市场的波动性之间并没有显著的相关性,"托宾税"很难达成预期效果。例如,2009 年美国实施宽松的货币政策,大量热钱流入新兴市场国家,巴西等国便采取了"托宾税"以抑制短期资本流动。但是回顾这些国家的经验,央行副行长易纲的结论是巴西、智利等国的措施"总体来讲效果并不太好"。

同时,"托宾税"还会带来一些其他的负面作用。最著名的例子发生在瑞典,瑞典曾于 1984 年对国内金融交易征税以减少市场投机。此后,瑞典股票和债券的交易额大幅下降,除了投机性的交易之外,正常的金融交易也受到不小的冲击。1990 年,瑞典正式取消了这一税收。而数据显示,在这一税种被废止之前,为减少交易费用,有超过 50% 本来在瑞典证券交易所交易的股票被转移到了伦敦。

这样看来,中国实施"托宾税"是否能有效抑制外汇市场波动,阻止资本外流事实上还存在较大疑问,若因为实施这项措施而影响我国的金融市场效率,或许更是得不偿失了。

最后,征收"托宾税"与我国正在推进的资本项目下开放以及推动人民币国际化的努力是相向而行的。

近几年以来,我国已通过"沪港通"、开放银行间债券市场等一系列措施不断扩大人民币资本项目下开放的程度,在国际上产生了积极影响。2015 年人民币成功加入了国际货币基金经济组织的 SDR 篮子，便是我国金融持续开放获得国际社会认可的标志性事件。如果匆忙实施"托宾税"，很有可能会损害人民币的国际吸引力，降低投资者对持有人民币资产的兴趣，不利于人民币国际化的推进。

负利率的五大潜在矛盾

2008 年金融危机在对全球各国经济造成冲击的同时,也催生了货币政策实践的创新,量化宽松、负利率等非传统货币政策都是危机之前货币政策从未涉足过的领域。目前,全球已经有日本、丹麦、瑞士、瑞典等国家以及欧洲央行等实施了负利率政策,但其背景略有差异。从货币政策目标来看,欧央行、日本央行、瑞典央行采取负利率主要是为了刺激银行发放贷款,以缓解通缩压力;而丹麦央行、瑞士央行则主要是出于对本币升值过快的担忧,意在通过负利率以稳定汇率。

从利率传导机制来看,一般而言,利率下降理论上会通过以下五个渠道影响实体经济:一是信用渠道,即央行通过对商业银行贷款实施负利率,相当于征收隐形税收,进而鼓励银行将资金贷出,刺激消费和投资;二是资产价格渠道,通过短期利率压低中长期利率,刺激资产价格上涨,并通过财富效应影响实体经济;三是资产组合渠道,即为弥补成本上升,银行需要调整资产结构,增加风险资产配置;四是再通胀渠道,主要通过制造通胀预期对抗通缩压力;五是汇率渠道,主要通过压低本币利率,扩大本外币利差进而促进本币贬值,刺激出口和经济。

然而,从各国应用的实际情况来看,效果并不令人满意,反而,出现了有悖于负利率实施初衷的五大矛盾，值得保持警惕。

第一，对汇率贬值的影响存在疑问。在全球避险情绪上升的背景下，日本推行负利率后并未出现贬值态势，日元反而成为全球投资者竞相追逐的货币，大幅升值。可以看到，2016 年以来，日元对美元已经升值了 13.5％。与日元同为避险货币的还有瑞士法郎，在 2015 年 8 月美联储加息预期增强、中国"811汇改"预期不明朗引发全球股市暴跌，以及 2016 年开年后全球市场恐慌情绪升级之时，瑞士法郎和日元均呈升值趋势。

第二，对抗通胀的效果也存在疑问。2014 年 6 月，欧央行判定需要在非常规性货币政策之外进一步降息，下调存款利率至－0.1％，实施负利率。但如今欧元区通胀率位于 0 左右，抗通缩压力仍然巨大。实际上，欧元区之所以有日本化趋势的原因在于更深层次的矛盾，如人口老龄化、劳动力市场僵化、高福利和高税收削弱了增长潜力，以及公共部门庞大而效率低下等结构性问题，并非仅仅依靠宽松货币政策就能解决。

第三，对银行利润的负面冲击。从理论上来讲，负利率之下，银行为避免资产收益损失，会调整资产端的配置。但日本的情况却并非如此，以日本银行业为例，在外部经济环境恶化的情况下，贷款需求疲软，而成本上升导致利息差收入缩窄，侵蚀银行收益，并进一步引发银行股价下滑，投资者信心下降。例如，数据显示，日本三菱日联金融集团等五家日本大银行集团 2015 财年（截至 2016 年 3 月）的合并财报净利润共为 2.6 万亿日元，连续两年减少。而2016 年日本银行股股价也低于综合指数，反映了悲观预期。

第四，对存款创造机制的挑战。一旦央行对商业银行征收负利率，商业银行业必将降低对储户吸纳存款的成本，甚至会为负。而从储户的角度来看，名义利率为负比早前已经出现过多次实际利率为负的情况传达给储户的信息更加直接，更容易造成现金对存款的替代效应，从理论上讲降低了货币乘数，削弱了商业银行的存款创造能力。

第五，对投资者心态的负面影响。在投资者看来，负利率政策是央行政策无路可走的选择，暗含了一种绝望态度。在此悲观信号下，投资者信心受到打击。正如 2016 年欧央行与日本央行在负利率宽松政策出台之时，欧元与日元都出现单日非贬反升的情况，背后其实也隐含了这种担忧。

总之，当前各界学者与政策制定者对于负利率政策仍然存有较大争议，而从实践的角度仍然存在不少矛盾与风险，还需慎用。进一步来说，金融危机以来，全球央行加大宽松货币政策，但货币政策已经有不可承受之重，承担了过多力不从心的责任。若要真正走出危机泥潭，实行更加积极的财政政策，以及深层次的结构性改革，已经无可回避。

货币政策不能承受之重

  全球货币政策宽松是各国央行继 2016 年上海 G20 会议之后,就全球协力稳增长达成的新共识。具体包括中国央行率先降准,欧央行加大负利率幅度,日央行首次实行负利率,及美联储暂停加息并将全年加息预期次数从四次下调至两次等等,显示在当前全球经济疲软、金融市场不稳定的背景下,全球央行开启新一轮宽松货币政策,以稳定经济,防范全球金融风险。

  然而,对于全球宽松货币政策可持续性与其面临的挑战,2016 年 3 月在钓鱼台举办的中国发展高层论坛上也出现了不少担忧之声。例如,全国人大财经委副主任吴晓灵表示:"国际金融中过度利用货币、负利率等政策,无助于实体经济,有可能增加投资资本的套利行为。建议各国加快结构性改革,调整经济供需结构,引导实体经济发展。" OECD(Organizofion for Economic Cooperation and Development,经济合作与发展组织)秘书长安吉尔·古里亚也提出"现有的货币政策其实是不够的,现在需要更多的财政政策,包括结构性的改革"。

  对待上述观点,笔者也深有同感。超宽松的货币政策背后却是隐患重重:如发达国家企业大量囤积现金却投资乏力,日本央行负利率、欧央行降息之后,日元、欧元兑美元反而大涨,恰恰显示了全球投资者认为货币宽松无济于事,避险与恐慌情绪空前加大。

从经济基本面来看,2016 年 1 月 IMF 将 2016 年全球经济增长预估从 3.6％下调至 3.4％,OECD 则将 2016 年全球经济增速从 3.3％下调至 3.0％。然而,应对当前经济下滑,传统的货币财政两大政策手段显然有些失衡。一方面是全球央行的全面宽松货币政策,甚至负利率;一方面却是财政政策的缺位。

如美国债务上限主要受制于两党政治,而德国得益于经济增长和税收增加。2015 年德国居然财政盈余 121 亿欧元,连续两年没有联邦财政新增债务,考虑到欧元区整体疲软的经济环境,财政盈余的出现无异于紧缩的财政政策。所以一方面欧央行竭尽全力放松货币政策,但另一方面德国却在紧缩财政,是一个多么大的讽刺。

更为关键的是,危机以来各国经济结构转型整体来看不尽如人意,要走出危机,结构性改革势在必行。

美国方面,美国前财政部长罗伯特·鲁宾在论坛上提到"全球经济复苏乏力,美国劳动力市场也不容乐观。更重要的是,美国也会出现混乱与政策失灵"。确实,美国经济复苏十分依赖宽松货币政策,如今美国再工业化进程缓慢,高消费低储蓄的格局没有改变,贸易逆差更加严重,税收和医疗改革成效颇微,而资产价格上涨却颇为明显,如房价、股票价格不断攀升,金融行业工资上涨遥遥领先,加大了财富分化。

欧元区方面,全球最大对冲基金桥水创始人达里奥也在论坛上提到"目前三个主要的储备货币,运作空间放都十分有限。当权领导的领导力发挥也对经济复苏有重要影响"。然而如今的欧元区难民危机、恐怖主义问题点燃地缘政治风险,欧央行内部从德国央行反对货币政策宽松到越来越多的国家对此发出质疑等问题突出。同时,欧洲财政一体化之路漫长,劳动力改革、福利制度改革、公共部门改革等进展缓慢。

日本方面，日本央行政策委员会以 5 比 4 的投票结果通过负利率，说明内部反对声音仍然强烈。同时，日本央行负利率之后，日元反而大幅升值，避险情绪上升，说明投资者对宽松货币政策的信心有所衰退，政策边际效用递减。

新兴市场方面，前期得益于发达国家量化宽松，资金源源涌入，市场享受了高速增长也推高了资产泡沫。然而，美联储加息预期出现以来，新兴市场改革滞后的后果得以显现，投资者预期不断恶化，资金撤离风险加大，新兴市场国家面临股市、债市、汇市的多重动荡。曾经一度风光的金砖四国中，巴西、俄罗斯甚至陷入衰退，教训深重。

对于中国而言，更为积极的财政政策与推进供给侧结构性改革亦是应对中国经济新常态、实现未来五年经济 6.5% 增长的关键。

此外，国务院发展研究中心副主任王一鸣在发言中也提出："我国经济还面临几个风险，一是低效益陷阱，二是南北的分化。由于效益陷阱不能走出来，潜在风险就会显性化，包括债务、资产等各种风险，这都需要通过结构性改革重构新的平衡。"

如此看来，中国亦需要加速推进改革，这其中改革者的智慧与坚定信念不可或缺。正如李克强总理会见发展高层论坛海外代表时所表示的那样：中国经济未来要保持中高速增长，迈上中高端水平，要继续坚持改革开放。可见，中国决策者已经认识到仅靠货币政策难以为继，与其他国家相比，中国仍有财政政策空间。若结构性改革能够切实推进，摆脱货币依赖、重塑经济增长的机会要大于其他国家。

G20 框架下的全球金融协调新成就

2016 年 3 月 16 日,美联储议息会议宣布维持联邦基金利率 0.25％不变,且对全年加息次数暗示从四次降为两次。受此利好信息影响,全球大宗商品价格持续走强,美元指数继续走弱。

美联储加息推迟与美元走弱利好各方,不仅有助于减轻新兴市场国家动荡,缓解人民币大幅贬值压力,支撑大宗商品价格,甚至对防止美国经济下滑也有益处。可以说,此次美联储推迟加息决定,是东道主中国引导下的,各国央行在 G20 框架下寻求全球宏观金融治理协调的新成就,有利于为稳定全球经济,支持结构性改革换取时间。

可以看到,自 2016 年 2 月底上海 G20 财长和央行行长会议就全球协力稳增长达成共识后,由中国央行率先降准,引起了全球最主要国家央行相继释放宽松信号。除美联储暂缓加息以外,欧央行下调三大利率叠加提高购债规模,日央行维持负利率并强调必要时加大宽松政策,澳洲联储、韩国央行、新西兰联储等央行均表示了维持宽松政策的必要性。

为何引导美联储货币政策更加注重外溢效应,关注全球金融风险是 G20 的重要成果?首先,美联储暂缓加息有助于平稳新兴市场金融动荡。可以看到,美联储本轮加息预期落地前后,新兴市场国家已经历了剧烈的金融市场动荡。伴随着前期美元强势升值,美元指数从 2014 年上半年不足 80 上涨到前期高点 100

左右，涨幅超过 25％，同期新兴市场国家货币大幅贬值，人民币与港币亦遭受大规模做空，新兴市场国家股市、债市也遭到洗礼，全球金融动荡风险加大。G20 会议后，各国央行宽松的框架最终将美联储纳入，对于缓解新兴市场国家资金外流，降低人民币贬值压力，以及稳定全球金融市场是个利好。

其次，美联储暂缓加息也能对全球大宗商品市场起到了支撑作用。虽然当前美国面临通胀担忧，但欧洲、日本抗通缩任务依然严峻。美元与大宗商品走势此消彼长的趋势已经被实践数据广泛证实，如金融危机之后，美联储量化宽松政策致命美元长期弱势之时，以美元计价的国际大宗商品价格便持续上涨。一直被视为全球贸易晴雨表的波罗的海干散货指数 2016 年 2 月 10 日曾创出 290 的历史低点，预示着当前全球经济面临的通缩困境。

再有，美元走弱对美国自身而言也非坏事。不难发现，当前美国经济数据好坏参半，尽管就业数据乐观，但颇有滞后性。企业利润出现了逐步下降趋势，特别是能源板块大幅下挫，航空和汽车领域出现衰退。与此同时，美国制造业与出口看似也难以承受强势美元的冲击，2015 年美国贸易逆差创四年来新高，ISM（the Institute for Supply Management，美国供应管理协会）制造业指数如今也处于 50％分界线以下。美联储鸽派表态说明其对经济数据与全球金融风险的担忧，使得加息步伐放缓成为可能。

最后，一定程度的弱势美元对欧日而言也非不可承受。前期有质疑认为，全球主要经济体难以在汇率协调方面达成一致。如果美元贬值，相对升值的经济体如日本和欧元区必将蒙受损失，各方利益很难协调。但这种看法轻视了弱势美元对全球宏观和金融稳定的好处。

总之，全球央行协调稳增长，美联储改变既定加息计划，加入全球宏观金融治理的大框架之中是中国作为 G20 东道主对全球经济做出的巨大贡献。当然，无可回避的是，若要全球经济真正走出危机泥潭，更加积极的财政政策以及各国更为深层次的结构性改革势在必行。

G20 全球汇率协调缺失了什么？

2016 年 3 月 1 日，央行副行长陈雨露在杭州"中美央行高端对话"中指出美元走强导致新兴市场国家危机，中美货币当局应该就货币政策分化溢出效应增加协调。弱势美元不仅仅有助于降低人民币贬值压力，扩大中国的国际影响力，也会为包括中国在内的全球结构性调整赢得更多时间。

可惜陈副行长的发言距上海 G20 财长和央行行长会议闭幕已经过去了近 48 个小时，中国或已错失了推动这一政策的最佳时机。

从"布雷顿森林体系"解体以来的多次美元波动可以发现，每次的美元走强，都会引发新兴市场国家的货币和金融危机。伴随着美联储退出量化宽松政策、进入加息周期，美元持续走强，引起巴西、俄罗斯、马来西亚等国货币贬值、资本外流，甚至部分经济体已出现经济衰退。

笔者以为，中国迟疑不决的根源可能有三个：一是对于"新广场协议"内容存在较大误解，二是低估了新协议带给全球经济的收益，三是担心有汇率操纵之嫌。

对"新广场协议"的批评之一是不少人把人民币比作 1985 年的日元，担心新协议将迫使人民币升值，而人民币升值或将对已经持续下行的中国经济构成更大压力。这种看法不仅误读了 1985 年的"广场协议"，也忽视了人民币今天仍然维持了大体上以美元为锚的汇率形成机制。

其实，1985年在纽约广场饭店达成的汇率协议是让美元对主要货币贬值，并非逼迫日元对其他国家货币升值。只是由于日本从布雷顿森林货币体系解体之后就逐步转向了浮动汇率，"广场协议"要求美元贬值自然意味着日元对美元升值，德国马克等其他国家货币也同时对美元升值。实际上在"广场协议"之前，日元对美元的汇率已经经历过较大波动，而日元也已是比较成熟的自由浮动货币。例如1973年年底280日元兑1美元，1978年升到195日元兑1美元，而1985年年初又贬值到285日元兑1美元。

然而，人民币长期以来以美元为锚，并不存在因为美元贬值而被迫升值的问题。2015年"811汇改"以后虽然人民币汇率更多参考了一篮子货币，但篮子中美元的权重仍然最大；从近期人民币的表现来看，仍然以维持对于美元的相对稳定作为主要目标。周小川行长也表示，在人民币汇率指数中，"美元还是起到主导作用"。如果美元贬值，人民币必将跟随美元对欧元、日元下跌，有利于中国经济和出口。

对"新广场协议"的另一主要批评是，认为全球主要经济体难以在汇率协调方面达成一致。如果美元贬值，相对升值的经济体如日本和欧元区必将蒙受损失，因此不会参与协调。

这种看法忽略了弱势美元有助于全球宏观和金融稳定，即使是日本、欧洲也可以从全球稳定和增长中获益，而类似G20会议这种多边协调机制正是各国寻求妥协和利益平衡的机会。实际上，主要经济体在外汇市场上针对某种货币的联合干预，从1985年以来多次出现。1987年的"卢浮宫协议"曾联合支持美元；2000年则曾以欧元为目标进行联合干预；最近的一次联合干预出现在2011年，西方主要央行的一致行动推动日元走弱。对于主要经济大国而言，收益和损失不是只体现在贬值促进出口和增长这一个方面。

对于"新广场协议"的批评之三，在于认为干预汇率有操纵货币之嫌。《华尔街日报》曾援引 2013 年西方七国财长和央行行长会议的声明对"新广场协议"提出质疑，称干预汇率是"市场操纵行为"，只有完全专注于本国经济，才对世界最为有利。

这种看法也是对于联合干预外汇市场的误解。一方面，与单边干预外汇市场并支持出口的措施不同，联合干预外汇市场不是简单的"以邻为壑"的汇率政策。多边协调本身就意味着这是一个利益平衡的过程。

另一方面，外汇市场很容易受到过度投机和羊群效应的影响，为纠正市场失衡而实施干预，符合国际货币基金组织的有关规定。1985 年的"广场协议"和 2011 年对于日元的联合干预都与这种情况有关，这种情况也部分适用于今天的美元。

哈佛大学的 Jeffrey Frankel 等研究者注意到美元虽从 20 世纪 80 年代初持续上涨，但 1984 年到 1985 年年初的上涨则"不断加速"并"偏离了基本面所能解释的范围"。而 2011 年日本大地震后，股市大跌，工业产出大幅下降而贸易部门由顺差转为逆差，日元却因大量投机者预期日本保险公司需要大量出售外国资产并将资金汇回日本国内，以及大量以日元为借入货币的"套息交易"终结等交易性的因素而不跌反涨，与经济的基本面显著背离。外汇市场的联合干预有助于汇率水平回到均衡，也取得了预期的效果。

根据 OECD 的购买力平价指数，截至 2015 年 12 月，美元对欧元在德国被高估了 10％，在西班牙被高估 22％，在希腊被高估 33％，对日元高估了 8％。在美元存在一定高估的情况下，适当的汇率干预有助于美元回调并减少新兴市场面临的压力。

陈雨露副行长在中美双边对话中重启对美元走强担心的议题，或有"亡羊补牢"之意。然而此时对美方提出要求就没有了借助 G20 会议主席国地位联合其他新兴市场国家一同提议的声势，单方面施压恐怕也很难取得实质性的进展。

亚投行——中国新金融外交战略的胜利

2015 年 3 月,伴随着亚投行创始成员国申请截止日期的日益临近,颇有戏剧性的一幕出现:继英国成为第一个不顾美国反对申请加入亚投行的 G7 国家后不久,法国、德国、意大利、韩国均表示成为亚投行的创始成员国。在美国强大的阻力面前,其盟友相继倒戈亚投行,这将对中国以及全球经济与金融体系造成何种影响?

在笔者看来,这是中国新金融外交战略的胜利,主要体现在以下几点。

第一,就亚投行本身的作用来讲,其实完全是个互惠双赢的"你情我愿"的结果。

一方面,对于中国而言,自习近平总书记提出"一带一路"倡议以来,相关配套措施已加快推进,不仅有助于加强中国与周边国家合作,也对化解国内过剩产能、支持中国企业走出去与人民币国际化具有重要意义。另一方面,对于周边发展中国家而言,基础设施建设薄弱、资金缺口较大也是不争的事实。在这种情况下,由中国主导的专注于基础设施建设的亚投行设立,可谓恰逢其时。

第二,就亚投行成立的外溢性而言,其影响已远远超出了区域性投资银行的范畴,有望对现有全球金融秩序造成影响。

实际上，目前全球金融秩序仍以美国为主导，各主要国际金融机构，很多情况下是美国意志的体现。例如，美国在 IMF 的出资额与对应的表决权均在 17% 左右，并享有一票否决权，然而与之相对，尽管近年来中国的国际影响力日益增大，但相应的话语权却没有提升，占比不足 5%。此外，中国在世界银行、亚洲开发银行等国际机构中扮演的角色也都比较被动与尴尬，在此背景下，中国通过亚投行重塑与大国经济实力相匹配的金融秩序似乎符合逻辑，无可非议。

第三，亚投行有望突破以往束缚，为发展中国家发展提供一个可以选择的新范式，也是值得称赞的。其实，结合笔者早前在 IMF 的工作经历，一个明显的感觉便是发展中国家在国际金融机构中的无力与其地位之尴尬。

这不仅源于以上提到的发展中国家话语权有限，主要决定权在西方国家的掌握之中，更体现于诸多细节之中，最显著的便是发展中国家获得贷款的不易。记得笔者曾一度被安排去非洲部工作，毕竟非洲最需要 IMF 的贷款救急，但即便数目不大的几百万美元的贷款，流程也相当复杂，不仅需要与当地领袖反复商讨，更要附加不计其数的条件，着实难以满足当地的需要。

第四，亚投行不仅受到区域国家的欢迎，更引发美国盟友的倒戈，反映了国际社会对美元霸权的反感与对人民币国际化的热烈期待，不能不称之为中国金融外交上的胜利。

实际上，美元主导的国际货币体系困局与"尼克松冲击"以来数次国际金融危机的出现密切相关，体现了储备货币发行国国内货币政策目标与各国对储备货币的要求经常产生矛盾，美元本位制的国际货币体系存在内在缺陷和系统性风险。如今美元强势回归，全球汇率市场动荡，新兴市场国家大受冲击便是其缩影。

相比于早前推动人民币国际化声音大多来自内部，如今伴随着越来越多的国家开始质疑美国与美元的霸权，反而对人民币国际化表达出越加浓烈的兴趣，使得人民币国际化这一命题已远非中国的一厢情愿，反而有着更为强烈的海外需求。

第五，中国人民币国际化面临重要机遇，中国政府面临的重要任务是稳定预期，避免危机出现。

例如，尽管当前美元持续走强带动人民币出现贬值压力，但笔者一直反对以一次性贬值应对危机，并提出在全球需求疲软之下，贬值对出口企业帮助有限，而大幅贬值反而削弱市场信心，进而会引发更大量的资金外逃，加剧危机局面。相反，稳定的经济环境可以增加海外对国内的信心，增强人民币吸引力。

第五章

人民币: 国际化新征程

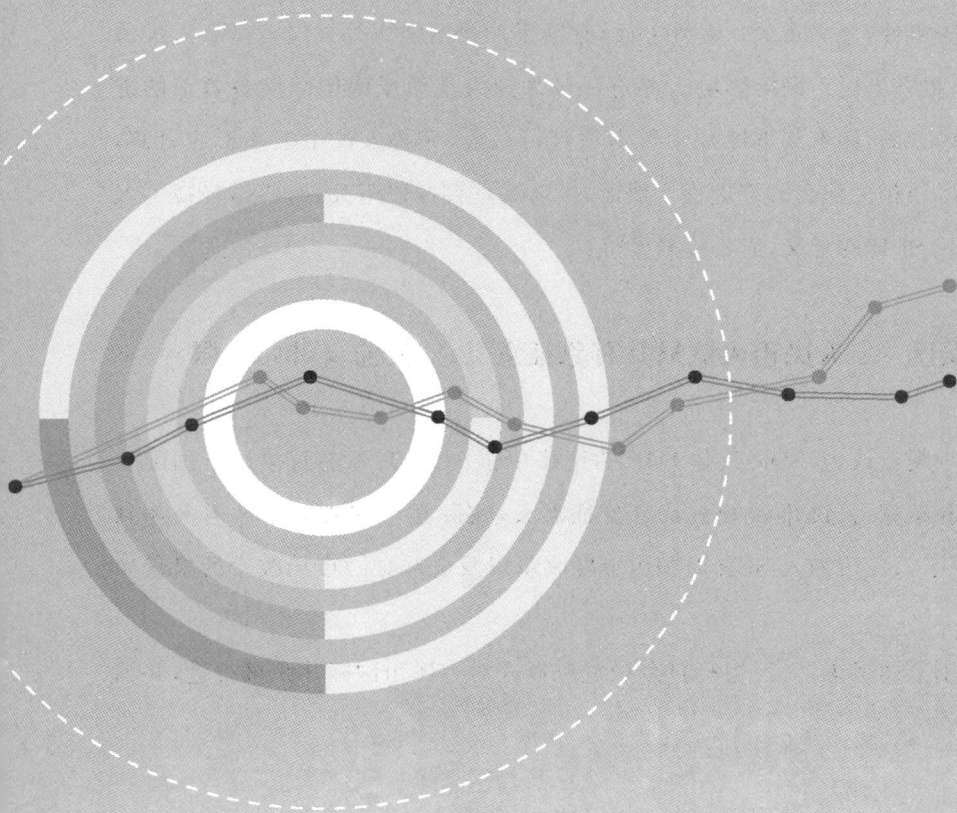

切莫低估人民币入篮的伟大意义

2015 年 11 月 30 日，IMF 公布将人民币正式纳入特别提款权（SDR）货币篮子，且权重占比超过日元和英镑，位于美元、欧元之后，成为 SDR 篮子第三大货币。人民币成功加入 SDR，对于国内金融改革以及全球货币体系调整都是里程碑事件，意义重大。对外方面，有助于加速增强海外投资者持有人民币的信心，提升人民币国际影响力并进一步加速人民币成为国际储备货币的进程。对内方面，则有望继续推动资本项目可兑换，完善人民币汇率形成机制，加快金融与相关配套改革进程。然而，当前观点存在以下几种误区，轻视了人民币加入 SDR 的意义，需要冷静看待：

误区一：人民币入篮只具有象征意义，实际意义非常有限

不少观点认为，SDR 只是 IMF 的记账单位，由于其不能直接用于国际贸易支付和结算，人民币入篮只具有象征意义，实际意义非常有限。但上述判断，轻视了人民币加入 SDR 对国内金融改革以及全球金融市场改变的里程碑意义。

出于上述考虑，人民银行自金融危机以来对人民币国际化积极推进，并辅

之以利率市场化、汇率市场化、资本项目开放、离岸人民币市场建设等多项改革。考虑到当前欧洲、日本经济低迷，美国经济一枝独秀，美元仍保持一家独霸的局面，人民币加入 SDR 篮子，对外有利于改进全球国际货币体系，维持全球金融稳定，对内有利于提升中国金融话语权，维护储备资产安全，以及配合"一带一路"倡议帮助中国企业走出去，促进人民币双向波动，这些重要意义不应被忽视。

误区二：人民币加入 SDR 提前透支了改革预期，日后改革步伐放慢

毫无疑问，为争取人民币加入 SDR，近五年来，中国金融改革步伐较快，特别针对 IMF 对于人民币入篮的建议，中国央行进一步采取了有针对性的改革措施。

例如，2015 年 7 月 14 日央行宣布境外央行、国际金融组织、主权财富基金可以运用人民币投资银行间市场，有助于外国央行对冲人民币作为储备货币的风险；8 月 11 日，央行调整人民币汇率中间价，使得人民币汇率形成机制朝着市场化方向迈进；10 月 9 日，财政部宣布从 2015 年四季度起，按周滚动发行 3 个月记账式贴现国债，进一步为 SDR 利率定价铺路；10 月 24 日，央行在降准、降息的同时，对商业银行和农村合作金融机构等不再设置存款利率浮动上限，标志着利率市场化改革完成最后一跃等等。

因此，此次人民币加入 SDR 篮子是对以往金融改革成果的肯定，但并不意味着未来改革之路会有所停滞。实际上，人民币开启国际储备体系之路更加需要加速改革，如金融改革方面，进一步完善货币政策框架，推动资本项目可兑换，完善人民币汇率形成机制，大力推动使用人民币相关金融工具以扩大人民币适用范围。与此同时，国内相关配套改革也必不可少，如国企改革，简

政放权，法制建设等等，毕竟唯有加速改革才能更好地适应更加开放的市场，避免金融风险。

误区三：人民币入篮权重仅占一成，比重低于预期

根据 IMF 公布的公式，SDR 篮子中各货币的权重分别是：美元 41.73％，欧元 30.93％，人民币 10.92％，日元 8.33％，英镑 8.09％。不少观点认为，人民币仅为十分之一，比重低于早前四分之一的预期。

在笔者看来，人民币首次纳入便超越日元与英镑，位列第三，已经表现了 IMF 对于人民币五年来被广泛使用的肯定。当然，考虑到未来仍有进一步调整的空间，预计五年后伴随着人民币国际化的持续深入，人民币占比进一步达到 14％—15％左右的水平并非难事。因此现有这一比重十分合理，对人民币而言已经是重大利好，不应有过度负面的解读。

误区四：入篮之后，人民币会出现大幅贬值

早在 2015 年 8 月 11 日央行启动汇率中间价改革，人民币便出现贬值趋势，其后由于人民银行出手干预，汇率市场才逐步稳定。一直以来，有观点认为人民币一旦加入了 SDR，人民币贬值预期信号便会再次得到释放，人民币将会贬值 3％以上，笔者并不赞同这种观点。

正如上文所言，人民币加入 SDR 是人民币成为国际储备货币的开端，一些制度性的安排，如资本项目开放、汇率与利率市场化改革、人民币双向波动等会提高未来人民币的国际地位。而一旦人民币大幅贬值，不仅在全球经济低迷之时对出口无益，更容易引发羊群效应，导致最终贬值超出预期，引发大量资金外流，重创中国经济，中国央行必定不会允许上述情况发生。

误区五：利好出尽，中国面临大规模资本外流风险

人民币国际化进程加快，确实会导致人民币双向波动加剧，这也就意味着，在日后金融市场继续开放的同时，防范风险至关重要，切不可大意。

展望未来，伴随着人民币国际地位的提升，预计各国央行会率先增加人民币资产储备，考虑到目前人民币在官方外汇资产占比中已达 1.1％，如果未来 5—10 年，这一比例提升至 4％—5％，则将带动各国央行增加 4000 亿—5000 亿美元需求。而伴随着资本项目开放与人民币金融衍生品的增加，海外投资者持有人民币动机也将提升，双向流动渠道的拓宽对于稳定资本流出是个利好。

总之，此次人民币成功加入 SDR 货币篮子，不仅是国际社会对于中国金融改革与人民币国际化成果的积极肯定，对推动全球货币体系改革亦具有里程碑式的意义，不应该轻视。展望未来，人民币国际地位提升，既是机会，也是责任，确保中国经济不出现断崖式下滑，从供给端发力走出产能过剩困局，防范金融风险将是未来五年摆在中国领导人面前的重要任务。

做空之下，人民币到底被"高估"多少？

2016 年年初，人民币看空潮汹涌澎湃，人民币汇率政策是当前中国决策层面临的最重要最紧急的抉择。一方面，中国决策层承诺人民币没有持续贬值压力，但另一方面，人民币贬值的悲观预期日盛。据报道，海外已有相当部分对冲基金押注人民币下跌，凯尔·巴斯的海曼资本管理公司甚至提出人民币未来三年内下跌 40％的观点。国内居民、企业换汇潮持续升温，国内持有人民币信心不断下降。从外汇储备流失的迹象显示，人民币贬值预期空前强烈。

除了人民币汇率遭遇做空，香港金融市场由于更加开放，更是难以幸免于难。2016 年 2 月，港币兑美元汇率曾一度跌至 7.8295，创 8 年来新低；股市恒生指数跌穿 19000 点整数关口，创下 43 个月来新低；楼市频频折价抛售，1 月香港地产成交量创 25 年来最低。可以说，人民币与港币均遭做空，危急情形已经与 1997 年亚洲金融危机之时相近。风口浪尖，如何把握汇率走势与汇率政策至关重要。

有观点认为，既然人民币贬值不可避免，不妨一次性贬值 10％，抑或 15％，一次贬值到位以应对贬值压力。同时，也有观点提出，与其干预汇率市场导致汇率扭曲，不如直接走向浮动汇率，让人民币放任自由，实现自我出清，释放压力。实际上，结合当前单向贬值预期空前加大的背景情况，放任自由也就意味着短期内或出现一次性大幅贬值。

一次性的贬值提议实际上风险很大，不仅往往是危机的导火线，如泰铢走向浮动后危机的加重；也很难一步到位，特别是贬值预期不断自我强化导致最终贬值幅度往往超出预期；此外，中国并非小国开放模型，一次性贬值会引发新兴市场国家跟进，贬值幅度会更多，将导致中国汇率政策陷入两难。

而且当前持有人民币一次性贬值的最重要依据在于认为人民币被高估，必须通过一次性贬值来纠偏。此时不纠偏，其实是拖延汇率风险爆发的时间，反而会造成更大的扭曲，给未来留下了更大的风险敞口。这样的判断目前来看十分普遍，也得到了相当部分政策制定者的认可。

然而，人民币汇率是否被高估，是否需要一次性贬值来纠正，以及针对与其长痛不如短痛的观点，笔者认为有如下商榷之处：

第一，人民币是否被高估并没有准确答案。如何判断人民币是被高估还是被低估其实并非易事。从理论角度来看，由于汇率评估在时间和审视角度上可以有各种不同的选择（如购买力平价、相对购买力平价、利率平价、宏观均衡、基本均衡、行为均衡等），因此至今仍是结论各异、莫衷一是。IMF 在其2005 年《估计中国均衡有效汇率》的报告中指出：即使仅对检验人民币真实价值的模型进行细小改变，评估结果的差异也会高达 40 个百分点。

实际情况也是如此：2005 年汇改之初，瑞银①将人民币价值被低估的幅度定为 20％，而哈佛大学经济学教授弗兰克尔所估计的则是接近 40％。2010 年IMF 仍在不同场合指责人民币被完全低估，并认为要求人民币升值 30％是符合逻辑的。无可否认，人民币 2005 年汇改以来已经升值超过 30％，而自 2012年 IMF 下修中国经常项目占 GDP 比重后，人民币汇率低估之声已然下降。反倒是 2014 年年中在北京举办的第六轮中美战略经济对话上，由于美国贸易

---

① 国投瑞银基金有限公司是中国第一家外方持股比例达到最上限（49％）的合资基金公司。

逆差不断上升，美方再次提出人民币汇率存在被低估观点。

因此，是否被高估的逻辑与早前有关人民币是否被低估的逻辑有相似之处，无论是模型还是国际组织，抑或是市场机构，对于人民币汇率的讨论都存在较大差异，同时掺杂了政治因素，很难给出一致答案。

第二，经济基本面不支持人民币高估。讨论人民币是否被高估，还需参考经济基本面情况。从全球经济来看，尽管中国经济不断下滑，但其他国家经济同样不容乐观。发达国家中，美国经济被视为一枝独秀，但近年来 GDP 也已放缓。日本、欧洲尽管经济有所企稳，但通缩压力巨大，不得不依靠更大规模的宽松政策。

第三，前期对一篮子货币升值，并非是人民币大幅贬值的理由。有观点认为，人民币之所以高估，在于自 2014 年美元强势升值以来，由于人民币对美元保持基本稳定，对一篮子货币走强过多。

然而，以往跟随美元，对一篮子货币升值，是否意味着人民币应该以对美元贬值应对？并非如此。

首先，以往对一篮子货币升值，实际上美元升值更多，并非意味着人民币对美元高估，不需要对美元一次性贬值以纠偏。

其次，此时对美元大幅贬值，时点选择风险较大。推进汇率市场化改革无可厚非，但时点选择也关乎风险，需要慎重。在笔者看来，如选择 2010 年 6 月重启汇改到 2014 年美元汇率横盘波动的时期推动人民币汇率参考一篮子货币改革，将会使人民币对美元有双向波动预期，改革压力更小。

再者，加息落地后，美元未必持续走强。从历史经验来看，20 世纪 70 年代以来，美联储加息后，美元并非持续走强，反而大概率走弱，同时考虑到强势美元对美国制造业与出口的冲击，以及前期强势美元透支预期，美元走弱可能发生。

最后切勿自乱阵脚，坐实做空者预期，丧失人民币加入 SDR 后带来的宝贵国际声誉的提升。

第四，人民币汇率实际上折射出的是经济结构的扭曲，而非竞争力的丧失。《经济学人》杂志提出的"巨无霸指数"颇为风靡。其背景是根据购买力平价理论，对比世界各国麦当劳出售的巨无霸汉堡的价格，便可以看出汇率是被高估还是低估。如根据 2016 年 1 月公布的"巨无霸指数"，在美国购买一个巨无霸汉堡平均价格为 4.93 美元，在中国购买一个巨无霸平均价格为 2.68 美元，约合 17.6 元人民币，认为人民币被低估。

然而，中国高端消费品和低端消费品与国外相比价格相差较大。例如，奢侈品，如包、手表、化妆品国外价格低于国内；中国的楼价也是奇贵无比；高端服务场所消费价格甚至超过国外。如选择上述标的来看，人民币确实被高估，有贬值压力。

然而，从低端消费与服务而言，中国价格往往又大幅低于美国。例如，一顿简单的沙县小吃，10 元以内便能吃饱；而一次非商业区域的 SPA，其价格远低于美国。可以说，中国的低端劳动力成本虽然近年来有所上涨，但仍相对便宜。如选择上述标的，人民币有继续升值压力。

因此，从单一商品或服务判断人民币被高估还是低估是片面的。但通过上述分析，不难发现另一个重要问题，中国汇率问题很大程度上折射出经济结构的扭曲，而非竞争力的丧失，即高端市场价格过贵，低端商品与服务仍然便宜，而这意味着人民币汇率并未有很大的被高估成分。

第五，人民币若一次性走向浮动，风险将难以承受。有观点认为，汇率浮动放任自由后便不存在被高估或者低估。但结合笔者早前在 ECB（European Central Bank，欧洲中央银行）的经验来看，情况并非如此。当时多种模型测算下来，公认的美元兑欧元汇率为 1.3，日元兑美元在 100 左右，而 2016 年美元兑欧元处于 1.1，日元兑美元接近 120，市场也没有太多激烈的反应。实际上，即便是自由浮动的汇率，汇率被高估或低估也十分常见。

当然，笔者并非不支持浮动汇率，相反，人民币国际化必须需要汇率政策更富有弹性。问题的关键在于，如何实现，能否一次到位，期间要经历的痛苦与风险中国是否已经准备好承受？

同时，与发达国家居民财富多元化配置不同，中国当前居民财富仍然单一，对单一货币贬值的风险抵御能力较低。考虑到人民币国际化刚刚起步，国内居民海外资产如美元、欧元、日元资产配置相当有限，人民币资产占比过高。一旦人民币大幅贬值，居民换汇冲动必定空前强烈，容易形成挤兑。届时政策将陷入两难，加大干预扭转预期成本更高；重启资本管制，则打击改革信心；另外，从企业来看，中国企业大部分也并未做人民币汇率对冲，大幅贬值对企业冲击同样较大。

因此，从这一角度而言，人民币汇率政策如何决策关乎重大，中国切勿采取一次性大幅贬值的方式应对危机。相反，参考亚洲金融危机时的经验，保持定力，稳定经济基本面，加快改革仍然是防范金融危机的良方。

周小川对人民币空头的反击

2016年春节期间,针对人民币汇率市场空头盛行,恐慌情绪升级,中国人民银行行长周小川通过媒体专访形式传达了央行对待人民币汇率走势的看法。在笔者看来,重点信息包括:人民币不会采取一次性贬值;资本管制不会增强;人民币汇率改革与国际化会持续推进,但会更注重改革时机的选择;以及加大沟通等。

毫无疑问,央行加大与市场沟通,对于缓解恐慌,降低稳定汇率成本十分有利,而且效果十分明显。最经典的案例是,欧洲央行行长德拉吉曾在2012年欧债危机形势严峻之时,提出"whatever it takes"(不惜一切代价),力挽狂澜,稳定了欧元。

具体来看,周小川行长在专访中传达的以下几点信息值得重点关注:

第一,否定了人民币一次性贬值。周小川行长在专访中提到人民币不具备持续贬值基础,原因如下:一是中国经济在世界范围内仍属于较高水平,增速下滑是中国政府主动调整结构的结果;二是2015年货物贸易顺差接近6000亿美元,创历史新高;三是中国当前通胀率只有1.4%,低通胀有利于币值稳定;四是中国不存在为扩大净出口而贬值的动机;五是2013年、2014年美联储的政策变化对多数国家均有影响,但对中国冲击不大,前期人民币对美元贬得较少，相对于欧元、日元等则有明显升值，美联储历史性加息后，人民币贬值是"补课"。

周行长此番言论明确排除了人民币一次性贬值的可能。一次性贬值策略并不可取，原因在于期待一次性贬值具有理想化色彩，经验显示，一次性贬值往往是危机的导火索，如亚洲金融危机中的泰国。同时，一次性贬值也很难一步到位，贬值预期不断自我强化往往导致最终贬值幅度超出预期。此外，中国并非小国开放模型，一次性贬值会引发新兴市场国家跟进，使得贬值幅度更大，会导致中国汇率政策陷入两难。

第二，中国不会重回资本管制。针对当前人民币贬值压力，外汇储备干预成本过高的问题，早前一直有观点认为，中国会重回资本管制。但周小川行长明确否认了这样的担忧，他提到，关于中国要实施各种外汇管制措施的观点，有一些明显是谣言，很显然是为了配合造谣者所下注的投机盘。

周小川表示，资本项目的外汇管制对于那种较为封闭的经济体是有效果的，而对于较为开放的经济体则往往难以奏效。中国是一个开放的大型经济体，贸易依存度比其他大国高很多，每年4万多亿美元的进出口额，涉及上百万家进出口企业，一年出境人口上亿，海外华人有5000万，外资企业资本存量过万亿美元，任何不当管制都会给实体经贸带来不便和困扰，反倒会影响信心和国际收支平衡。

对此，结合马来西亚1998年启动资本管制，从吸引外资的优等生沦落为差等生的例子，说明启动资本管制虽然简单，短期内效果立竿见影，但实属迫不得已之举，并非应对良方，使用之时还需慎之又慎。虽然其短期影响或许偏正面，但隐性负面影响却是极为深远的，不仅容易打击投资者信心，更容易产生政策反复、改革半途而废的后果，长期还会引发资本外流与人民币国际化进程的倒退，得不偿失。

第三，汇率改革会持续推进，但会更注重改革时机的选择。周小川行长提到,汇率改革的趋势是坚定不移的,希望"十三五"期间在汇率改革方面能取得长足进展,方向是更加依靠市场力量决定价格,实现更有灵活性的汇率。与此同时,周行长强调,对于中国这样一个大国而言,这一方向上的改革努力也许需要相对较长的时间去实现。改革的艺术在于:有窗口时就要果断推进,没窗口时不要硬干,可以等一等,创造条件。中国经济强调改革、发展、稳定三者之间平衡。

上述表态体现了坚持汇率改革的方向,是对当前市场担忧人民币国际化倒退的回应,更新颖地表达了改革时机与窗口选择的重要,而这恰恰是结合近两次汇率改革引发的人民币汇率动荡教训所得出的。

可以看到,无论是 2015 年"811 汇改",还是 2015 年 12 月初人民币CFETS 新指数的提出,都是汇率市场化改革的重要举措。但令人惊讶的是,两次改革均引发了人民币大幅贬值,加大了金融风险,这其中,央行与市场的沟通技巧以及改革时点的选择都是值得考虑的。特别是在人民币刚刚加入SDR 篮子之后不久,便放任人民币汇率大跌,恰恰坐实了前期看空者的判断,造成了后期人民币大贬与外汇储备流失过多,在笔者看来,当时的决策着实有待商榷。

同时,改革时机的选择对于回应为何汇率市场化改革不能一次到位的疑问也有帮助。笔者支持汇率政策更富有弹性,但问题的关键在于时机的选择以及一次到位引发的风险是否能够承受。毕竟当前中国居民财富仍然单一,中国企业大部分也并未做人民币汇率对冲,大幅贬值对居民、企业的冲击较大。而一旦居民、企业换汇意愿空前强烈,容易造成挤兑,若是外汇储备流失过快与贬值预期过大二者相互验证,容易增加做空与资本流出风险,加大金融风险。

第四,增加沟通技巧,让看空者难以做空。周小川行长在媒体专访中提到了沟通问题,大概有如下三个层面:

首先是增强全球央行之间的沟通。考虑到中国货币政策具有溢出效应，中国在未来人民币汇率改革时，需要选择合适的时机和窗口，尽量减少负面溢出效应，特别是不要在国际上造成相互叠加的影响。

其次是增强国内金融监管者之间的沟通。周行长提到国内股市、债市、汇市、货币市场等市场板块间也有相互溢出冲击，要防止国内几个金融市场之间交叉感染、相互冲击，防止出现系统性风险。

再者是增强与市场的沟通。周行长提到央行对于不同市场主体应采取不同沟通策略。如对一般大众，重在知识和体制框架的沟通；对进出口商等使用外汇的机构，引导并稳定预期很重要；对于投机者，央行会选择适当的博弈策略，而非把招数向对手和盘托出。

在笔者看来，上述三个层次沟通恰恰是防范金融危机爆发的关键，是需要持续学习与增强的。

从加强与市场沟通方面，建议增加与市场沟通的途径与频率。可以想象，若是央行能更早一些向市场明确传达上述政策意图，如在人民币 CFETS 指数公布之时便明确表达央行意图，悲观与市场恐慌未必会越演越烈，做空势力亦难有发挥空间。

其次，从增加部门沟通而言，2015 年夏天与 2016 年年初两轮金融风险都有汇市与股市叠加现象，二者相互冲击，加大了系统性金融风险，这无疑涉及更深层次的改革。考虑到混业经营已是大势所趋，各部门利益之间协调困难，加之金融创新层出不穷，监管过度与真空同时存在，不妨效仿金融危机之后的国际经验，在十三五期间改革一行三会的监管体系，提高央行在宏观审慎政策的地位，加强统筹金融监管的职能。

海外做空难撼人民币稳定

2015 年年末至 2016 年年初，人民币遭遇对美元的大幅贬值，引发海外看空情绪空前高涨。先有索罗斯在达沃斯论坛上表态中国经济硬着陆，已做空亚洲货币和美股；后有凯尔·巴斯的海曼资本管理公司提出人民币三年内将下跌 40%，并预言中国将遭遇债务和货币危机。悲观预期与恐慌情绪加剧之下，中国人民银行行长周小川于 2016 年 2 月明确表态：人民币不会采取一次性贬值；资本管制不会增强；人民币汇率改革与国际化会持续推进；以及加强沟通等。

毫无疑问，中央银行明确汇率态度，是加大与市场沟通、缓解恐慌的必要举措，也有采取一致行动、稳定汇率与降低干预成本的重要含义。回想欧洲央行行长德拉吉在 2012 年欧债危机形势严峻之时，提出"what ever it takes"（不惜一切代价）的经典案例，德拉吉"不战而屈人之兵"，强硬表态力挽狂澜，稳定了欧元。而此次周小川行长在人民币做空情绪高涨之时坚决表态，表明了央行防范外围金融风险的决心，同样是对做空者有力的回击。

实际上，从基本面来看，看空中国与做空人民币没有充分的理由。毕竟从全球经济来看，尽管中国经济不断下滑，2015 年 GDP 增速降至 6.9%，创 25 年以来的新低，但其他国家经济同样不容乐观。发达国家中，美国经济被视为一枝独秀,但 2015 年四季度 GDP 增速已放缓至 0.7%,低于预期。日本、欧洲等国经济尽管有所企稳,但抗通缩压力巨大,不得不依靠更大规模的宽松政策。新兴市场国家更是不容乐观,金砖风光不再,巴西、俄罗斯深陷技术性衰退中,唯有中国、印度保持相对高速增长态势。

从贸易情况来看,2015 年全年中国贸易顺差高达 5945 亿美元,创历史新高,同样不支持大幅贬值。尽管 2015 年中国全年出口为 −2.8%,但主要与全球需求普遍疲软有关。从全球份额来看,中国出口占比仍然是提升的。近五年来,中国是当前商品与服务出口全球排名前五名中,唯一一个全球份额占比上升的国家,且与美国、欧盟等国的差距在大幅缩小。

与此同时,当前人民币汇率问题很大程度上折射出的是中国经济结构的扭曲,而非竞争力的丧失:即高端市场价格过贵,低端商品与服务仍然价格低廉。这意味着人民币汇率并未有很大的被高估成分,要想让汇率更加接近均衡汇率,可以通过改革缓解结构性扭曲状态,未必通过名义贬值达到目的。

例如,中国政府推出严厉的反腐措施,对高端商品与服务价格造成影响,可以看到,泡沫部分有所释放,而这样的工作也间接地对汇率调节起到了作用。同时,通过传统关税、消费税调整,加强国内商品质量监管,有助于扭转高端消费大部分流向海外的局面。此外,低端劳动力成本虽然有所提升,但与美国相比仍然低很多,仍有上涨空间,可以结合收入分配改革、社保体系改革进行帕累托改进。

换一角度而言,看空者的理由也有明显漏洞。例如,凯尔·巴斯做空中国的报告中支持其看空人民币的核心观点是认为中国外汇储备被严重高估,应扣除掌握在主权财富基金中投公司手中的 7000 亿美元资产。然而,这一判断有悖常识,犯了严重的错误。据笔者所知,早在 2007 年中投公司成立之时,中国财政部便向中国央行发行了特殊债券,同时换取了相应美元的外汇资产,当前中投资产并不计入外管局的外汇储备中。

相反，当前 3.3 万亿美元的外汇储备仍然是抵御做空的重要保障。根据 IMF 有关外汇储备是否充足的拇指规则[①]，充足的外汇储备一般覆盖到年出口的 10％＋短期外债的 30％＋其他外资头寸［包括长期债务与 FDI（Foreign Direct Investment，外商直接报资）］的 15％＋M2 的 10％，考虑到中国资本项目并未完全开放，约 2 万亿美元的外储符合 IMF 关于外储是否充足的标准。当然，出于外储保值增值的目的，外管局过去也有一部分美元资产通过委托贷款的形式授予银行帮助企业对外投资，外汇储备的减少也是合理利用的结果。因此，外储不足以抵御做空的看法过于悲观。

当然，防止做空情绪自我验证最重要的是市场预期的改变，而央行明确的表态为此提供了契机，是对做空者最有力的打击。而如能通过短期内稳增长政策以及中长期改革措施的持续推进来扭转悲观预期，将有利于从根本上回击做空。

从央行角度而言，实际上，2015 年年底以来，央行对待人民币贬值的态度一度是模糊的，就连周小川行长 2016 年 2 月在接受财新专访中也坦言，早前就连行内对待人民币贬值也有不同意见。在此背景下，2015 年 12 月人民币对美元大幅贬值，外汇储备减少 1079 亿美元，创历史之最，其中很大一部分源于企业与居民对人民币汇率预期反转，大幅换汇与提前偿还美元外债，造成资本流出。

如果这种状况持续，恐慌风险导致资本外流加剧，国内看空情绪导致做空行为，则是最为危险的信号。值得庆幸的是，伴随着 2016 年 1 月后期央行稳定汇率的态势明显，上述情形得以扭转，1 月外汇储备减少 994 亿美元，低于预期，显示国内做空情绪有所减缓，是个利好信号。

周小川行长明确提出人民币不具备持续贬值的基础，则是防止人民币一

---

① 又叫经验法则，是一种可用于许多情况的简单的、经验性的、探索性的但不是很准确的原则。

次性贬值更为坚决的信号。与市场沟通加大，并通过行为捍卫自己的态度，有利于缓解企业居民竞相换汇的恐慌情绪，这与亚洲金融危机之时情况类似，以此来逼退做空者。

从根本上来讲，击退做空的最有利方式便是确保基本面稳健以及持续推进改革赢得投资者信心。建议继续借助于积极的财政与货币政策确保经济企稳，同时加速供给侧的结构性改革，特别是积极推进城镇化和国企改革等，这样不仅能够回击做空者，更有助于增强投资者信心，提高中国的全球竞争力与话语权。

人民币入 SDR：龙门一跃还是骑虎难下？

2016 年 10 月 1 日人民币正式纳入 SDR 篮子，加入首次比重便超越日元与英镑，位列第三，充分显示了 IMF 对于五年来中国金融改革的肯定，且人民币入篮对于全球货币体系调整也是里程碑事件，预示着未来世界各国将人民币作为储备货币的比重会进一步提升。从这个角度来说，人民币入篮对于实现人民币国际化目标可谓龙门一跃。

然而，自 2015 年 IMF 宣布人民币加入 SDR 决定后的一年中，又出现了超预期的情况，即由于美联储开启历史性加息与人民币两度汇改，人民币贬值压力空前加大。在此背景下，资本外流态势明显，外汇储备出现明显下降，以至于其后不得不采取稳汇率手段，甚至通过重拾部分资本管制方式扭转预期。因此，有质疑认为，这样的举措，与人民币国际化目标相悖，也意味着人民币国际化目标或将面临反转，是骑虎难下的表现。

如何看待人民币入篮的历史意义？其对于人民币国际化目标而言究竟是龙门一跃还是骑虎难下？

回顾以往，早在 2011 年年初，笔者便提出了对人民币国际化路径的基本构想，即人民币有望在 2015 年实现资本项目基本可兑换，2020 年成为国际储备货币。围绕这一目标，笔者提出了需要协同推进的四大支柱改革，包括利率市场化、汇率市场化、资本项目开放、离岸人民币市场建设。同时，上述改革的关系应该是相辅相成、协调推进的。

从货币当局的角度而言，2009 年中国人民银行行长周小川发表的文章《关于改革国际货币体系的思考》，最早从理论上提出人民币国际化的畅想。文中鲜明地指出了 2008 全球金融危机的爆发反映了以美元为主导的国际货币体系的内在缺陷和系统性风险，即特里芬难题仍然存在，储备货币发行国无法在为世界提供流动性的同时确保币值的稳定，说明打破以美元为主的国际货币体系困局以及提高 SDR 地位十分重要。

在此背景下，其后六年，央行从实践方面围绕四大支柱进行建设，加速人民币国际化进程。例如，利率市场化方面，逐步放开存款利率上限，重启国债期货；汇率市场化方面，加大对美元的波动区间，以及 2015 年的"811"汇率中间价改革、2015 年年末的人民币参考一篮子货币等；资本项目逐步放开，开启沪港通，开放银行间债券市场等；离岸人民币市场建设方面，伦敦、新加坡、纽约等国，以及中国香港地区的人民币产品愈加丰富。

然而，对于人民币国际化四大支柱改革之间的关系，市场早在 2013 年之初便有过激烈的争论。一种观点是以央行为代表，即人民币国际化进程的多项改革需要协同推进，没有先后顺序，笔者也认同这样的路径；另一种是以社科院学者为代表，认为资本项目开放与人民币国际化条件不成熟，需要汇率与利率市场化改革之后，才能考虑放开资本项目，主要的担忧来自于资本项目开放对金融市场的冲击，并强调当前很多看似人民币国际化的需求，在汇率非均衡条件下，实际上很大程度上是套利需求。

双方的主要矛盾在于资本项目开放与金融风险的关系。先汇率、利率市场化，后资本项目开放的建议过于理想化，毕竟在资本项目存在管制时，外汇市场并非真实的需求，其形成价格也并非均衡汇率，因此，汇改不应该是资本项目开放的前提。

当然，针对防范资本项目流动可能带来的风险，央行一直以来都表示出了足够的信心。例如，中国人民银行副行长易纲曾提到，中国将做到有管理的可兑换，特别是在反恐、反洗钱、反避税天堂等方面，中国是拥有严格监控的。不同于其他国家在国际收支统计方面的抽样统计，中国国际收支统计方面基本实现了全覆盖，这为做好有管理的自由可兑换奠定了基础。

除此以外，中国人民银行货币政策司司长李波也曾提到，对于本外流引发危机的担忧，可以对短期资本流动和外债进行宏观审慎管理。比如：对短期投机性资本的管理可采取包括托宾税、资本增值税、无息准备金、印花税的措施；对待外债，可以有外汇头寸限制、期限管理、风险比例管理和信息披露等措施；甚至，在应急情况下可采取临时性外汇管制措施。这些管理都是 IMF 所认可的。

从这个角度而言，2016 年以来，美联储加息导致资本流出加大，进而恐慌情绪蔓延，央行出手稳定汇率，甚至采取部分资本管制措施属于特殊时刻的临时管制，体现了政策的灵活性，并非人民币国际化的倒退。而从效果来看，尽管汇改时机并非有利，稳定汇率手段从短期来看也有所欠缺，但从长期来看，有助于稳定信心，并有利于日后改革的推进。

在这一点上，国际上的态度也是正面的。在 2016 年中国引领的 G20 杭州峰会上各国就建设有效的全球经济金融治理架构，继续改善关于资本流动的分析、监测和对资本流动过度波动带来风险的管理方面达成一致；同时，IMF 对 2016 年 10 月 1 日人民币正式加入 SDR 篮子表示欢迎，均说明国际社会对于中国防范金融风险举措的认可。

因此，当前人民币国际化进程中遭遇的挑战不应该使中国的金融市场开放进程倒退。相反，在人民币顺利入篮后，应该克服人民币汇率波动的恐慌情绪，把握时机，扩大人民币汇率浮动区间，大力推动国内的市场化改革与金融市场开放，比如加速中美投资协定进展以及开放国内债券市场。同时确保经济基本面的稳定、防范房地产泡沫，以及加速推动国企改革。只有这样，才能使人民币成功加入 SDR 后不致陷入骑虎难下的局面，反而实现龙门一跃，成为中国融入甚至引领国际金融体系的推进器。

保外储还是保汇率是个伪命题

2017 年 1 月中国外汇储备下降 123 亿美元至 2.99 万亿美元,不少人惊呼中国外储终于跌破 3 万亿美元大关,降至六年来新低。而同期,人民币汇率出现升值态势,如 1 月离岸汇率从 6.98 升值至 6.83,升值幅度超过 2%。这种汇率升、外储跌的态势,似乎验证了之前一种很流行的争论,即央行将在保汇率不跌破 7 和外汇储备不跌破 3 万亿美元生命线之间做出选择,而 1 月数据似乎坐实了央行"保汇率弃外储"的政策思路。

诚然,1 月外汇储备下降与央行加大稳定汇率的操作有很大关系,即伴随着汇率贬值,央行不仅加大了直接参与汇率买卖的力度,同时采取了更多的行政手段限制资本流出,包括:外管局对个人购汇政策的收紧、对国有企业卖出外汇购入人民币的鼓励,以及对境外投资规范的加强等等。

当然,1 月外汇储备的下降也有季节性因素,包括春节居民旅游换汇以及企业年底结算需求的增加;而同期非美元汇率对美元升值则一定程度上抵消了以美元计价的部分外汇储备的减少。

但尽管如此,笔者也不认为,应该把外汇储备与汇率稳定的关系直接对立起来。其实,仔细研读数据不难发现,尽管 2017 年 1 月外汇储备跌破 3 万亿美元心理防线,但 123 亿美元的下降幅度已经是 6 个月以来的最小跌幅,且仅相当于 2016 年同期下跌幅度的八分之一，这显示，外汇储备下跌的趋势是有所放缓的。

此外，外汇储备下跌的趋缓与大规模资本外流得以控制、人民币贬值预期降低密切相关。回想 2015 年 12 月，外汇储备单月下降 1079 亿美元，创历史新高，这主要与当时人民币大幅贬值、居民和企业恐慌性换汇密切相关，而同期人民币汇率则在当月贬值 1.49％。2016 年 1 月人民币兑美元单月贬值 1.27％，幅度有所减少，外储降幅也降低至 994.7 亿美元。

直至 2016 年 2 月周小川行长接受采访明确表态央行稳汇率措施之后，伴随着稳汇率措施的增加，当月人民币升值 0.36％，同月外汇储备降幅仅为 285.7 亿美元，下降趋势得到明显缓解；其后，人民币汇率双向波幅加大，但市场对汇率浮动的恐慌情绪降低，外汇储备变化便再未突破此前高位。

而 2016 年下半年，特别是特朗普胜选之后的外汇储备减少与市场对特朗普三大新政推升美元，以及美联储加息预期增强更为相关。同样，人民币对美元贬值态势的出现也主要受制于此。

基于上述分析可以判定，保汇率与保外储二者择一的提法实在不妥：其一，事实表明，外汇储备的减少与资金恐慌性大幅外流相关性更为明确，且期间往往人民币也呈现贬值态势，贬值与外储减少并非因果。相反，简单的计量表明，"811 汇改"以来，外汇储备与汇率相关性为 0.9121，即人民币贬值的同时外汇储备减少；而二者变化的相关性为 0.6824，汇率贬值较大的月份，外储下降的更多。

其二，保汇率与保外储提法可能描述的是"稳定汇率难免会动用外汇储备，进而导致外汇储备降低"这样的逻辑，但这样的提法却又简单地将二者对立起来。殊不知，如果不采取稳定汇率政策，人民币贬值的空间有多大。如果考虑贬值预期扩大对贬值的自我强化，以及可能引致其他货币跟随贬值的情况，资本外流与外汇储备又会到何处而止？这种情况与动用外储相比，哪个影响更大？需要更多情形模拟与分析。

其三，不存在 3 万亿美元外汇储备生命线的说法，而二者择一的提法从形式上将保汇率和保外储的地位等同起来，增加了对货币政策操作无谓的约束。实际上，世界上没有任何一个国家将外汇储备作为货币政策操作锚，而根据 IMF 对外汇储备充足率的研究标准，中国外汇储备合适的规模大概在 1.5 万亿—1.8 万亿美元，即便按照固定汇率从严标准，2.6 万亿美元的外汇储备也已足够，3 万亿美元并非生命线，跌破也不至于威胁金融安全，不应过度恐慌。

实际上，当前稳定汇率的措施是全局考虑的结果，其意义明显更深远。当下特朗普咄咄逼人，并有计划大打贸易战，美联储加息预期不明，且美国企业利润回流等因素都加剧了资本外流压力。中国人民银行行长助理张晓慧曾在文章《货币政策的发展、挑战与前瞻》中提到央行对"二元悖论"的考虑，即危机以来，"不可能三角"中资本自由流动的重要性显著提升，汇率稳定和独立货币政策的重要性相对下降。

基于此，央行当前的货币政策操作一定程度上倾向于防范资本冲击，甚至可能会牺牲部分货币政策独立性，如近期央行对内调高常备借贷便利、公开市场操作逆回购，以及中期借贷便利利率等，也与此考虑相关。

因此，当下汇率政策十分关键，汇率政策调整需要择时，在特朗普缺少对中国大打贸易战口实的背景下，短期内稳定汇率是综合了贸易、金融和外交综合权衡下的战略考虑。

当然，中国货币政策能做的也不是很多，只能对外保持密切关注，防范汇率大幅波动，对内通过货币政策为实体经济与改革创造良好的货币环境。同时，考虑到货币政策有不可承受之重，增加财政支持并加速改革，在"逆全球化"趋势下，按照既定战略，坚定地实施国内的市场化改革和全方位的开放，方是以不变应万变，抵御外部冲击和金融风险的不二选择。

人民币升值背后的央行意图

2017 年上半年,人民币一改过去两年对美元贬值的态势,中间价对美元汇率整体升值 2.24%,其中尤以 5 月 26 日央行对汇率中间价机制进行修改、加入了逆周期因子之后,人民币短期内升值的态势最为显著。这让市场产生疑问,央行此时修改中间价公式意欲何为? 是否意味着央行有意引导人民币汇率重拾升值区间? 而美联储 6 月加息后,未来人民币还有贬值压力吗?

央行意图并非引导人民币大幅升值

央行修改汇率中间价机制的举动并非意在引导人民币重回升值空间,而是意在维护人民币币值稳定,为接下来美联储加息预留空间。具体原因有如下几点:

其一,加入逆周期因子与有管理的浮动异曲同工,并非汇率机制的实质变化。

很多观点认为,央行此次启动汇率中间价改革,在人民币对美元中间价形成机制上,除了前日收盘价和一篮子货币的考虑因素外,加入逆周期因子是央行强化汇率管制的标志。但实际上,中国汇率政策一直强调的都是有管理的浮动政策，央行从未放弃采取行动以维持汇率在其认为的合理区间，过去两年的实践也恰恰证实如此。

此次明确提出逆周期因子与有管理的浮动异曲同工，并非汇率机制的实质变化，而只是在过去两年贬值压力较大，央行不得不出手稳定汇率的实践总结基础上，更为旗帜鲜明地表明其稳定汇率的意图。

其二，加入逆周期因子可能是一项新的尝试，向市场明确表明其维持汇率稳定的决心和意图，以引导市场预期，进而降低干预的成本。

毕竟早在 2017 年年初，外汇储备跌破 3 万亿美元，人民币面临跌破 7 的压力之时，就有观点认为央行将不得不在上述指标中二者择一做出选择。但如今反思来看，当时这样的提法确实为货币政策操作增加了无谓的约束，也加大了市场的恐慌情绪，增加了维持汇率稳定的成本。

其三，修改汇率中间价形成机制，加入逆周期因子，是央行对于 2017 年 6 月美联储加息、人民币可能面临贬值情景的一种提前准备。

与以往数次政策推出时的顾虑一样，央行此举意在防止美联储加息可能会出现的人民币贬值与大规模资金流出。考虑到前期新兴市场国家货币对美元升值较多，而人民币仅对美元小幅升值，对一篮子货币贬值较多的背景，让人民币对美元小幅升值，有助于为后期可能出现的贬值情形留出空间，但并非是让人民币重回升值渠道的信号。

其四，近年来数次改革时点都与美联储加息时点接近，同样体现了央行对美联储加息可能会带来的美元走强导致人民币产生贬值压力的提前考量。

例如，2015 年"811 汇改"是在人民币纳入 SDR 篮子考核的关键时刻，也是美联储开启历史性加息之前资金回流美国之际；2015 年年底央行发布 CFETS 一篮子货币指数之际，亦是美联储加息临近之时；而 2016 年年底央行加大资本管制措施也与年底美联储加息临近相关。2017 年 6 月美联储的再度加息，与之前数次汇改类似，是对未来可能出现的资本流出情形与人民币贬值羊群效应的一种提前防范。

其五，人民币国际化仍会适时推进。

有不少观点认为，央行这一举动使得汇率中间价形成机制更加不透明，是改革的倒退，也不利于人民币国际化。但正如上文所说，中国央行的汇率机制一直以来都是强调有管理的浮动，这一变动并不能看作是再度收紧的标志。

其实，决定人民币国际化进程快慢的一个关键变量是外界环境的变化，2016年资本面临大规模外流趋势，央行采取临时管制措施防范金融风险，如今情况变化显著，美元拐点出现，人民币贬值压力减轻甚至出现了升值态势，外汇储备逐月增加，中国又在考虑增加对美债的配置，诸多信号表明维持严格管制已无太大必要性，在此背景下，预计决策层的意图仍然是重启人民币国际化以提高投资者的信心，积极推动债券通，加快"一带一路"建设等都显示了这一意图。

人民币不会像前两年一样有大幅贬值压力

基于以上判断，笔者并不认为，央行汇改意在人民币升值，且短期人民币走强也并非趋势性的态势。当然，虽然2017年6月美联储再度加息，表明美元拐点或已经出现，欧元也有反弹态势，笔者同样不认为，人民币会像前两年一样有大幅贬值的空间。原因在于：

第一，美元走弱与欧元走强，会缓释人民币贬值压力。近两年人民币贬值压力较大的原因在于强势美元，但展望未来，这种可能性在减小。美国方面，2017年的经济数据显示市场早前对美国经济预期过高，如2017年5月非农就业数据等低于预期；特朗普竞选目标屡屡碰壁，深陷政治丑闻，以及频频挑战国际秩序也使得特朗普行情难以持续。而欧洲方面，政治黑天鹅事件渐行渐远，特别是火车头德国经济明显向好，2017年欧央行退出量化宽松政策，为欧元反弹提供支持。此外,2016年英国脱欧的黑天鹅事件扭转了美元走弱局面。

第二,国内货币政策的弹药仍然充足。正如前文所言,央行此次对汇率中间价形成机制进行改革,实际上便是对近两年稳定汇率操作经验的总结,意在提前布局,降低稳定汇率的成本。同时,国内资本管制仍然有效,可以看到,2016年年底美元强势走高以来,央行不仅加大了直接参与汇率买卖的力度,提高了离岸市场做空人民币的成本,更采取了更多的行政手段限制资本流出,说明在资本流出风险加大的背景下,央行会在短期稳汇率与中期推动人民币国际化之间做出灵活选择。

第三,国内货币政策收紧,缩小了中美利差。当前防范金融风险已经成为重要任务,2017年上半年金融去杠杆的态势非常明显。央行多次上调中期借贷便利、公开市场操作逆回购、常备借贷便利等中短期利率,带动国内市场利率走高,而如今美国国债收益率有所回落,从利率平价的角度,相对收紧的货币政策会缓释美联储加息带来的影响。

第四,中国经济企稳。2017年一季度中国经济十分强劲,消费、投资、净出口都表现良好,上半年国内金融去杠杆力度的增加,使得二季度国内经济比一季度有所回落,但在全球范围来看,仍属于较高水平,且2017年全球经济有明显好转,对中国贸易的提升作用好于往年。同时,2017年净出口对中国经济的贡献由负转正,支持了中国经济企稳。

为什么人民币汇率预测错得离谱？

2017年9月11日，人民币兑美元中间价调升突破6.5，创2016年5月12日以来的新高。这使得不少看空甚至做空人民币的投资者损失惨重。

与2017年人民币波澜壮阔表现相呼应的是，2016年市场上关于人民币汇率的辩论也异常激烈。与当前的乐观声音大相径庭，2016年甚至2017年年初支持人民币会持续贬值的观点备受推崇，也占据主流，当时做空的势头非常猛烈，尤以海外对冲基金为代表，其中有观点认为2017年人民币会跌至7.3，还有观点认为3万亿美元是外汇储备生命线，稳汇率政策会迅速消耗外汇储备，使其很快不足2万亿美元等等。在巨大人民币贬值压力下，央行甚至不得不通过加强资本管制的措施以应对大规模资本流出的可能。

而在有关人民币汇率走势的几轮争论中，笔者一直是为数不多的几位坚持人民币没有必要以及也不会一次性大幅贬值的人士，看来这一判断得到了验证，不仅人民币贬值预期被扭转，政策方面的担忧也随之减轻，如央行于2017年9月宣布将外汇风险准备金率自20％调降至零，且取消境外人民币业务参加行在境内代理行存放存款准备金的要求，说明贬值警报得以解除。

回顾这次有关人民币汇率的争论，笔者不禁反思，为何大多数经验丰富的市场人士，甚至是不少曾经收益颇丰的海外对冲基金都站在了如今看来事实

的反面,损失惨重? 人民币汇率预测错的离谱的原因究竟又是对哪些形势的误判造成的? 原因大概可以归纳为如下五点:

对美元走势的误判

2016 年和 2017 年,人民币之所以面临较强的贬值预期,最主要原因在于美元走强。悉数近两年屡次汇改,很多情况下都是央行出于对美元升值的担忧,未有提前防范人民币大幅贬值预留政策空间的考量。如 2015 年"811 汇改"是在人民币纳入 SDR 篮子考核的关键时刻也是美联储开启历史性加息之前资金回流美国之际;2015 年年底央行发布 CFETS(China Foreign Exchange Trading System & National Interbank Funding Center,中国外汇交易中心暨全国银行间同业拆借中心)一篮子货币指数是在美联储加息临近之时;2016 年年底央行加大资本管制措施与年底美联储加息临近相关。而 2017 年 6 月美联储加息预期,央行修改中间价计算公式,加入逆周期因子,亦是央行对可能出现美元升值前景的提前防范。

然而,问题的关键在于对美元走势的把握是否准确。与一般经济学理论不同,笔者梳理了 20 世纪 70 年代以来的美联储七次加息周期后美元的走势,发现美元呈现出的并非是由于息差的变化影响资金流入,进而推高美元的态势,反而美元大概率是走弱态势。同时,美元指数已是八年来新高,出于周期性因素与美国经济环境、结构性转型缓慢等原因,强势美元已无法持续。其实,早在 2016 年年初美元便已经呈现走弱态势,但由于其后英国脱欧和特朗普胜选两大黑天鹅事件的出现,扭转了弱势美元的态势。2017 年黑天鹅事件的出清,使得美元重回疲软态势并不令人感到意外。而把握住了这一态势,便可以自然地得出人民币贬值压力会大幅减轻的判断。

对中国经济的复苏态势估计不足

2017 年下旬以来人民币升值幅度较大，除了美元疲软，以及早前出台的一些资本管制措施以外，与中国经济企稳回升同样密切相关。

通过跟踪与投资相关的诸多指标，如挖掘机销售、发电量、铁路货运量、工业企业利润、重型卡车销售等多项经济指标，笔者发现，2016 年三季度以来，上述指标呈现明显上行的态势，不少指标在上半年接近甚至超过 2009 年时期的高点。伴随着基建投资以及各类 PPP 项目加速落地，去产能使得制造业投资有所反弹，以及 2017 年房地产投资对增长的拖累有限等等，投资成为支持中国经济增长的主要动力。

除此以外，中国经济整体向好也罕见地得益于三驾马车的支持。2017 年上半年中国净出口对增长拉动转正，体现了海外经济回暖的影响；除此以外，消费结构升级有所体现，企业盈利情况改善，民间投资回升，这些都使得本轮经济得以反弹。2017 年上半年第一、二季度同比增速均达到 6.9%，GDP 增长结束了 2014 年年底以来的逐季下滑态势，超过 2016 年各季度的增速。得益于基本面的转好，人民币吸引力增强，2017 年上半年人民币一路走强，超出预期。

对美国特朗普政策的期待离谱

2016 年年底的美元行情可以说是特朗普行情，但这种升值其实透支了政策利好，很难持续。果不其然，2017 年特朗普经济政策落实缓慢，政治丑闻频发，社会矛盾的激化都使得预期反转，支持美元由强转弱。

例如，特朗普医改提案失败，税改推迟以及基建投资面临高涨的债务堆积制衡等问题。而政治方面的丑闻接二连三,特朗普首席战略师班农的离职以及 2017 年 8 月重要职位的人员频繁更迭,使得特朗普政治前景充满不确定性,甚至是否会出现又一个"水门事件"亦在讨论之中。同时,代表着美国极右势力剧烈回潮的弗吉尼亚州夏洛茨维尔骚乱,亦是社会矛盾激化的表现。市场由此产生的担忧情绪,很难由于短期内美联储货币政策收紧而有明显改观,进而对美元形成冲击。

2017 年年初对欧洲经济的判断过于悲观

近一两年,笔者与国内学者和投资者交流时大多能感受到,国内投资者看好美国经济的居多,认为美国经济复苏稳健,高科技企业和技术创新是支持其增长的核心竞争力;而大多数投资者对于欧洲经济并不乐观,不仅是由于欧债危机之后经济低迷,更多的是出于对欧洲政治前景的担忧,且 2016 年英国脱欧黑天鹅事件的发生使得欧盟内部疑欧情绪再度高涨,更加坐实了这种悲观情绪。

然而,美国经济虽然持续向好,但已被市场乐观预期所充分反映,甚至有被高估的成分,反而是欧洲经济有诸多亮点,只要法国大选没有出现极右政党上台的黑天鹅事件,欧盟除英国外将有超出预期走向复苏的可能。如今来看,上述判断得到了充分证实,2017 年欧洲经济的复苏是普遍的,政治上也在向好的方面转变,在此背景下,欧元 2017 年走势势如破竹,对美元涨幅高达 15%,超出早前市场预期。

对危机理论的认识存在偏差

近一两年有关汇率的讨论大多数是见仁见智,但有些海外做空的观点却明显有悖于常理，难以自圆其说。例如，在 2016 年人民币贬值压力较大之时，有做空的声音提出中国外汇储备是虚假的，因为包括了对中投公司的注资等，但只要认真核查就会发现这一说法的错误，真实的情况是这部分注册早已被扣除，并非外汇储备的一部分。然而，这样的言论当时曾引起很大的恐慌。

同时，在 2017 年年初人民币再度面临贬值压力时，又有耸人听闻的海外做空观点提出，央行需要在保汇率不跌破 7 和外汇储备不跌破 3 万亿美元生命线之间做出选择，甚至有观点认为，应将 3 万亿美元外汇储备作为货币政策的锚。这样的提法将保外储和保汇率地位等同起来，其实增加了对货币政策操作无谓的约束。事后的情况是，人民币贬值预期扭转之后，外汇储备已经连续 7 个月回升，保汇率还是保储备二者只能取其一的观点也被现实证伪。可见，判断汇率走势，应该立足于在事实与经济理论的基础上认真分析，才能去伪存真。

因此，2017 年人民币汇率能够扭转大幅贬值预期进而企稳来之不易，外美元走势转变是重要外因，同时国内经济复苏态势向好，国内采取的货币收紧政策以及资本外流限制政策等都起到重要作用。在此背景下，反思近一两年汇率讨论的一些观点与争论，特别是纠正一些海外做空观点的误区，有助于为未来更好地认清和把握汇率形势提供参考。展望未来，人民币大概率会保持稳定。

第六章

量化放松的功与过

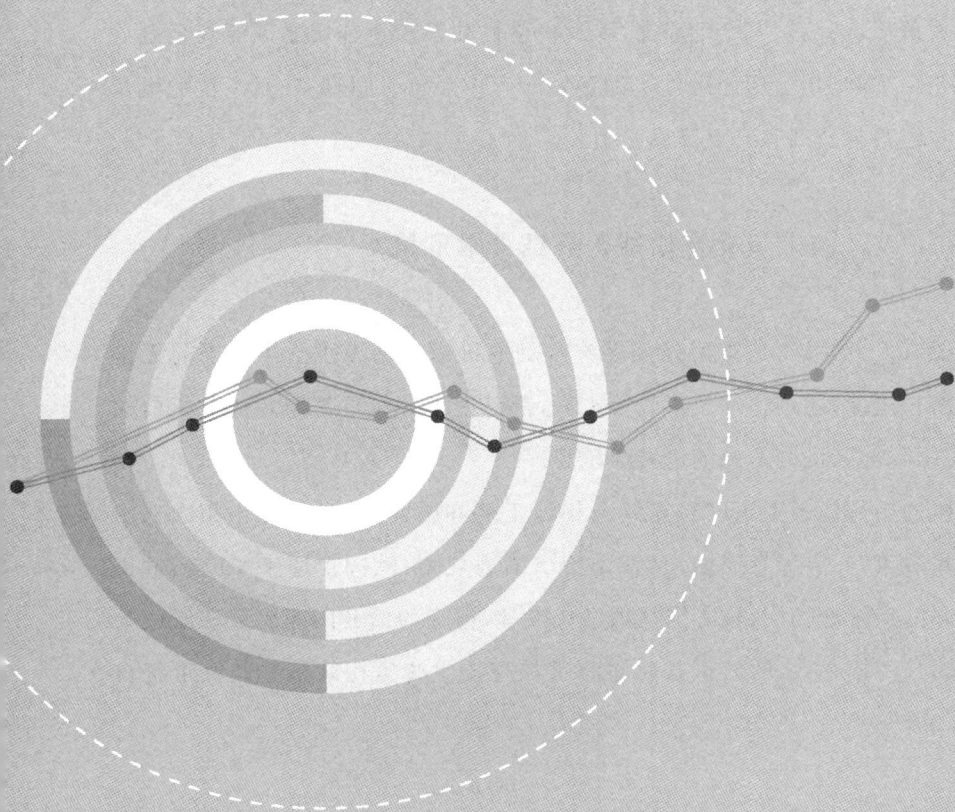

金融危机十周年的三点反思

金融危机是不幸的,其短期内造成的经济急剧下滑、失业大幅攀升以及资产价格缩水的负面影响,使大部分群体都遭受损失。但是,危机又为理论创新提供了土壤,几乎每一次金融危机都会催生新一轮的理论繁荣,正如凯恩斯理论之于大萧条,供给学派之于滞涨,以及华盛顿共识走下神坛之于亚洲金融危机。如今距 2008 年全球金融危机的爆发已有十余年时间,笔者对本次危机及各国应对经验与教训有三点反思。

量化宽松能否终结金融危机?

可能有人会惊讶,这难道是问题? 金融危机当然结束了。毕竟当前无论从经济增长指标,还是各国救市政策来看,都已经十分接近甚至超过危机前的水平,而国际金融机构的态度也转向乐观。

危机的始作俑者美国已经连续七年处于复苏区间,并在近几年相继退出量化宽松政策,开启加息周期,且开始给出缩表规划;欧洲也迎来了欧债危机以来最好的经济增长期,核心国德国增长稳健,曾经的债务国西班牙一跃成为欧元区增长的排头兵,欧元区甚至也将很快退出量化宽松政策。新兴市场自不用说,IMF 认为新兴市场国家过去几年对全球经济增长的贡献率超过50%,特别是金砖国家,是全球经济复苏的重要引擎。

然而,虽然经济指标有所恢复,但危机的影响却远未消除,难以称之为走出危机,反而近年来去全球化思潮的兴起以及恐怖主义袭击频发等现象让笔者反思,危机的后遗症可能刚刚开始。例如,危机之前,全球化理念得到了普遍认同,但危机十年后的今天,越来越多的民众把危机带来的痛苦归因于全球化,英国脱欧、特朗普上任这些黑天鹅的出现说明反建制、反精英、反全球化的势力之强已然超出预期。

这一新情况的出现与各国应对危机的政策密切相关,实际上,危机使得各国把货币政策应用到了极致,如量化宽松、负利率打破原有理论框架,但在增长恢复的同时,却伴随着资产价格的上涨以及贫富分配的不均,可以说,正是这种劫贫济富的政策催生了公共政策领域的危机,政治上黑天鹅频出说明十年金融危机并非结束,而仍在持续。

危机削弱中国竞争力了吗?

毫无疑问,金融危机的爆发,曾给中国带来重创。从 2007 年高达 14.2% 的增长,一路下滑至 2009 年最低时的 6.4%,东南沿海大量外贸工厂倒闭,工人失业,中国不得不采取紧急的"四万亿"经济刺激计划以及十大产业政策,以防范危机的蔓延。

但对比之下,金融危机对中国危中有机,给了中国在全球弯道超车的机会。十年后的今天,我们看到,中国在全球的竞争力不仅没有削弱,反而大大增强,国际话语权也有明显提升。

这主要体现在,中国对全球经济的贡献从危机前 2006 年的不足 20%,上升到如今的近 30%;中国出口虽受到危机的影响,但从与其他国家的横向比较来看,竞争力反而提升,十年间,中国出口份额占比从 2006 年的 8.1％上升至 2015 年的 14.1％。相比之下,一些主要发达国家表现黯淡,十年来,美国出口在全球的占比基本稳定在 9％左右,德国出口占比则下降约 1 个百分点至 8％,日本出口份额亦从 5.4％下降至不足 4％。

与此同时,中国在全球范围内的相对高速增长,也带动同期收入水平的提升,激发了中国居民的消费潜力。从零售市场来看,2006 年中国的市场份额仅有 1 万亿美元左右,是美国市场份额的四分之一,而 2016 年中国的零售市场已经约 5 万亿美元,接近美国市场份额。以美国最大汽车公司通用销售为微观例证,2007 年通用公司的销售来自美国的市场份额是中国的 4 倍,但 2016 年通用在华市场销量超过 387 万辆,中国连续七年成为其全球最大市场。上述变化也让笔者坚信中美之间可能有局部的贸易摩擦,但不会爆发大规模贸易战。

与此同时,经济上竞争力的增强也使得近年来中国在金融与全球治理方面的话语权大幅提升。中国汇率制度改革对全球金融市场的影响在加大,其外溢性亦已被纳入美国货币政策走势的考量;"一带一路"、亚投行等倡议的提出,G20 会议、金砖国家领导人会议的举行,以及在美国特朗普政府反全球化背景下中国仍然坚持全球化战略等事件,均显示危机十年后,中国在全球治理方面正在发挥越来越强的领导力。

应对危机的刺激政策值得吗?

应对危机各国采取了不同的政策,但效果如何,如今仍有争议,并没有定论。中国前期通过"四万亿"经济刺激计划,避免了危机,但却产生了债务风险、产能过剩以及房地产泡沫等问题。如今警示中国风险的声音仍然不绝于耳,但即便质疑,也无法否认稳定的增长为十年来中国弯道超车、提升竞争力创造的机会。

同时，近年来中国在基建方面的投入也相当巨大，相比于短期较低的收益，高铁、机场、物流等基建投资的长期红利如今正在逐步显现。对比来看，发达国家的基建投入与财政刺激相对落后，直至杭州 G20 峰会，全球才就增加财政支出达成共识。而美国方面，由于长期基础设施的陈旧，特朗普提出的增加基建投入赢得了更多支持；相反，英国早前采取的紧缩措施增加了民众的痛苦，也间接造成了脱欧黑天鹅事件的出现。

中国金融风险不容小觑，但教科书中的危机并未如期而至，可能与中国危机以来创新货币政策实践操作联系紧密。

例如，与大多数国家货币政策单一目标制不同，中国货币政策有六大目标，有一定的灵活性；中国并未墨守"不可能三角"理论，选择资本项目有限开放、汇率有管理浮动和货币政策一定程度上自主独立的中间状态；以及创新货币政策框架转型，通过 SLF、MLF、PLS 等流动性工具，一方面支持金融服务实体经济，另一方面，通过短期利率走廊加中期指引，引导中国货币政策框架逐步向价格型调控转型；协调推进利率、汇率和资本项目可兑换，而非在上述改革推进上有明确的先后顺序等等。

综上表明，中国在应对危机的实践方面有一定的独特性，甚至有很多不同于传统理论之处。当然，目前来看这些措施的效果尚未形成共识，质疑声仍然此起彼伏。但不可否认的是，当前中国应对危机的实践很多得到了其他国家的认可，并竞相效仿。从这个角度来说，无论是对"四万亿"实施之初的过度赞美，还是近两年对"四万亿"政策的大举否定，在笔者看来，都有片面之处。而探寻上述三个开放性问题的答案也是危机留给经济学者的宝贵财富，值得持续深入的研究。

中美会重蹈日美贸易战覆辙吗？

  中美贸易关系是影响 2017 年中国经济的不确定因素。2017 年 6 月，笔者拜访日本客户时发现，东京投资者对中国会否陷入与 20 世纪 70—90 年代日美贸易战同样的困境感到担忧。

  当时美国的主要贸易顺差国是日本，两国贸易摩擦不断，最终促使日本妥协签订本币升值的广场协议，成为刺破后续经济泡沫的导火索。如今美国的最大贸易顺差国变为中国，中美贸易困境是否会像当年日美贸易战对那样，由此成为日本由盛转衰的转折点？

  对此，笔者认为，当前有不少有利因素使得中国避免陷入日本式的困境中。

  第一，中日市场规模对美影响不同。2016 年中国社会零售业总额已达到 33.2 万亿元（约 4.9 万亿美元），与 5.5 万亿美元的美国国内零售业总额差距甚小。同时，过去十年，中国居民可支配收入增速约是美国的四倍，居民储蓄总额约是美国的两倍有余，中国市场的广阔前景被全球包括美国企业看好。近年来，中国的智能手机、民用飞机、汽车、旅游等市场发展迅速。例如，美国通用汽车在华销量于 2010 年赶超美国销量，中国成其全球最大市场。这意味着，一旦美国发起全面贸易战，将不得不考量失去中国市场的代价。

相比之下,日本零售业市场规模相对较小,且多为自产自销,对进口产品的消化能力相对较弱,相应对美国的牵制较小。日本零售业市场在 20 世纪 70 年代初的市场规模仅约 833 亿美元,为当时美国市场规模的五分之一。后经高速发展的黄金十年,日本零售规模于 1985 年达到 4350 亿美元的历史高点,为同年美国的三分之一。之后随着 90 年代日本泡沫经济破灭,零售业市场逐步萎缩。时至 2016 年,日本零售业总额约为 1.2 万亿美元,为美国的五分之一。

第二,中日对美的出口产品构成不同。当前中国有一半出口来自外商投资企业,其中又约半数是美国企业。如若美国通过贸易战重挫中国出口,其实也间接打击了美国在华企业的产销和利润。正如李克强总理在 2017 年两会答记者问时提到的,虽然中方是贸易顺差,但企业生产的产品利润 90％ 以上被美国企业拿走了,中国的生产企业拿到的利润最低只有 2％—3％。而当时日本对美出口多为本国品牌,限制日本出口对美国企业的影响可以忽略不计。此外,日本劳动力成本远高于当时的亚洲“四小龙”及美国“后花园”墨西哥,美国在日本的工厂相对较少。

第三,中日应对方式不同,中国不会采取对美自动出口限额的措施。日美贸易摩擦 30 年,除去 20 世纪 70 年代初期的对立,大部分为日本单方面让步。70 年代,日本合成纤维产业的代表企业帝人、旭化成等,与美国合成纤维产业严重对立,双方均不让步。但自 1972 年 1 月,日美政府达成纤维贸易协定,日本纤维对美出口数量受到严格限制。其后日本步步妥协,在纺织、钢铁、半导体、彩电、汽车等各个领域开放本国市场,甚至自愿对美国提出限制出口的贸易协定也不在少数。

贸易战成为日本产业空心化的导火索之一。随着广场协议后日元升值,日本开始广泛在海外投资设厂,许多贸易争端行业直接到美国设厂。如为不触及 1981 年对美汽车出口 168 万台上限,日本三大汽车生产商均大规模在美设厂。日本经济产业省公布的数据显示,2015 年在美贩卖的日本汽车中 86% 为美国当地生产。

而对待中美贸易分歧,中国或会更加开放国内市场,同时通过在促进公平竞争、开放金融市场以及价格市场化改革等方面做出改变,以增加来自美国的进口,而非采取对美出口限额指数的方式。

第四,中日汇率政策的选择不同。广场协定后十年,美元兑日元从 1∶240 三年内跌至 1∶120,之后三十年以 1∶120 为中心波动,一度触及 1∶80。日元大幅升值促使日本政府采取了过度宽松货币政策,引爆了后来泡沫经济破灭。而中国政府自 2016 年以来一直致力于维持汇率稳定,尽力避免通过汇率波动的方式来调整贸易。

此外,美国对华巨大的直接投资,中国持有 1.12 万亿美元美国国债,以及美国对华服务出口顺差高达 333 亿美元等因素,都给中国提供了更大的回旋空间。

美元的拐点真的到来了吗？

2016 年黑天鹅成就了美元升值

2017 年，美元未能延续 2016 年下半年的上涨势头，即便在 2016 年年底美联储再次加息以及 2017 年有三次加息预期的背景下，仍不涨反跌。历史经验显示，美联储加息之后，美元未必走强，相反，美元走弱反而是大概率事件。

实际上，2016 年美元虽然整体保持上涨态势，但主要源于两大黑天鹅事件的出现，即英国脱欧和特朗普胜选。前者由于市场担忧引发欧盟其他国家支持脱欧的极端政党崛起，导致欧盟一体化进程出现衰退，因此欧元、英镑一度大跌，美元走强；而后者则是市场对特朗普基建、减税、放松金融监管等政策或将推高美元的预期强烈反应。因此可以观察到，2016 年上半年美元实际上在 2015 年美联储时隔十年首度加息之后下跌了 2.78%。而在英国脱欧公投与特朗普胜选之后两个阶段，美元扭转了弱势，转为强势上涨。

然而，笔者一直认为，美元是强弩之末，主要原因在于 2017 年这轮美元周期从美元最低点 2009 年算起已经持续了八年；美国经济反弹存在货币政策依赖，结构性改善有限，美国经济未必能承受过强美元，且前期过度透支美元利好等。因此,即便是 2016 年下半年美元因两大黑天鹅事件扭转了下跌态势,恐怕也只是将美元下行周期推后而已。

2017 美元拐点与欧元复苏背后的原因

2017 年是美元拐点和欧元复苏之年,全球金融市场的变化也恰恰佐证了这一判断。具体来看,一些新的变化如下:

第一,市场高估了美国经济复苏和特朗普新政预期。

从经济层面观察,虽然美国经济增长仍保持着较高水平,但已被充分预期,相反,欧洲与日本的经济活跃度明显上升,大大超出市场预期。IMF 在 4 月 19 日发布的《世界经济展望》报告上调了多数主要国家的经济增速预测,对欧元区、日本、英国 2017 年预期经济增速分别上调了 0.1、0.4、0.5 个百分点,但唯独对美国预期维持 2.3％不变,显示对美国经济前景并没有十分乐观。

从政治情况来看,特朗普显然让美国政治的不确定性进一步加强。这不仅体现在其竞选宣言落空,信誓旦旦的政策目标屡屡碰壁,更体现在其政权的稳定性如今也遭到质疑。如果对特朗普完成四年任期都存在不确定性,那么早前对其新政抱有过高预期,特别是乐观的美元,显然会面临重创。

第二,欧洲经济与政治明显好于预期,利好欧元。

作为占美元指数权重 57.6％的欧元,近来已出现回升迹象。一方面,政治黑天鹅事件渐行渐远。马克龙战胜勒庞当选法国总统,默克尔连任德国总理,这些都有助于捍卫欧洲一体化成果。

另一方面,欧元区火车头德、法经济向好的态势更是显而易见。欧元区 2017 年一季度季调后 GDP 季率终值为 0.5％,GDP 年率终值为 1.7％,显示欧元区经济已经在复苏的轨道上。其中,德国的复苏更是非常强劲,德国政府上调 2017 年对德国经济的增长预估,从之前的 1.4％上调至 1.5％。而由于经济扩张超过劳动力增速,德国一季度职位空缺数创历史新高,突破 100 万个;2017 年 2 月德国工业生产较前月上升 2.2％;ZEW 经济景气指数[①]和 IFO 经济景气指数的 4 月数据均接近 2011 年的历史最高值;制造业、出口均表现强劲等等。

此外,欧洲央行政策目标之一的通胀率也出现显著回升。2017 年 4 月欧元区 CPI 同比增长 1.9％,核心 CPI 按年升 1.2％,近一年以来首次突破 1％,创下 46 个月来最高。与此同时,欧洲劳动力市场的各项指标也有所恢复,欧元区就业人数持续增加,失业率触及 2009 年 5 月以来新低。通胀与劳动力市场表现意味着欧央行退出量化宽松政策的时间表有望提前。

第三,非美元货币表现积极。

除了欧元以外,日元在美元指数权重中位列第二位,占比为 13.6％。当前,日本经济因强劲的出口和工业产出而明显反弹,2017 年第一季日本经济环比年率增幅 2.2％,为一年来最快增长,也是连续 5 个季度实现了经济扩张,IMF 等国际机构与日本央行均上调了对日本经济前景的预判。有报道称,日本央行已在内部讨论,当非常规的货币刺激政策结束时可使用哪些工具及未来退出极宽松政策会有何种影响。

此外,新兴市场国家货币一改 2016 年对美元走贬的态势。2017 年以来,墨西哥比索领涨 9.7％,俄罗斯卢布升值 7.2％。同时,人民币兑美元中间价 2017 年一季度升值 1％,与中国经济企稳、货币政策收紧等密切相关。

全球货币新格局对中国的影响

2017 年美元走弱,欧元走强的趋势出现,对于中国是个利好。从直接影响

---

① 　ZEW 经济景气指数是位于德国曼海姆的一家德国公司——欧洲经济研究中心(ZEW)每月向 3500 位金融方面的专家进行调查得出对德国经济的中期预测。

来看,显然近两年人民币贬值压力较大,资本外流压力也明显显现,加大了金融风险。而央行也不得不采取临时的资本管制措施,让步部分货币政策独立性以对抗资本外流态势。甚至 2016 年年底,人民币贬值较大之时,市场争论央行将不得不在保汇率不跌破 7 和外汇储备不跌破 3 万亿美元生命线之间做出选择。

外汇储备下跌与人民币汇率大幅贬值预期密切相关,3 万亿美元外储并非生命线,确保汇率稳定有助于防范大规模资本外流和金融风险。2017 年 4 月中国外汇储备增至 3.03 万亿美元,延续了 3 个月的回升态势,显示在人民币汇率稳定的背景下,当前资本外流压力已经明显减小。

更进一步,这也有助于重启人民币国际化改革进程。2017 年年初,中国加大了资本管制,以防止资本大规模外流,但也引来市场对于人民币国际化倒退的质疑。资本管制的利弊并非泾渭分明,关键在于度的把握。

虽然资本管制短期难免挫伤投资者对改革的信心,但如果以一定的资本管制避免了币值大幅贬值的预期以及大规模资本流出的冲击,则是权衡利弊后的结果,从长期来看,反而有助于赢得投资者对中国经济稳定的信心,并为推进改革赢得缓冲时间。实际上,亚洲金融危机发生后,IMF 也曾反思以往提倡的资本项目完全可兑换主张,并提出资本项目基本可兑换的目标。

毫无疑问,当前人民币大幅贬值与资本大规模外流压力有所减轻,是个有利条件。在此背景下,进一步加强资本管制的必要性下降,而重拾人民币国际化改革进程恰逢其时。可以看到,2017 年 2 月,央行积极表态"打开的窗户不会再关上""人民币国际化是一个中长期战略,要保持定力,稳步实现目标"。

同时,2017 年 5 月 16 日,中国人民银行和香港金融管理局发布联合公告称,决定同意内地基础设施机构和香港基础设施机构开展香港与内地债券市场互联互通合作,这是加大资本项目开放、促进资金双向流动的举措;而有报道称央行已在 2017 年 4 月初做出窗口指导,不再要求商业银行跨境人民币结算收付业务严格执行 1：1 的限制规定等便显示短暂停滞的人民币国际化进程有望再次加快推进。

因此全球汇率市场的新变化对于中国而言是积极的,有利于缓释前期资本外流压力,防范金融风险。

英国脱欧与美元周期拐点

2017年4月，英国首相特蕾莎·梅意外宣布提前大选，消息推动英镑对美元大涨，美债收益率随之大幅下挫，美元指数跌破了100。特蕾莎·梅违反不久前的表态依然宣布提前大选，虽在意料之外，却也在情理之中，因为这有望让她领导的政府抓住"脱欧"的主动权，使脱欧谈判向更理性、稳健的方向迈进。而美元在经历了2016年英国公投脱欧、特朗普胜选后的两度大涨之后，如今特朗普政策不及预期，欧洲政治与经济可能出现积极转变，新兴市场国家货币趋稳，都在预示本轮美元周期的拐点或已出现。

2016年美元虽然整体保持上涨态势，但最强走势主要体现在英国脱欧公决之后与特朗普胜选之后两个阶段。

然而，除去上述两大因素不谈，2016年上半年美元实际上在2015年美联储时隔十年首度加息之后下跌了2.78％。而即便是2016年下半年美元因两大黑天鹅事件扭转了下跌态势，恐怕也只是将美元下行周期推后而已。截至2017年4月，美元指数回落至99.513，实际上已跌回了2015年美联储首次加息时的水平。

展望未来，全球经济与金融市场的新变化，预示着欧元、英镑接近触底，强势美元的拐点也已到来。一方面，从经济层面观察，虽然美国经济增长保持了较高水平,但已被充分预期,反而是欧元区、英国、日本经济出现了更多积极变化。

2017 年 4 月,国际货币基金组织发布的《世界经济展望》报告上调了多数主要国家的经济增速预测,如对中国、欧元区预测小幅上调 0.1 个百分点分别至 6.6％和 1.7％,对日本则上调 0.4 个百分点至 1.2％,对英国增长则大幅调高 0.5 个百分点至 2％。唯独对于美国,IMF 表示美国部分数据增速降低,是经济疲软期,进而维持对其 2.3％的预测不变。

另一方面,从政策的角度观察,越来越多的迹象表明,特朗普新政已被过度透支,由于落实不及预期,加剧了美元走弱。例如,早前特朗普雄心勃勃废除"奥巴马医改"之举遭遇重挫,2017 年 4 月美国财政部部长表示特朗普政府的税改时间表或将有所推迟。此外,特朗普近万亿基建的资金缺口如今看来同样巨大。世人看到,特朗普推翻了上任之初的某些宣言,也表态现在的美元太过强势。诸此种种,显示前期强势美元存在逆转可能。

相对而言,欧洲的政治风险或有望进一步降低。说特雷莎·梅首相宣布提前大选并不出乎意料,是因为并非"民选首相"的身份,使特雷莎·梅在对欧盟开启脱欧谈判中面临着来自党内欧洲怀疑派阵营和英国民众的多重压力,她急切需要更强有力的议会支持及更为充分的时间来集中精力与民意,以慎重对待接下来为期两年的脱欧谈判。

而在唐宁街越来越严肃地开启与欧盟谈判的背景下,预计英国与欧盟的选择将会越来越理性,特雷莎·梅赢得大选后,预计会选择软脱欧而非硬脱欧的模式,欧盟的选择也可能更加务实,尽量符合双边利益,而非"伤其一千,自损八百"。

如今,英欧双方在脱欧"分手费",处于英国的欧盟公民与处于欧盟的英国公民身份合法性,英国与欧盟脱欧后在贸易、监管、劳动力地位等诸多方面存在很大的谈判空间与不确定性,即便有两年的谈判时间,要在上述焦点问题上达成完整协议也实属不易。但即便届时不能达成，预计也会有一些过渡安排，而不会出现脱欧悬崖。市场对于未来英国脱欧谈判的积极预期，已在英国宣布大选当日英镑大涨中可以看得很清楚。英镑占美元指数权重 11.9％，英镑反弹，支持美元走弱。

除此以外，作为占美元指数权重 57.6％的欧元，近来也有触底回升迹象。截至 2017 年 6 月，过去六年间，欧元兑美元下跌了接近 30％，经济与政治风向的转好，也在制约美元指数的上行空间。

日本的泡沫教训是否适合中国?

2017 年 4 月,笔者在东京与日本主流机构投资者进行交流,与 2016 年普遍对中国经济表示担忧明显不同的是,当前日本投资者大多对中国短期经济积极向好的态势已经比较认可,然而,对于未来中国经济前景,仍然存在很大的争议,特别是对中国房地产泡沫如何演化最为关切。很多投资者提出,当前中国房地产泡沫之所以值得担忧在于其与日本 20 世纪 80 年代的市场情况十分相似,而彼时日本轰轰烈烈的房地产泡沫最终破灭,此后经济陷入长达 30 年的低迷。

在笔者接触到的 80 后东京投资者中,他们自记事起便处于通缩的环境之中,就连身处于金融行业的研究人员也是坚信日本的房地产价格会下跌的居多。根据了解,他们目前的房屋需求主要以租房为主,购房者占比很低。房地产泡沫对他们而言仍然是挥之不去的阴霾。

东京投资者提出的几个问题颇为有趣:一是中国一线城市房价如此之高,到底是谁在与泡沫共舞,购房者是何种投机心态,又将是何等的富有?二是既然中国与日本房地产泡沫破灭前有诸多相似之处,中国房地产泡沫破灭是否也为期不远?

不少学者也有相似的认识与思考。记得在 2017 年 3 月底北京召开的中国发展高层论坛上，野村证券董事长古贺信行也提到日本房地产泡沫的教训以及和中国现在房地产泡沫的相似之处。他认为，相似的是住房贷款大量增加、土地价格的普遍上涨、劳动力不足导致潜在增长率下滑、本国货币流动性膨胀等因素。但是，古贺信行提出，由于中国影子银行贷款没有被充分写入资产负债表，中国居民对政府为国有银行金融风险背书有充分预期，以及中国汇率制度与资本管制等方面都与日本不同，一旦出现问题，可能给中国带来比日本当时更大的冲击。

而在东京游学的 FT 中文网首席评论员徐瑾写过《一切从日本桥开始：东京房地产泡沫启示录》的专栏文章，文中也对中日房地产泡沫做了生动的刻画。她在文章中提到，当前日本朋友普遍认为当下的中国类似于 20 世纪 70 年代或者 80 年代中期的日本，也有研究房地产泡沫的教授认为此时的中国比较像日本的泡沫时代。当然，如何避免重蹈日本覆辙是中国政策制定者和经济学者都在思考的问题，答案是两点：一是不让泡沫大到无法收拾，二是避免强硬刺破泡沫，这或许也是当下防止中国出现日本式衰退的一些共识。

那么，日本的泡沫教训是否适合中国？中国是否会出现日本投资者担忧的中日房地产泡沫殊途同归？目前看来，答案似乎并不清晰。这其中有一些经济基本面的区别，也有中国政府吸取日本教训而采取不同对策的原因，更与中国独特的家庭关系和买房者背景有关。

中国和日本在经济高速增长期结束、宽货币、僵尸企业占据资源、对美贸易顺差等宏观环境上存在诸多相似之处。

但是，两国政府对待房地产泡沫的态度是截然不同的。与当时日本强势加息，主动刺破泡沫相比，如今中国政府对待泡沫方面十分小心，正是有了日本房地产泡沫的教训，为避免出现日本式泡沫的结局，中国则采取不少行政手段打压房价持续上涨的势头，但避免刺破泡沫。纵观过去十几年，每次意识到泡沫的存在，政府总会出台措施，换得其后几年房地产市场的短暂平稳，没有出现危机。

有关购房者背景方面,中日也存在很多不同之处:

一是从近年来购房者构成来看,与泡沫共舞的也并非是投资者想象中的富人。由于中国一线城市,特别是北京、上海施行了严格的限购政策,一个户籍家庭只允许购置两套房屋。在这样的背景下,新增房屋购置者大多为首套刚需,如购置婚房;此外,购置二套改善型需求在一线城市也比较普遍,如购置学区房,或为父母购置养老住房。可以发现,这部分人以城市中产阶级为主,并非富豪。相反,据观察,近年来不少有多套存量房的富人阶层不乏卖房,移民或投资海外的案例。

二是中日购房者的购房资金来源不同。对于东京的投资者,似乎很难想象,中国普遍存在父母举全家之力为子女在一二线城市购房而倾其所有的现象,通过父母支持购房首付、子女还贷的模式在东京投资者看来很难理解。同时,中国一线城市女性的劳动参与率要明显高于日本,老人为子女照顾第三代的现象在一线城市十分普遍,并由于父母到来,家庭人口增加,进一步催生了改善型房产的需求。而与中国文化明显不同,日本的父母几乎不会介入成年子女的生活,更不用说帮助成年子女购房,或者照顾第三代。

因此,中日房地产泡沫之下,购房者背景似乎不尽相同,一些简单的硬指标对比往往不能反映二者背后的背景差异。同时,通过上述分析又不难发现,中国特有的户籍制度、土地制度、税收制度亦对房地产市场泡沫形成巨大影响。

甚至基于此,中国民众形成了国家为房地产牛市背书的预期,加之前几年去库存政策使得信贷政策对购房市场的支持加大,诸多因素共同导致了尽管中国房地产市场已经泡沫化,但短期看来这个泡沫不仅不会破,而且会继续膨胀。要控制泡沫,短期的限购已经越来越没有效果,或许更多供给侧改革,特别是土地改革、户籍改革、房产税等税制改革的长效机制建设已显得尤为迫切。

本轮美元周期已经接近顶点

美元周期历来与全球金融市场联系紧密。细数过去四十余年每轮美元涨跌，都引发了同期全球资本流动的加剧。回顾当下，美元指数自 2014 年强势上涨以来已经涨幅超过 25％，而从 2009 年前期低点反弹以来，也已经经历了近七年的整体上涨周期。一般来看，历史上美元走强或走弱阶段平均为六七年，但 2016 年美国总统特朗普上任和英国脱欧事件的出现，延长了本轮美元上涨周期，推动美元继续走高。

展望未来，伴随着特朗普新政受阻，欧元区经济有所改善且政治不确定性有所降低。美元指数或已经接近本轮周期的顶点，美元强势态势的趋缓，对防范人民币大幅贬值与资本大规模流出有利。在外部经济环境趋好的背景下，中国加快供给侧改革，推动京津冀规划，抑制房地产泡沫与去杠杆等应该把握较好的外部时机。

美元周期与全球资本流动的历史规律

不容忽视的是，美元走势与全球资本流动历来联系紧密。自 20 世纪 70 年代初，"尼克松冲击"打破布雷顿森林固定汇率体系，金本位制度让渡于美元本位制度的近四十余年间里,全球资本流动的急速变化与美元周期关系紧密。在笔者看来,这一现象并非巧合,而是有其制度性原因。

具体来看,20世纪70年代初以来,美元大起大落时期,全球经济与资本流动大致出现了如下重要变化(见图):第一阶段(1971—1979年):美元下降周期。伴随着"尼克松冲击",美元相对世界其他主要货币一次性贬值15%,从此美元进入持续贬值周期。自1971年8月到1979年年底,美元指数贬值27%。与此同时,伴随着美国和全球货币供应量的急速增长,同期石油、贵金属、基础原材料价格飞涨,美国经济和世界经济陷入史无前例的"滞胀"。

第二阶段(1980—1985年):美元强势上涨周期。为摆脱滞胀,1979年保罗·沃尔克就任美联储主席,强力提升利率,将美国推向了强势美元时代。截至1985年2月,美元指数曾一度高达158,导致本轮美元上涨幅度超过80%。然而,同期全球金融市场却动荡不断,最为有名的是拉美债务危机。尽管外债过高是爆发拉美危机的内在因素,但早前弱势美元导致的资金源源涌入与美元强势回归后资金的大举撤出成为危机的加速器。

第三阶段(1986—1995年):美元下降周期。由于20世纪80年代以来,美国经济面临着贸易赤字和财政赤字的双重困扰,到1985年,美国政府试图运用综合贸易及竞争法案干预外汇市场,促使当时世界第二大经济体的日本货币升值,以挽救日益萧条的制造业。广场协议后日元大幅升值,国际资本在高利润的驱使下,大举投资日本的股市和房市,泡沫经济离实体经济越来越远,终于导致最后日本泡沫危机的爆发,日本经济陷入长期衰退期。

第四阶段(1996—2001年):美元上涨周期。美国互联网经济的全面爆发使得1996年美元开始进入上涨周期,当时以美国为首的信息科技革命吸引大量资金重新流回美国,参与直接投资和证券买卖。同期,大量国际资金流回美国也加剧了亚洲市场资本流出,最为著名的是1997—1998年的亚洲金融危机,当时亚洲各国资产泡沫加速破灭,经济与金融体系遭受重创。

第五阶段（2002—2008 年）：弱势美元周期。伴随着 21 世纪初的网络泡沫破裂，以及其后的"9.11"恐怖袭击，投资者对美国经济和美元的信心深受打击，资金开始大规模流出美国。而为防止美国经济陷入持续衰退，美联储在 2001 年连续 13 次降息，创下了 1981 年以来"最为猛烈的降息轮回"，直至 2004 年 6 月，为防止通胀，格林斯潘与其继任者伯南克相继启动了 17 次加息。

第六阶段（2009 年以来）：强势美元周期。对此周期划分，市场上比较有争议，有观点认为此次美元周期应从 2014 年美联储加息预期出现后美元强势反弹开始，但笔者倾向于把本轮周期的起点从 2009 年美元最低点 74.2 算起，原因在于当时国内抛售美元资产之声日盛。其后伴随着金融危机蔓延至其他国家，美元有所反弹，直至美联储三轮量化放松，美元才有所走弱，但仍未跌破前期低点。而近两年美元强势上涨，更是引发了非美元汇率大幅贬值，人民币贬值与资本流出压力亦骤然增加。

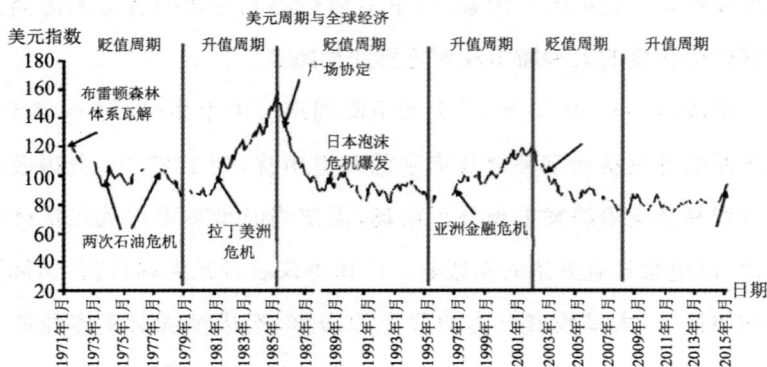

美元与全球金融市场波动联系紧密图

美元或已经接近周期顶点

既然美元走势与全球资本流动的关系如此密切，那么，市场必然关心持续多年上涨的美元何时会迎来拐点？笔者倾向于认为，2017 年的美元已经十分接近于周期的顶点，预计延续前两年持续大幅攀升的概率不大，2018 年甚至有可能走弱。支持这一判断的主要有如下几点理由：

第一，前期美元强劲上涨一定程度上透支了利好政策。如果按照 6—7 年的周期来看，2016 年年初美元已经呈现疲软态势，但 2016 年下半年由于全球黑天鹅事件频发，间接推动了美元重拾上涨态势。数据显示，2016 年上半年美元整体走弱，美元指数贬值 2.78％，最低时曾下探至 92.6。而下半年美元整体保持升值态势，美元指数升值 6.7％，最高时超过 103。

展望未来，实际上，前期市场上对特朗普新政落地的预期似乎过于乐观。2016 年年底美元走强其实很大程度上提前透支了乐观预期，一旦特朗普新政落实并不顺利，美元就可能出现反转。而特朗普医改议案以失败告终，美元随即走弱，证实了这一担忧。

第二，美国经济似乎也难以承受过强美元。从基本面来看，美国经济虽然有所反弹，但考虑到美元指数自 2010 年至今已经是八年来新高，美国经济，特别是制造业和出口未必能够承受过强美元。实际上，美国经济的复苏也有很强的货币依赖，房地产与金融是复苏的主要动力，但结构性转型缓慢，美国贸易赤字的下降主要得益于页岩气革命带动的能源贸易逆差大幅缩减，非能源贸易逆差甚至高于危机之前。此外，再工业化进程缓慢，美国高消费、低储蓄的情况也没有明显改观。

第三，欧洲经济与政治也出现了一些积极迹象。欧元占据美元指数权重一半以上，2011 年至 2017 年六年间，欧元兑美元下跌接近 30％，但不难观察到，最近一阶段时间，欧洲悲观的情况有所改善。

当然，有观点不同于这一判断，主要基于以下两个因素：即美联储加息以及美国重回里根强美元时代的历史经验。对此，笔者认为，一方面，美联储加息与美元走强并无必然联系。虽然美联储 2017 年共有三次加息，但在笔者看来,加息对美元升值的推动也是有限的。笔者详细梳理了 20 世纪 70 年代以来七轮美联储加息周期,与普遍预期相反的是,每轮加息后美元未必走强,相反,美元走弱在过去四十余年中是大概率事件。

另一方面,笔者认为,特朗普时代与里根强美元战略时期也有明显不同之处。一是经济背景明显不同。里根上任初期,即 20 世纪 80 年代,美国经济十分悲观,GDP 从 1976 年的 5.4％逐年下降,直至里根就任之前的 1980 年美国 GDP 仅为－0.2％,经济处于衰退之中。但如今情况大不相同,特朗普上任之前,美国经济早已从 2008 年金融危机的阴霾中恢复,通过几轮量化放松政策,美国经济已积极向好并持续数年。

二是美元周期的波幅有所收窄,美元波峰再难回到当时顶点。通过梳理 20 世纪 70 年代初以来美元走势大体上经历的几个阶段发现,每轮周期中,美元的波幅是逐步收窄的。例如,相比于 20 世纪 80 年代的美元周期峰值 160,2001 年美元周期性峰值下降至 120,比前一周期高点有所回落。这或许与全球货币体系改变,特别是 1999 年欧元推出,美元指数标的从十个国家减少为六个国家有关。从这个角度来说,本轮美元周期的顶点也很难回到里根时期。

改革面临良好外在时机

因此,在 2016、2017 两年间,美元已经十分接近周期顶点,延续前期强势上涨态势的可能性不大,2018 年甚至可能出现走弱态势,而这有助于缓释前期人民币贬值与资本流出的较大压力。同时,2017 年 4 月的中美两国领袖首次进行非正式会晤也有望减少中美贸易战阴霾。外部经济环境的好转是个机遇,未来两年中国将迎来改革的良好时机。这其中改革的重点包括人民币国际化进程,中国人民银行行长助理张晓慧曾在 2017 年年初《货币政策回顾与展望》一文中,提及传统的"三元悖论"可能正在向"二元悖论"转化,暗示央行货币政策或将防范资本大规模流动冲击实体经济纳入重点考量。

但在资本流出压力减缓的当下，央行多名官员对人民币国际化又重拾积极态度，包括中国人民银行副行长潘功胜提到"打开的窗户不会再关上""改革不能仅有目标，还要有达成目标的策略"，中国人民银行副行长易纲表示"人民币国际化是一个中长期战略，要保持定力，稳步实现目标"。

考虑到未来一段时间，人民币贬值压力有所缓解，预计加强资本管制的必要性下降，但未来决策层在资本管制上会更加细致，对项目进行甄别，对一些被认定是为非理性的投资会加大监管，但满足资金汇出条件的利润汇出有望受到鼓励。

此外，预计中国会对美国企业长期以来对中国市场存在差别化待遇、政策壁垒等方面做出回应，在对外开放、产权保护、促进市场公平、减少贸易壁垒等方面做出改变，以一定程度上增加美国商品与贸易进口作为积极表态。

2017年以来，国内经济增长态势良好，但却面临着房地产泡沫与杠杆率增加的风险，外部压力减小是实施加快改革的时机。例如，在房地产方面，2016年房地产资产价格的攀升，也与同期资本管制、人民币贬值的背景下，避险情绪加大，居民追逐相对安全的一线城市房产有关。但毫无疑问，泡沫对经济存在隐忧，依靠限购等行政手段稳定市场只是短期之法，长效机制的推出则更为迫切。

引领全球化中国需处理好三层关系

2016 年全球黑天鹅事件频出,特朗普胜选、英国退欧都远超传统政治与学界精英的预期,让人担忧维持数十年的全球化趋势会发生逆转。而以往正是借助于全球化进程,中国的资源要素得以在全球范围内充分交换,包括贸易、资本、信息、人员的自由流通,促进了中国生产力和收入的大幅提升。这在促进全球经济繁荣的同时,也为世界保持相当长时间的和平做出了贡献。

然而,如今全球化势头出现逆转态势,一个又一个政治黑天鹅事件在世界各地上演,如何看待全球化的未来? 中国在逆全球化的过程中,又应担当何种角色?

从观察到的观点来看,当前市场对逆全球化态势带给中国的影响有两个典型的判断。一种认为,美国放弃全球化战略对中国而言是莫大的机遇、天大的好事,中国可以扛起全球化的大旗,以提升中国的全球影响力与国际地位;而另一种观点则认为,中国过去 30 年的高速发展,与全球化的进程高度相关,中国在全球化浪潮中受益最多,一旦形势反转,中国首当其冲,前路将举步维艰。

上述两种观点都过多强调了问题的一面,而忽视了问题的另一面。既然逆全球化态势日盛的情况客观存在,认真分析未来逆全球化态势下,中国可能面临的机遇与风险，是更为理性冷静的应对之法。

毫无疑问，逆全球化态势并不符合经济规律，也很难在全球范围内受到广泛认同。正如习近平主席 2017 年年初在瑞士达沃斯世界经济论坛主旨发言中所指出的，困扰世界的很多问题并不是经济全球化造成的。国际金融危机也不是经济全球化发展的必然产物，而是金融资本过度逐利、金融监管严重缺失的结果。把困扰世界的问题简单归咎于经济全球化，既不符合事实，也无助于问题解决。

习近平主席在论坛上提到中国要适应和引导好经济全球化，消解经济全球化的负面影响，在笔者看来，这是一个积极的表态，表明中国在全球事务中正在承担更多的责任，如果应对得力，将有助于中国国际影响力的提升。

问题是如何引领全球化进程。笔者认为，应对可能存在的风险有所预期并做好充分准备，既要有所作为，又要防止过于冒进，增加自身风险，特别是需要慎重处理好以下三方面的关系，才能在引领全球化进程中走得更稳。

第一，处理好中美之间的关系。美国总统特朗普诸多贸易保护的言论，与中国开放市场、积极推进全球化进程的表态有较大的冲突，预计未来二者在全球化观念上不一致的情形会进一步增加。近年来中美两国不仅在高科技贸易限制、南海争端、网络安全等一系列问题上分歧不断，就连一向被视作中美利益交汇点的经济领域中的冲突也在增多，特别是特朗普对中国贸易顺差与人民币汇率操纵的指责，是矛盾升级的体现。

美国前国务卿基辛格将中美摩擦背后的实质归纳为"崛起大国与守成大国的传统冲突"，从这个角度来看，中美两国摩擦增加是历史必然，但两国也有很深厚的共同利益，对全球的繁荣与和平有广泛的影响，所以如何把握中美关系，考验政治智慧。

在中美贸易冲突方面，中国前期的沉稳应对，不急于出招，但通过稳定汇率，避免落入汇率操纵口实的做法是不错的。目前来看，特朗普一意孤行大打贸易战的可能性在下降。中国有广阔的市场，有很多重要产品的内需市场，也是美国诸多公司最重要的海外市场。借鉴早前美日贸易战的经验教训，未来加大开放国内市场，增加对美国进口而非限制对美出口，进一步开放金融和其他服务业，积极和美国谈判双边投资协定，都有可能减少中美贸易的冲突。

第二，处理好全球化与国内改革的关系。国际上有一种批评声音认为，中国虽然想引领国际化，但国内壁垒仍较为严重，而实际上贸易保护严重的国家难以承担引领全球化的重任。这个判断是有失偏颇的，但也提醒我们，当前中国在劳动力市场化、环保、国企保护、国家补贴、专利保护、利率汇率市场化等方面都存在一定的改进空间，改革也需要持续推进，才能更好适应与引领全球化。

但从另一方面，仍要警惕冒进思维，应坚持以自身需要为主，按照既定步骤稳步推进改革，切不可增加国内经济风险和打乱改革部署，应重视在全球化与国内改革方面协调推进。

第三，处理好项目收益与风险的关系。由中国提出的"一带一路"倡议和中国倡议的亚投行也是中国融入全球、加速开放的最佳体现。目前全球绝大多数国家对中国的"一带一路"倡议都是持赞许态度和希望积极参与的。

当然，"一带一路"倡议也应避免急功近利，毕竟全球领导力的提升是个自然渐进、水到渠成的过程，操之过急可能会适得其反，容易引发他国对安全问题的担忧。同时，也需要关注"一带一路"倡议推进中可能存在的经济风险，特别是面对不成熟政治经济体的投资，如何处理好项目收益与风险评估十分重要。

总之，在逆全球化思潮日益明显的当下，中国确实需要像中国领导人已经显露出的那样直面现实，敢于担当，发挥更多的责任。另一方面，对引领全球化可能存在的风险也要有充分预期，审慎处理好中美关系、全球化与国内改革的关系，同时审慎推进"一带一路"倡议，让全球化进程走得更稳，才能走得更远。

中美关系：阴云密布下的曙光初现

2017 年 2 月 9 日，白宫对外宣布，总统特朗普致信中国国家主席习近平，并给中国人"拜晚年"。次日，中美两国领导人在举行了特朗普上任后的首次电话会议，特朗普在电话会议中表态美中可以通过共同努力推动双边关系达到新高度，白宫方面将尊重"一个中国"政策。同时，白宫方面表示通话非常融洽，两位领导人都对对方国家人民致以美好的祝愿。

这些发展对于缓解两国紧张关系是个非常积极的信号，也为早前阴云密布的中美关系带来一线曙光。虽然当前中美贸易前景充满阴影，但在特朗普国内外"四面树敌"的背景下，暂时不要急于反应，保持开放的姿态，在人民币汇率稳定的前提下，关注自身发展并积极争取多边合作，或为中美双边矛盾激化提供缓冲和机遇。

虽然特朗普向中国示好背后的原因并不十分明晰，但特朗普与竞选前后对华态度上的转变似乎与以下两个因素有关：

一方面，总统权力受到制衡。例如，2017 年 2 月 9 日美国第九巡回上诉法院做出决定，拒绝恢复特朗普政府的旅行禁令，是对特朗普来势汹汹态势的一个反击。而这也显示，缺乏执政基础与传统建制派支持的新总统，未来国内外政策路线未必能如其所愿。政令受挫后的特朗普可能会在对中国态度上更加小心谨慎，没有选择贸然出手。

另一方面，美国智库也在"一个中国"这一原则问题上对特朗普晓以利弊。2017 年 2 月 8 日美国智库亚洲协会发布《美国对华政策：给新政府的建议》报告，这份 72 页的报告由著名的中国问题专家组成的美国两党特别工作组共同撰写。报告中称，特朗普接手的美中关系已经"处于危险的十字路口"。两个世界大国有可能走上"冲突的道路"。报告提醒美国政府，不要篡改一直以来遵循的"一个中国"政策，单方面放弃"一个中国"政策是极其危险的做法。

审时度势，权衡利弊之下，特朗普政府如今出现了一系列善意的对华举动，这有助于缓解两国紧张局面，并对稳定全球市场是个利好。这个结果亦是中国保持耐心、沉着冷静外交的成果。而展望未来，经贸方面，扑朔迷离的中美贸易关系又将走向何方？转折点是否已经出现？

笔者认为，此时谈及贸易战胎死腹中可能还为时尚早，还不可大意，至少需要对以下三方面保持关注：

一是特朗普是否放弃了对中国的贸易指责？此次两国领导人通话，虽然就一中原则达成共识，但并未对贸易与汇率问题进行过多探讨，给这一问题留下了悬念，但从特朗普雷厉风行地兑现除对中国贸易制裁以外的其他竞选诺言来看，前景并不乐观。

二是特朗普亚洲团队中基本都是对华强硬的人士，包括出任白宫国家贸易委员会主任的彼得·纳瓦罗、出任美国国家安全委员会亚洲事务资深主管的马修·波廷杰、出任美国贸易代表的罗伯特·莱特希泽等等，都是对华强硬派，对于他们未来代表特朗普政府对华态度的负面政策，也需要保持警惕。

三是美国跨党派的主流智库在中美贸易方面的建议也很强硬。《美国对华政策：给新政府的建议》报告虽然提醒美国政府不要篡改遵循的"一个中国"政策，却提及需要采取新的政策和外交工具，包括制裁、针对贸易争端的诉讼,以及采取对等措施应对美中贸易赤字。

中美关系改善于两国乃至全球经济稳定以及反击逆全球化态势都有重要意义。但考虑到特朗普向来行事武断,常常不按常理出牌,还需对中美贸易前景保持关注,希望最好的结果,做最坏的准备,以防止事情向不利的方向发展。

特朗普阴影下，中国如何应对？

2017 年 2 月，特朗普上任后一系列咄咄逼人的政策，使所有人都放弃了这一幻想：他的激进竞选只是为了竞选的承诺。宣布退出 TPP，宣布修建美墨边境围墙，NAFTA（North American Free Trade Agreement，北美自由贸易协定）重启谈判，威胁撕毁与澳大利亚的难民接受协议，指责欧元、日元和人民币受到操纵，推出针对伊斯兰国家的签证和难民禁令等，不仅否定现有美国乃至全球的基本政策构架，而且抛弃以往外交礼节与传统的双赢理念，处处奉行"以我独尊"的态势。短短一个月，便将美国外交和内政带入了混乱的状态。

于中国而言，中美贸易关系更是特朗普贸易保护新政的关键。尽管理想的分析很容易看到，特朗普对中国大打贸易战并非明智，也大概率会面临"伤人一千，自损八百"的结局，但从特朗普在竞选时就主要针对中国，以及当下采取的亲俄策略、声称捍卫美国在南海的"国际利益"等讯息来看，持"美国第一"口号的特朗普新政府很可能将最有杀伤力、最强硬的攻击手段预留给了中国。在对墨西哥下手后，美国对中国的贸易政策发难或为时不远，需要做好接招的准备。

直观来看，中国是美国最大的贸易逆差国，占据美国贸易逆差近一半，而2016 年超过 2500 亿美元的对美贸易顺差亦是贡献了中国贸易顺差的一半，对美国市场的高度依赖意味着一旦美国采取全方位的贸易保护手段,短期内中方难免会遭受重大损失。

特别是根据三大标准,即一是美国国内生产所占比重低的行业、二是美国有相对优势的行业、三是中国对美出口量大的行业来看,电子产品、电气设备和机械设备、钢铁、家具、纺织品等产业或将成为贸易战火力最集中行业,并一定程度上给经济增长与就业市场带来严重打击。

当然,也如早前讨论,贸易战的开启向来并非单向,考虑到每年美国对中国出口的飞机、电机电气设备和机器、机械器具等商品金额超过百亿美元,美国对华有巨大的直接投资,中国持有1.12万亿美元美国国债,是美国国债第二大持有国,以及美国对中国的服务业市场比较依赖,对华服务出口顺差高达333亿美元等因素,中国也有很大的回旋空间。可能这也是特朗普政府不敢轻易对中国出手的原因。

更进一步,山雨欲来风满楼之际,除了上述见招拆招、在贸易政策方面的直接回应以外,更多灵活的软回应与配套措施同样是面对黑云压境之时值得提前准备的。

首先是以国内快速增长的市场需求作为谈判砝码,并致力于扩大内需和对外开放以抵御外部风险。事实上,2016年中国的社会零售业总额已达到33.2万亿人民币(约4.9万亿美元),与5万亿美元的美国国内零售业总额差距甚小。而过去十年中国消费的年均增长率则高达15.4%,远超美国年均2.5%的增速。同时,过去十年,中国居民可支配收入增速约是美国的四倍,居民储蓄总额约是美国的两倍有余,中国市场的广阔前景被全球包括美国企业看好。

而近年来中国智能手机市场、民用飞机和汽车消费市场、旅游市场等发展迅速,如今已经位列全球第一。这意味着,未来美国若要发起全面的贸易战,将不得不考量失去中国市场的代价,而中国可以将日益扩大的国内消费市场作为最有力的谈判筹码与回击武器。

同时，考虑到当下中国对欧盟、东盟与日韩的出口量已十分巨大，很难找到与美国市场体量接近的替代市场，国内市场消化也是最重要的出路。从这个角度来看，铸造健康可持续发展的消费市场是政策发力的关键，未来一段时间，需要加大力度支持消费转型升级，提高中高端产品消费和服务品质，并配合新一轮服务业的供给侧改革，着力解决消费领域供需错配难题，增加内需以减弱外部冲击。

其次是保持积极的开放姿态，尤其是高科技和服务业，并通过软外交积极应对。在笔者看来，如果贸易战不可避免，一定程度上开放市场似乎是个积极表态，美国对中国虽然商品贸易逆差高企，但服务贸易却一直呈现顺差。2015年美国服务业对华出口额高达484亿美元，顺差为333亿美元。根据美国商务部数据，对华服务业出口在2014年为美国创造了27.3万个就业岗位。此外，对美国进口的增加，尤其是允许美国互联网巨头重新进入中国市场，可以大大增加中国的谈判筹码。这种情况下，美国的高科技公司、服务类公司或有一些获利，但这也可以提升中国的服务业发展水平和争取更多的盟友。

同时，在特朗普退出多边贸易协定的谈判，并呈现出明显逆全球化倾向之时，中国领导人提到的"适应和引导好经济全球化，消解经济全球化的负面影响"战略赢得了国际上的广泛赞誉，借此机会配合国内市场化改革与开放步伐的加快，对于展现大国担当与推动既定改革方案都是有利的。

再有，应择时调整汇率政策。目前市场上很流行并得到不少支持的观点是增加汇率弹性，释放贬值压力，让人民币自由贬值到位。虽然在常规情况下，笔者非常支持增加汇率弹性的做法，但当前货币政策需要多一层考虑，即在特朗普对待中美贸易咄咄逼人的背景下，短期内稳定汇率，避免人民币先贬值，不给特朗普留下对人民币汇率指责的口实。同时，做好最坏情况的打算，即美国单方面对华采取贸易制裁的情况下让汇率自由浮动的准备。如此，自由浮动极可能意味着一次性大幅贬值，即把人民币贬值策略留作后手。因此，择时调整汇率政策十分重要，先动受制于人，而后发制人反而增加应对砝码，二者效果有很大不同。

最后，对于任何特朗普政府的对华贸易制裁，不用急于反应，而是结成统一战线，联合多数支持全球化的国家和美国内部反对特朗普政策的势力，做出有效反制。可以看到，当前特朗普采取的不少咄咄逼人的外交策略并不得人心，对前任政府达成的国际协定与秩序也大多推倒重来，重创了国际信誉。

特朗普上任后，其领导的新政府便已经与传统盟友产生冲突，如特朗普表示欧盟是德国的工具，指责柏林利用被"严重低估的"欧元。在与澳大利亚总理的电话交流中，特朗普称奥巴马政府时期与澳大利亚政府达成的难民协议是"史上最糟糕的交易"，并称这次与澳大利亚总理的交谈"绝对是最糟糕的通话"。特朗普在对外交往上奉行"美国优先"，但也渐渐失去人心。

因此，虽然中美贸易前景充满阴影，且特朗普的对华政策充满不友好的预兆，但中国庞大的国内市场，以及高速增长的国民收入和储蓄，是中国应对可能的贸易冲突的最好武器。特朗普"四面树敌"的举动又恰恰对中国是个好事，为争取多边合作应对中美双边矛盾激化提供缓冲和机遇。中国最大的挑战还是在"逆全球化"趋势下，中国政府能否更坚定地实施国内的市场化改革和全方位的开放。

如何应对中美贸易战？

2017年1月底，特朗普上任后，国内舆论对于特朗普冲击并未有充分预期，凭借"让美国再次强大"口号胜选的特朗普上任后对中国未必有利，需要警惕其冲击。

特朗普组阁提名不少对中国强硬的鹰派人士，特别是提名曾出版两部专著专门抨击中美贸易关系、并支持给中国贴上汇率操纵国标签的彼得·纳瓦罗新组建白宫国家贸易委员会，凸显了日后中美贸易关系可能出现的紧张局面。

如何评价中美贸易战的可能性前景与双方的成本？贸易战一旦爆发，具体以哪种形式体现？对哪些行业影响最大？仔细研究这些问题，做好"应战"对策，方可争取主动权，防范贸易风险扩大。

贸易战对中国经济可能带来的损害

从中国方面来说，中美贸易战一旦出现，短期内难免会给中国经济增长和劳动市场稳定带来直接的负面影响，同时还可能给中国施加通缩压力及人民币进一步贬值的压力。

首先，中国对美国出口的依赖体现在多个方面。2016年，中国对美商品出口占中国商品总出口的 18％以及 GDP 的 4.4％。对美商品出口不仅集中在传统的劳动密集型产业上,如玩具、家具、纺织品的对美出口均占该行业全部出口的三分之一左右,并且随着中国制造业的升级,资本密集型产业如电子机械等对美出口也大幅增加,出口量甚至赶超劳动密集型产业。而对美出口为中国创造的就业机会也不可小觑。根据商务部、海关、国家统计局和外汇管理局共同发布的《全球价值链与我国贸易增加值核算报告》显示,2012 年每 100 万美元的对美商品出口可为中国创造 59 个工作岗位。

此外,2015 年中国香港对美国整体出口货值为 3422 亿港元,其中转口货值达到 3383 亿港元,考虑到香港转口来源地主要以中国内地为主,2015 年占据总转口额的 67％,预计内地通过香港转出口到美国的份额约 300 亿美元。

其次,中国对美国在技术进口以及融资上也有一定依赖。例如,中国进口的许多高科技产品,关键技术只有美国持有,一旦美国停止此类核心技术的对华出口,可能会对中国的产业供应链产生冲击。例如,英特尔和 AMD(美国半导体公司)在个人电脑中央处理器使用中非常普及,中国手机绝大多数亦安装全球定位系统,一旦爆发贸易战,中国在寻找此类技术的替代时需要一定时间。

除此之外,直接投资方面,过去十年美国对华的直接投资占中国全部 FDI 的 3.3％,十年内美资在华企业雇佣人数累计估计超过 100 万。同时,中国香港由于税收、法制等软环境,使得有相当一部分中美投资是通过香港作为"超级联系人"进行的,包括中资企业的对外投资与并购。考虑到 2015 年中国香港与美国双向直接投资头寸高达约 400 亿美元,其中包括很多中资企业对美国企业投资以及美国企业对中资企业投资,因此,真实的中美双项投资额度可能会高于中国官方统计数据。并且,随着越来越多的中国企业在美国资本市场融资,贸易战的爆发亦会对在美国上市的中国公司产生不利影响。

最后,估计难以找到美国市场的替代市场。理论上中美爆发贸易战后,中国对美国的商品出口会转向其他国家地区，但中国主要出口商品在其他几大出口国所占的比重已相当之高，进一步提高出口比例和市场占有率的空间极其有限。例如，日本从中国的进口占全部进口的 49.6%，韩国从中国的进口占全部进口的 40.7%，德国占 23.0%，英国占 22.7%，消化更多的中国进口相对困难，而非主要贸易国市场的自身需求又相对有限。

基于以上理由，如若中美之间当真爆发贸易战，短期内可能会给中国造成需求侧的巨大冲击。而经济增速放缓、失业增加等或许会迫使政策更加被动，也将增加人民币更大的贬值压力。而更悲观的一种情况是，稳增长压力加大使得政府不得不出台进一步宽松措施，错失结构性改革良机。

贸易战对美国经济可能的损害

贸易战显然对双方不利，一旦引起中国方面的反击，对美国而言，可能导致"伤人一千，自损八百"的结局。

首先，中国是美国继加拿大和墨西哥之后的第三大出口国。据美国统计数据显示，2015 年美国对中国的出口额高达 1161 亿美元，占美国商品总出口的 7.7% 以及 GDP 的 0.7%。美国对华商品出口不仅包括高附加值的工业产品，如飞机、汽车、电子设备，也包括资源型商品，如原木和谷物。此外，美国 2015 年对中国香港出口约 270 亿美元，其中也有相当一部分内地需求。事实上，美国绝大多数的大型跨国公司都视中国为重要市场。

根据美国商务部统计，美国对中国的商品出口为美国创造了至少 67.8 万个就业岗位，占全部出口创造就业的 10%。

中国服务业的出口对美国也十分重要，2015 年美国服务业对华出口额高达 484 亿美元，顺差为 333 亿美元。根据美国商务部数据，对华服务业出口在 2014 年为美国创造了 27.3 万个就业岗位。

中国对美国的直接投资也是连年增长,2015 年取得 80 亿美元的成绩。商务部数据显示,2015 年中国对美国的直接投资创造了 1.3 万个工作岗位,中国所有对美国投资则创造了 9 万个工作岗位。同时,诚如上文提到,如果考虑到中国香港"超级联系人"的角色,每年有相当多的中资利用香港作为并购和投资平台,真实的影响会更大一些。

综上,中国对美出口以及中国对美投资,总计为美国创造了至少 100 万个就业岗位,占美国非农就业总人数的 0.7%。

其次,美国同样依赖从中国的进口。美国从中国的商品进口占美国商品总进口的 21.3%。其中,从中国进口的机电设备占此类产品总进口的 40.8%,从中国进口的机械及机械设备占此类总进口的 32.4%。劳动密集型产业从中国进口占比更高,部分行业甚至高达 80%。从这个角度来看,短期内找到中国制造的完全替代品相对困难,贸易战将会推升美国人民的生活成本并提高通胀风险。

最后,虽然全球化对美国劳动市场造成了两极分化的冲击,但除非美国对全球所有出口劳动密集型商品的国家同时进行贸易战,否则低端制造业的美国回流将难以实现。

日美贸易战镜鉴

一旦贸易战爆发对中国有负面影响,美国也未必能得到实在的好处。但从现实来看,如今特朗普重用对中国的鹰派人士,显示对贸易战的可能性不可小视。

可能出现的情况与路径则是需要讨论的重点。以史为鉴,20 世纪 70 年代到 90 年代的日美贸易摩擦,与现今中美贸易摩擦十分相似,对其进行研究可以为了解中美贸易战爆发可能导致的后果提供借鉴。

日本在 1955 年加入关税与贸易总协定（GATT）后逐步实行"走出去"战略，并随着日本制造业的迅速崛起，在 20 世纪 60 年代中期开始与美国频繁发生贸易摩擦。

第一轮贸易摩擦起始于纺织品争端。由于日本纺织品的快速发展，其对美国出口及市场占有额逐步提高，对美国本土纺织品制造业形成威胁。为了回避矛盾，日本接受美国政府要求，实施了对美国出口的自愿限制，并且在 1971 年签订"日美纺织品协定"，以 1969 年为基准设置限制对美出口增长的范围。

然而，日美贸易摩擦并未就此止步，在进入 70 年代后，日美在钢铁领域开始争端不断。1974 年，美国政府要求日本自愿限制对美钢铁出口量；1976 年，美日签订特殊钢进口配额限制协定；1977 年，美国对日本五种钢铁提出倾销诉讼；直到 1978 年，美国实行钢铁起动价格制度，即对低于一定价格的日本进口钢铁自动启动反倾销诉讼，才使得日美钢铁摩擦降温。

最为激烈的贸易摩擦发生在汽车行业。1978 年，日本对美汽车出口超过 150 万辆，在 1980 年达到 192 万辆。美国从日本进口的汽车占汽车总进口的 80%，日本汽车在美国市场的占有率高达 20%。来自日本的竞争使得美国政府不得不为本国汽车行业提供 10 亿美元的补助。1979 年，美国政府要求日本完全开放日本的汽车市场，日系汽车制造商可以在美国建厂以及自愿接受出口规模限制。1980 年 5 月，日本政府统一减少对美汽车进口关税，并在 1983 年同意将对美出口汽车辆数设定上限，1981 年的出口上限为 168 万辆，1991 年为 230 万辆。

1985 年，为了减少美国对日本的贸易逆差，美国要求日本签订"广场协议"，同意日元兑美元升值。虽然日元应声大涨，但其减少美国对日逆差的效果只体现在协议签订后的头几年。1990 年，美国对日本的汽车出口逆差占美国对日本总逆差的四分之三，以及美国整体贸易逆差的二分之一。1992 年，布什总统访日后,日本将对美国汽车出口上限从 230 万辆下调到 168 万辆。
1993 年,克林顿政府要求日本更加全面地开放本国汽车市场,1995 年,美国根据《1974 年贸易法案》对日本汽车征收额外关税。

除了汽车领域的贸易摩擦,1970 年到 1980 年,彩电、半导体、电脑、电话等电子产品也被卷入日美贸易纷争。美国不断对日本实行贸易限制的同时,日本也同样限制来自美国的农产品进口,包括牛肉、有机食物等。

日美贸易摩擦延绵近 30 年,直到 20 世纪 90 年代中期,美国贸易逆差的 GDP 占比开始下降,日美贸易关系才有所改善。2000 年以后,大部分贸易摩擦都在 WTO 的框架下得到解决。

然而,被征收高关税及被实行出口限额等措施,对日本整体经济的影响相对有限。实际上,20 世纪 70 年代到 90 年代的日美贸易战相较于 1930 年美国实施斯姆特-霍利关税法(Smoot-Hawley Tariff Act)带来的冲击要小许多。例如,1992 年,日本被要求将汽车出口上限从 230 万辆下调到 168 万辆,但日本对美国汽车出口金额在当年仅减少 1%。

同时,通过日元升值调整对美贸易顺差的做法并未见效。日元兑美元与 20 世纪 80 年代相比已经大幅升值,但日本对美贸易顺差只是扩大未见减少。

但贸易战无疑对日本的产业布局造成了影响,例如,日本汽车制造商被要求在美国建厂生产,出口限额也促使日本将高端产品的制造更多地转移到美国。

影响更为深远的是"广场协议"的签订。由于日元大幅升值导致日本央行不得不实行宽松的货币政策,降低利率,释放大量流动性,加之日元升值吸引大批热钱流入日本,日本国内一时流动性泛滥。随之而来的是资产价格飙升,泡沫形成。而 90 年代初的泡沫破灭则将日本带入"失去的 30 年"。

研究 70 年代日美贸易摩擦发现,如果贸易战不可避免,一定程度上开放市场似乎是个积极表态,对美国进口的增加类似于一种自愿性对美出口限额,这种情况下，美国的高科技公司、服务类公司以及中国的高端产品出口公司会有一些获利，把握此机遇，配合改革，进一步开放国内市场对中国的市场化改革与改变国有企业垄断局面也是有好处的。

日美贸易摩擦的经验还表明，中国应该避免通过汇率大幅波动来调整贸易。广场协议是日本危机出现的一个重要事件。当前全球货币政策存在困境，如果中美贸易战无法避免，中国出口短期受损严重，中国政府也应避免用过度宽松的货币政策刺激经济，尤其是在现今资产价格过高的情况下，不然只会推迟结构性转型，催生泡沫，甚至引发经济危机。

此外，如果中美贸易战爆发，体现形式也不会是全面提高所有行业的关税，调整幅度也未必会提升至 45％，10％、15％的可能性是很大的。

警惕特朗普冲击

2016 年,美国大选超出预期,不仅体现在共和党候选人特朗普最终胜选、共和党大获全胜取得国会参众两院的多数席位,更体现在华尔街与金融市场态度急剧反转,在特朗普胜选后并未出现预期中的大跌,反而一路呈乐观态势。

黑天鹅事件如此频繁,以至于我们有必要对特朗普冲击可能的情形做出预判。尽管当前特朗普释放出一些信息诸如:退出 TPP,对"一带一路"倡议表露出兴趣等,这些信息似乎对中国有利,甚至可以提升美国以外的国家对参与中国在内的区域全面经济伙伴关系协定的兴趣。

但不得不警惕的是,对于这样一位并无从政经验,凭借反全球化、反贸易言论赢得选民,并任命保守且强硬的人士作为内阁重要成员的新一届领导人来说,美国未来的施政纲领会采取哪些出乎意料的举措,显然具有较强的不确定性。而由于其在竞选中曾指控中国操纵汇率并提出要对中国商品收取 45% 关税的言论,尽管这并不符合经济基础,但出于政治考虑,也并非没有对中国贸易施加压力的可能。

对于黑天鹅事件频发的当下,未雨绸缪,对特朗普冲击做出预判才是理性的应对之策。在笔者看来特朗普冲击可能体现在以下几个方面:

首先，预期中的美国经济强劲反弹能否承受高利率和强美元？特朗普反全球化的政策、积极财政与基建多久可以付诸行动？笔者抱有怀疑的态度。当前投资者显然在基本面没有发生太大变化之时，便在金融市场提前透支了乐观情绪，未来如果情况有所背离，势必会对透支的乐观预期加以纠正，金融市场出现大幅逆转的可能性仍存在，而这又难免增加金融市场波动性。

其次，对中国操纵汇率的指控以及增加中国进口关税，对中国出口不利。特朗普竞选之初便表示将中国定为汇率操纵国并对中国进口加收45％的关税。尽管中国被定义为操纵国的基础并不存在，即如今中国经常项目占GDP比重已经并非十年前汇改之时的10％，而是3％，人民币面临的是贬值压力而非汇改之初的升值预期。

但正如特朗普意外当选一样，特朗普上任后出于对中美贸易逆差的扭转与本国就业的承诺，也可能延续其强硬的态度，从政治的角度考虑，直接把中国定义为"汇率操纵国"。对这一情形也不应该掉以轻心。此外，美国总统在贸易方面有很大的自由度，即便重新谈判或干脆退出《北美自由贸易协定》，也只需要提前六个月通知有关国家就可以办到。所以其对华的强硬态度需要引起重视，并做好政策储备，以应对特朗普对人民币汇率指责与增收关税方面的出其不意。

中国是美国第一大贸易逆差国，2015年逆差额为3657亿美元，出于兑现选举承诺的考虑，美国可能会对中国进口一定程度上提高关税，尽管未必会达到45％，但如果只是增收15％，也会对中国出口造成很大影响。当然，美国的飞机、电机电气设备和机器、机械器具、汽车等产品对中国出口量较大，且中国是美国国债最大的持有国，也使得中国有一定的回旋空间。

但无论如何，两国作为全球第一、二大经济体，经济贸易投资方面联系紧密，贸易战可能会波及更广泛的层面，对双方都不利。所以，更大范围的斡旋与谈判，以为双方争取可以接受的权益抑或妥协，似乎更可能发生。中国在一些局部领域,如钢铁领域,采取自愿限制出口的策略作为谈判筹码也是可能的。

再次,输入性通胀压力增大,制约货币政策空间。特朗普上任后会采取扩张性的财政政策,并以下面三个方面的施政政策为主:一是减税,二是对金融体系放宽管制,三是加大基础建设投资。这些政策如果实施将会拉动美国经济增长以及在全球范围内推高通胀。事实上,如铜价等大宗商品价格已经开始大幅上涨。

而这也可能会给中国带来输入性通胀压力。由于中国的 PPI 很大程度上和国际大宗商品价格,如 CRB 指数①保持一致,而 PPI 的上升又会带来 CPI 非食品部分的上涨。2016 年 10 月中国 PPI 同比涨幅在早前结束 54 个月通缩后转正,大幅扩大至 1.2%,非食品价格再创新高,也反映了这样的潜在风险。

此外,在美联储加息、人民币贬值与输入性通胀的压力下,中国货币政策空间也受到制约,对中国房地产市场与中国经济的影响也偏负面,不得不保持关注。

---

①　CRB 指数是由美国商品调查局(Commodity Research Bureau)依据世界市场上 19 种基本的经济敏感商品价格编制的一种期贷价格指数。

中美贸易战的风险有多大?

2016 年黑天鹅事件层出不穷,其中尤以英国脱欧和美国特朗普当选影响最大。恰巧两轮黑天鹅事件发生时,笔者均在当地路演,见证了历史时刻,也与当地投资者进行了深入交流,发现了一些不同的视角。特别是关于特朗普胜选后对华政策态度方面,笔者发现,海内外投资者的看法存在较大差异。

国内目前解读乐观者居多,认为特朗普不会挑起对中国的贸易战争,原因在于:

一是在竞选之初特朗普曾抨击中国操纵汇率并威胁要对中国商品收取45%的关税,但一般预期这只是竞选时为获得选民的表态,胜选后并不一定会付诸行动,以往总统的竞选也均有上述戏码。

二是人民币当前本身有贬值压力而非升值压力,美国指控人民币汇率操纵的基础不被经济学理论认可,进而加收进口关税理由不充分。

三是对中国挑起贸易战争,势必会引起中国的反击,对美国也极为不利,毕竟,中美经贸关系非常密切。权衡利弊之下,美国也不会轻易采取行动,只是说说而已。

笔者认同上述逻辑的合理性。但与美国投资者交流下来,却发现大部分人并没有如此乐观,反而警示中美贸易战并非不可能,特朗普冲击难以预见。

原因在于：

第一，尽管从经济上未必支持对华贸易战，但特朗普胜选后，出于政治考虑，单方面强硬提高关税的可能性也是存在的。

可以观察到，特朗普胜选前后，党内外地位已与之前形成强烈反差，政治上的领导力大幅提升，很多早前竞选中对特朗普持强烈批评的反对者也不乏态度大转弯之人。2016年11月底，笔者在纽约21CLUB用餐时，恰巧偶遇胜选后的特朗普，与竞选前不受待见相比，此时特朗普所到之处警戒森严，政治控制力大大提升。

此外，从其新任命的多位具有鹰派、保守特征的内阁人员来看，落实竞选口号看来也未必是说说而已。可以看到，迈克·蓬佩奥、迈克尔·弗林、杰夫·塞申斯、史蒂夫·班农等鹰派代表都被委以重任。而又有报道称，宣扬"中国威胁论"的核心鹰派人士白邦瑞被内定为下一届白宫中国事务顾问，这些对中国而言都是压力。

第二，在反贸易政策的实施方面，总统也有很大的权限。特朗普团队凭借"美国再次强大"以及"美国优先"政策赢得选民支持，在日后施政纲领中也会体现这样的理念。由于其一直声称中美贸易关系伤害到了美国的经济利益，认为中国高达3600多亿美元的贸易逆差导致美国丧失了大量的就业机会，甚至威胁中国退出WTO。预计此后在特朗普反华贸易政策会有所体现。

而从操作层面看，总统权限很大。正如美国彼得森国际经济研究所的沃尔夫斯在文章《为何特朗普可以轻易发动贸易战》中所提，美国总统在贸易方面拥有很大自由度：如最容易兑现的竞选承诺是重新谈判或干脆退出《北美自由贸易协定》，因为原则上美国总统只需要提前六个月通知有关国家就可以办到；而在诸多法律中，总统发动贸易战都可能找到依据，比如根据《贸易法》，总统可以以应对国际收支逆差为由，把关税提高15％，为期150天；根据《国际紧急状态经济权力法》，总统可以利用它限制与其他国家的贸易等等。

第三，黑天鹅事件频发并非孤立，意味着全球化进程拐点出现，很多适应性对策应提前准备。

黑天鹅事件接二连三兑现需要引起重视，其背后或许意味着全球化进程已经接近一个拐点。实际上很多改变已经出现。例如，制造业方面，近来一些美国企业相继将海外生产线迁回美国本土，福特公司也将原本只在墨西哥生产的 Fusion 轿车、在西班牙工厂生产的 2.0 升 EcoBoost 引擎分别转回美国本土生产；而在特朗普胜选后，福特公司更发表声明表示"同意特朗普先生所说的，国家的团结非常重要，期待齐心协力来支持经济增长和就业增长"。

而税收方面，由于当前美国企业 35％的所得税在全球范围内较高，大量企业外迁或者将利润存留海外。特朗普政府预计实施的税收改革法案，可能会出台优惠税率，届时会促进海外企业利润回流美国，甚至对美国企业布局国内形成吸引。

此外，英国的脱欧不仅得到了美国，还得到了欧盟其他国家打着反全球化口号的极端党派的支持，说明这样的趋势在全球范围内有重启之势，而未来欧洲主要经济体如德国、法国、意大利、荷兰大选等都充满不确定性，需要对整体的反全球化倾向给予重视。

从这个角度而言，特朗普上任后对华发动的贸易战应该值得警惕，即便未必如竞选之初提的增加 45％的关税，对部分自华输美产品增加 15％的关税，或者大幅增加反倾销调查也是有可能的，有必要提前对这一政策的潜在影响进行预判。从中国的角度来看，考虑到美国是中国最重要的贸易伙伴，难免会受到很大的负面冲击。

分类别来看，中国对美国出口的产品不仅体现在劳动密集型产业中，如中国生产的玩具、家具和纺织品有三分之一的份额出口到美国，而且体现在资金密集型产品如电机电气设备和机器、机械器具产品。

从就业方面，一旦美国对中国采取贸易战，难免会对中国就业产生直接影响。根据 2012 年商务部发布的《全球价值链与我国贸易增加值核算报告》,中国每 1000 美元货物出口的增加值为 621 美元。同时,总出口对就业拉动明显,每百万美元货物出口对我国就业的拉动为 59 人次,仅就 2012 年数据来看,出口贸易有望产生 1.2 亿个就业岗位。基于此,对美出口预计可能涉及 2000 万个就业岗位。

当然,贸易战争从来都不是单向的,如果美国单方面采取对中国的贸易战争,预计也会遭到中国相应的政策反应。

因此,特朗普为美国经济前景和中美贸易带来了不确定性。尽管对中国也有利好的一面,比如放弃 TPP,意味着中国在引领开放方面会承当更重要的角色,涵盖中国在内的 RCEP 有望成为区域贸易领头羊,得到更好的发展。

但是,与海外投资者交流后,笔者发现,当前国内关于美国对中国可能采取贸易战的可能性估计有所欠缺。鉴于特朗普鹰派政策有望实施,越是未雨绸缪提前做好政策准备,贸易战的可能性越小。可以预见,今后几年,中美或许会在更大程度上进行斡旋与谈判,为双方争取可以接受的权益抑或妥协。

中美非常态下的合作之难

　　自奥巴马出任美国总统以来，一年一度的中美战略与经济对话已成为构建中美经济金融合作的重要桥梁。伴随着2017年年初奥巴马任期结束，第八届在北京召开的中美战略与经济对话也是奥巴马政府的收官之作，根据会后清单，本轮对话共计达成60多项成果。特别关注的是：汇率问题已不再是双方指责的焦点，反而合作进一步加深，比如中方给予美国2500亿元人民币合格境外投资者额度以及在美设立清算行显示人民币国际化与金融开放取得进展；去产能面临国内外压力，考虑到其中的转型痛苦，预计推行改革进展需要加快；而就广泛关注的中美双方投资协定谈判，由于双方利益存在分歧，且美方对中方负面清单过长颇有微词，难在奥巴马任期取得突破，再次说明了中美非常态下的合作之难。

　　梳理八次中美战略和经济对话发现，本轮战略对话出现了一个新的思路，即从强调合作到管控分歧，这样的提法在中美分歧不断的当下，似乎更加务实。

　　具体来看，从2009年到2012年的前四轮中美战略与经济对话，总的趋势是中美两国战略关系不断加深，关系日益密切。从议题上即可明显看到，从第一次的主题"凝聚信心恢复经济增长，加强合作"，到第二轮的"确保持续发展、互利共赢的合作伙伴关系",再到"建设全面互利的伙伴关系",最后到"深化战略沟通与务实合作,推进持久互利的关系",中美关系的定位年年提升。

但从2013开始的四轮对话,有些停滞不前的感觉:从第五轮的主题"推进相互尊重、合作共赢的全面互利伙伴关系",到第六轮"推进相互尊重、合作共赢的伙伴关系",到2015年的"加强战略性对话,提升合作水平",基本没有大的变化,而这背后揭示的恐怕是越来越明显的"崛起大国与守成大国的传统冲突",中美两国进入外交非常态阶段。

从近年来中美两国在高科技贸易限制、南海争端、网络安全等一系列问题上的分歧,以及早前中国的"一带一路"倡议,创建亚投行遭遇美国的抵制等现象可以看出,不仅仅在传统的安全领域,就连一向被视作中美利益交汇点的经济领域,中美两国摩擦也将持续上升,大国博弈之下,合作更加不易。

所以,本轮中美与战略经济对话出现了新思路,即中国领导人在强调合作的基础上,罕见地直面分歧,如习近平主席在主旨演讲《为构建中美新型大国关系而不懈努力》中提到的,"中美双方存在一些分歧是正常的,双方要努力解决或以务实和建设性的态度加以管控,只要双方遵循相互尊重、平等相待原则,坚持求同存异、聚同化异,中美两国关系就能避免受到大的干扰",这样的表态使得本轮战略对话更加务实。

谈及管控分歧确有必要,其背景是中美两国从经贸金融关系来看,早已经是"你中有我,我中有你"的利益共同体难以割裂。例如,贸易方面,截至2015年,中国对美国的出口占出口份额的15.8%;而对美国而言,对中国贸易出口份额也从1997年的2.1%上升到2015年的8.4%,中国成为继欧盟和加拿大之后的第三大出口市场,并于2015年超过加拿大成为美国最大的进出口贸易伙伴。同时,中国赴美旅游、留学热潮有增无减,美国对华服务业出口增速远超商品出口增速。

相比于贸易交流,相互投资仍有较大发展空间。美国是中国第一大投资国，截至 2015 年年底，美国对中国直接投资达 774.7 亿美元。证券投资方面，越来越多的美国证券公司、基金公司通过 QFII（Qualified Foreign Institutional Investors，合格境外机构投资者）以及沪港通等渠道投资中国证券市场。与此同时，美国多层次的资本市场也为中国企业实现美元融资提供便利，更多中国公司选择在美国上市，以提升企业知名度，更深入地打入国际市场。此外，中国是美国国债最大的债权人。截至 2016 年 3 月，中国持有美国国债高达 1.24 万亿美元，占美国国债市场的 8.1％。与此同时，美国亦是中国的较大债权人，根据国际清算银行的统计，截至 2016 年第一季度，美国各大银行持有 969 亿美元的中国债权。

中美贸易金融关系之密切，使得两国汇率政策越来越注重合作。相比于 2015 年在美国举行的第七轮中美战略与经济对话上，淡化了三年的人民币汇率再次成为焦点，伴随着 2015 年"811 汇改"以后，人民币大幅贬值加剧资本流出，进而引发全球金融市场动荡，原本应于 2015 年 9 月启动的美联储加息罕见地考虑了其货币政策的外溢性影响，暂缓加息，中美双方的汇率政策由以往美方对中方汇率操纵的指责转向更多的合作。

此外，在 2016 年 2 月底上海召开的 G20 财长和央行行长会议上，各国央行已经就避免竞争性贬值、在外汇市场进行密切讨论沟通方面达成共识。而在 2016 年 5 月 19—21 日在杭州举行的中美金融研讨会上，中美双方围绕"G20 与金融稳定""美国加息周期与人民币汇率"等问题也有广泛共识。这也就意味着未来一段时间，美联储加息路径的选取，除了本国经济基本面因素以外，对海外市场特别是对人民币汇率的影响，也势必会纳入其政策考虑的权衡因素当中。

除了汇率问题的共识，人民币国际化进程也有所突破。本轮中美战略与经济对话成果中，中方决定给予美方 2500 亿元人民币合格境外投资者额度，并承诺将来在美国设立人民币清算行。这是近期人民币两度贬值，人民币国际化趋势受阻后的一个利好。可以看到，2015 年的"811 汇改"以及两度人民币贬值，不仅造成了资本流出的态势，也使得决策层重启了部分资本管制，以防止态势恶化。在此背景下，中国香港、台湾地区等离岸人民币存款、跨境人民币贸易结算等都出现下降态势，笔者编制的月度人民币国际化指数也自 2015 年 8 月的高点震荡下滑，与近五年来人民币国际化整体上行的趋势出现鲜明反差。

当然，主要共识体现在金融领域，中美就产能过剩等问题的分歧仍然突出。美方从以往对中国主导"一带一路"倡议的不欢迎上升到对中国向外输出过剩产能的批评，如美国财政部长雅各布·卢提出，中国钢铁、水泥和其他重工业产品过剩产能，已经形成一股廉价出口洪流，造成海外市场工厂关闭和工人失业；而时任中国财政部部长的楼继伟则认为美方言过其实，并尖锐地指出，中国在 2008 年金融危机最严重时期提振世界需求的时候，华盛顿方面却未见有任何抱怨之词。

从这个角度来看，中国去产能任务面临来自国内外的双重压力。当前去产能任务不易，决策层"既要保证过剩产能退出""又要让大量职工饭碗不丢，还要保证他们拿到新饭碗"，"既要产能退出，又要尽可能重组，少破产"，这其中其实体现了对待去产能工作的矛盾心态和难度。后续如何推进，还需看供给侧改革如何落实，特别是在国有企业改革思路出现转变之际，不确定性有所增强。

此外，广受期待的中美双边投资协定谈判并未获得实质突破，一两年内中美双方投资协定谈判恐怕有搁置的可能。实际上在笔者看来，中美双方投资协定谈判对中国金融市场的作用堪比十五年前中国入世，但从目前情况判断，中美双方投资协定谈判最终修成正果困难重重，仍有较长的路要走。原因在于：

首先，中美双方投资协定谈判涉及全面的对外开放，且实行负面清单管理,短期内会损害到两国部分行业的利益,特别是关系到关键基础设施和重要技术的界定、国家安全、国企竞争中立等问题的谈判,耗时耗力。目前中国正在探索准入前国民待遇和负面清单管理模式等,上海自贸区的进展似乎有限,为了满足中美双方投资协定谈判的要求,国内还不得不克服一些结构性、制度性方面的问题。而美方也不断对中国负面清单过长表示出不满。

其次,中国呼吁美国改进安全审查机制,但进展十分困难。受美国国家安全审查影响,中国国有企业对美国的投资无法获得通过,中国希望美国在这方面有所改善,并提高审查的透明度,简化程序,以减少中国企业到美国投资的障碍。但美方表示可能性很小,因为这个问题需要提交美国国会讨论,并非由政府决定。

再有,美国对中国设置的准入门槛越来越高。门槛之一是美国在中美双方投资协定谈判中不仅针对国有企业,还将国家支持的企业诸如华为、小米等大型民营企业也纳入限制范围。即便其性质是私有企业,但只要国家对这些企业给予补贴,美国都认定为违反身份认证。门槛之二是仲裁,若中美两国企业发生的冲突交由国外第三方机构仲裁,中国可能无法承受其成本压力。

综上,在中美两国构建新型大国关系日益紧密的当下,中美大国金融领域的合作虽然愈加广泛,但分歧和博弈也无处不在。从促进合作到管控分歧是2016年第八轮中美战略与经济论坛的新思路,可能也是今后一段时期中美关系的主要内容。这是更加务实的选择,但也带来了不少挑战。未来中方若要在双边关系中占据更多主动,稳定国内经济、加速推进改革、避免金融动荡或许能提供最有力的支持。

美联储鸽派背后的全球博弈

2016 年 3 月 29 日，美联储主席耶伦在纽约经济俱乐部的演讲中称，全球经济存在风险，美国经济数据喜忧参半，美联储加息应谨慎。这与两周前美联储议息会议暂缓加息口径一致，当时美联储已下调对全年加息次数，暗示从四次降为两次。受此消息影响，隔夜美股、黄金、美债齐涨，美元全线走低。

在笔者看来，美联储推迟加息与弱势美元背后的逻辑、意义与全球影响有如下方面：

第一，历史性加息后美元未必走强的判断得到验证。2015 年 12 月 16 日，美联储终于开启了时隔近十年后的首次加息，有媒体称之为"历史性加息"。当时，市场大多数观点认为，美联储加息之后，息差变化将加速资金回流美国，推高美元指数走势。笔者通过梳理美联储历年来加息后的历史数据，发现自 20 世纪 70 年代以来的七次加息周期开启后美元大概率走弱的事实，并详细探讨了每一轮美联储加息的时代背景与当时美元走势的影响因素，从历史经验的角度提出，历史性加息后，美元走弱是大概率事件。

第二，美国经济复苏弱于预期，制约美联储加息路径。早前有观点认为，美国经济复苏态势强劲，2016 年美联储加息或不少于四次。但在笔者看来，当前美国经济数据好坏参半，尽管就业数据美观，但颇有滞后性。2015 年四季度

GDP 增速为 1.4%，虽然高于初值，但并非经济可持续复苏的表现。企业利润出现了逐步下降趋势，特别是能源板块大幅下挫，航空和汽车领域出现衰退。与此同时，美国制造业与出口看似也难以承受强势美元的冲击，2015 年美国贸易逆差创四年来新高，ISM 制造业指数如今也处于 50% 分界线以下。考虑到以上因素，笔者认为，美国自身经济基本面情况不支持加息频率过高，而这一判断亦在耶伦的发言中得到了验证。

第三，对美联储货币政策外溢性的考虑，亦是美联储延缓加息的重要因素。通过梳理历史发现，自 1971 年 8 月 15 日"尼克松冲击"打破布雷顿森林固定汇率体系以来，金本位制度让渡于美元本位制度的近四十余年间里，几轮美元周期与全球金融动荡都有极为密切的联系，美元大幅波动减小了对美国经济的冲击，但对其他国家的金融市场动荡影响巨大。

在全球金融动荡之下，美国也难以独善其身，2015 年 9 月美联储推迟加息便是罕见地对新兴市场国家动荡的考虑。而此次耶伦在纽约经济俱乐部的演讲中，亦表示受中国经济增速放缓和油价暴跌影响，全球经济和金融市场的不确定性增加，这令美国经济面临的风险增加，因此美联储应更缓慢地进行加息，同样是出于货币政策外溢性的考虑。

第四，美联储暂缓加息是 G20 框架下的全球金融协调新成就。既然美联储暂缓加息对缓解全球金融市场动荡有利，也符合美国经济基本面需求，那么在全球央行的背景下加大协调，引导美元贬值也未尝不可。中国如能借 G20 良机发挥东道主优势，推动全球宏观金融治理协调，特别是在促成弱势美元的"新广场协议"策略中更加主动，不仅有助于降低做空人民币的压力，防范金融风险，也有助于全球金融稳定，提升中国在全球的金融话语权，一举三得。

从全球央行的举措来看，似乎全球央行之间形成了稳定增长的默契。可以看到，2016 年 2 月 G20 财长和央行行长会议后，中国央行率先降准，引领全球最主要国家央行相继释放宽松信号。除美联储暂缓加息以外，欧央行下调三大利率叠加提高购债规模,日央行维持负利率并强调必要时加大宽松货币政策,澳洲联储、韩国央行、新西兰联储等央行均表示维持宽松政策。全球货币环境整体走向宽松,特别是美国转变姿态,放缓加息步伐。

第五,美元走弱有利于缓解人民币贬值压力。人民币汇率市场波动巨大,贬值预期不断强化引发居民与企业加速换汇,外汇储备大幅减少,资金流出与恐慌情绪相互验证,金融市场风险加大。当时市场上有诸多不同建议,如让人民币一次性贬值,小幅贬值且战且退,以及重启资本管制等等。笔者从亚洲金融危机中泰国与马来西亚的表现说明一次性贬值过于理想化,往往是危机的开端。而重启资本管制对投资者信心打击较大,隐性影响无法估计,短期维持汇率稳定是必要的。

当前中国商品市场价格过贵,低端商品与服务仍然便宜,人民币汇率并未有很大的高估成分,让汇率更加接近均衡汇率,可以通过改革缓解结构性扭曲,而未必通过名义贬值达到目的。且当前中国居民财富仍然单一,对单一货币贬值的风险抵御能力较弱,对放任人民币大幅贬值的风险难以承受。

因此,短期内维持汇率稳定是占优策略。如果美元走弱,人民币能够跟随美元走弱,将有助于缓解汇率风险,并为经济企稳与改革赢得良好的外部环境。相反,自乱阵脚的严重后果是坐实做空者预期,丧失人民币加入 SDR 后国际化地位的提升与既往国际化战略的努力,并对中国经济造成重创,得不偿失。

第六,把握外部环境稳定的宝贵时间,抓紧结构性改革。尽管当前全球货币政策宽松是全球协力稳增长达成的新共识,且汇率市场的稳定为稳增长创造了较好的外部条件,但是宽松货币政策的可持续性也面临挑战:如发达企业大量囤积现金却投资乏力,日本央行实施负利率、欧央行降息之后,日元、欧元兑美元反而大涨,恰恰显示了全球投资者认为货币宽松政策无济于事,避险与恐慌情绪的空前加大。

货币政策已经有不可承受之重，承担了过多力不从心的责任。若要真正走出危机泥潭，更加积极的财政政策，以及各国深层次的结构性改革，已经是无法回避的选择，中国更是概莫能外。从根本上说加快推进供给侧结构性改革，特别是加快金融改革、财税改革、国有企业改革、户籍改革、行政管理体制改革、土地改革、价格改革等协调推进十分迫切，是中国能否走出困境，保持经济中高速增长的关键。

亚洲金融危机对当下的三点启示

2016 年刚开始,香港金融市场便遭受了大规模的冲击。港币兑美元汇率一度跌至 7.8295,创 8 年来新低。与此同时,香港股市恒生指数于 1 月 20 日跌穿 19000 整数关口,创下 42 个月新低。更令人不安的是,曾在 1997 年亚洲金融危机中翻云覆雨的投资大鳄索罗斯直言不讳:全球面临通缩压力,中国经济硬着陆,并做空了亚洲货币和美股。2016 年的危机与 1997 年的亚洲金融风暴有不少相似处,大有"山雨欲来风满楼"之势。

为防止危机进一步恶化,及时总结当时各国应对金融危机的经验与教训,十分必要。为防止亚洲金融危机重演,中国的作用至关重要,亚洲金融危机的以下三点启示可供参考:

货币一次性大幅贬值往往是危机的开端

回顾 1997 年亚洲金融危机,泰国央行放弃盯住汇率制度,允许货币大幅贬值是引发亚洲金融危机的导火索。

自 1984 年 6 月以来,泰国一直实行盯住"一篮子货币"的汇率制度,由于货币篮子中美元权重占比高达 80%—82%,泰铢对美元汇率长期维持在 25∶1 的水平上，泰铢实际上即为盯住美元的汇率制度。亚洲金融危机爆发之前的十余年内，美国经济由于面临着贸易与财政双赤字困扰，采取弱势美元战略，同期对主要货币持续走弱。由于泰铢采取的是盯住美元制度，泰铢便随美元贬值。

危机爆发之前，由于出口竞争力较强，泰国经济自 1987—1994 年曾以平均 10％的增速高速增长，十分抢眼。然而，1995 年美国经济复苏，互联网热潮的兴起吸引大量资金重新流回美国，美元开始进入上涨周期。在盯住美元汇率制度下，泰铢随即也大幅升值，出口受到负面冲击，经常项目逆差迅速扩大。1995 年泰国经常项目逆差占 GDP 比重由 1994 年年底的 5.5％提升至 8％。同时，伴随着资金流出，前期泰国积累的房地产与股票市场泡沫相继破灭，泰国经济形势急剧恶化，泰铢面临越来越大的贬值压力。

正是看准泰国基本面的矛盾与汇率贬值压力，以索罗斯为代表的国际对冲基金自 1997 年年初开始对泰铢发起了连续攻击，先利用向泰国银行借入泰铢远期合约，而后以于现汇市场大规模抛售的方式做空泰国汇市。泰国政府采用外汇储备干预对抗做空势力，并一度将离岸拆借利率提高到 1000％打击做空等，一度打压了做空势力。

然而，由于当时泰国的外汇储备只有 300 多亿美元，面对强大的贬值压力与高达 790 亿美元的中短期外债，做空态势很快又席卷重来。泰国的中央银行于 1997 年 7 月 2 日放弃已坚持 14 年的泰铢盯住美元的固定汇率制度，实行有管理的浮动汇率制，虽然央行同时还宣布将利率从 10.5％提高到 12.5％以期一定程度上保卫泰铢。

面对泰国放弃盯住美元制度，国际社会，特别是 IMF 曾表示赞许，认为泰国央行此举意在走出当前经济困境，确保宏观经济调整和金融稳定。然而，其后泰国汇率市场的动荡之剧烈却远远超出预期。相对于取消盯住美元汇率之初，各界对泰铢会贬值至多 20％的预期，当日泰铢便贬值了 18％，而其后泰铢一路下跌 60％，大大超出泰国央行预期。与此同时，泰铢贬值引发的金融危机沉重地打击了泰国经济发展,引起泰国挤兑风潮,挤垮银行 56 家,泰国物价不断上涨,利率居高不下,流动资金紧张,股市大跌,经济陷入严重衰退。

亚洲金融危机中,泰国一次性贬值的教训提示我们,认为一次性贬值策略可以解决问题太具有理想化色彩。在实践中,汇率波动往往会放大,预期非但不会因为一次性贬值而消退,反而使再一次贬值的预期更加强烈。一次性贬值很难达到所谓的理想中的合理水平,反而助长贬值大幅超出预期,造成难以挽回的后果。

有建议人民币可以尝试一次性贬值 15％或更多,以打消贬值预期的观点,但与泰国当时贬值的逻辑相似,一旦中国贬值 15％,贬值预期必将放大,广大投资者会猜测下一次贬值是什么时候。而且,中国并非小国开放模型,一旦中国贬值 15％,其他新兴市场国家一定会跟着相继贬值,预计会达到 20％甚至更多,就像 2015 年"811 汇改"一样,这将使中国陷入更加被动的局面。这些新兴国家如果跟着贬值,显然,人民币贬值预期将更大。不跟着贬值? 则第一次贬值的效果适得其反。

此外,突然大幅贬值对出口商、美元债务企业和金融机构打击很大。所以,一次性大幅贬值非但不能解决当前的困境,还可能触发金融危机,实不可取。

增强资本流动可以,但重回资本管制需谨慎

面对 1997 年的亚洲金融危机,与其他国家实施的所谓 IMF 型策略不同,马来西亚拒绝求助于 IMF,转而实行资本管制,以期扭转迅速衰退的国内经济,震惊了当时的国际市场。马来西亚之所以做此选择,主要原因是认为接受 IMF 救助的条件过于苛刻,如必须贬值本国货币,调高利率,紧缩信贷,加税以及向外国投资者无限制开放等,国内政策受制于人。与此同时,同期接受救助

的国家表现并未得到好转，如印尼、泰国经济每况愈下，也坚定了马来西亚拒绝援助的决心。

具体来看，当时马来西亚采取的资本管制举措包括：冻结马来西亚公司在新加坡自动撮合股票市场的一切柜台交易；于 1998 年 9 月宣布将林吉特对外汇率固定于 3.8 林吉特兑 1 美元；禁止林吉特衍生工具的使用；禁止马来西亚金融机构向非居民银行和机构提供国内信贷业务；禁止使用林吉特作为国际贸易发票货币，所有林吉特的离岸账户存款被宣布无效；允许在国外进行证券投资的国内投资者在 12 个月将资金撤回国内；禁止居民有超过 1 万林吉特以上的海外投资等等。

马来西亚当时采取的资本管制举措震惊了世界，也遭到来自国际社会的广泛非议。从效果来看，短期资本项目管制确实取得了一定的效果，如极大地限制了国际投资者做空林吉特的活动，林吉特得以稳定在 3.8 兑 1 美元的水平，阻止了资本外流，短期内稳定了经济与金融形势。通过外汇管制，吉隆坡股市也逐渐稳定，金融时报证券交易所马来西亚股票交易所指数从 1998 年 9 月的 373.52 反弹至当年年底的 582.13，2000 年年初反弹至 982.24。

然而，从马来西亚危机后近二十年的经济发展来看，危机时全面资本管制的后遗症并未祛除，其对投资者信心的影响是巨大的，最明显的例证便是危机之后，马来西亚从东南亚地区的引资"优等生"（危机之前马来西亚经济发展与吸引外资总量仅次于新加坡）逐步沦落为危机后的"差等生"。根据东南亚地区 FDI 资金流入的情况来看，1998 年，马来西亚 FDI 首次落后于泰国，2005 年，又落于印度尼西亚之后，甚至在 2008 年、2009 年马来西亚对外资的吸引力首次落后于越南与菲律宾，失掉了海外投资者对其的信心。

对比当下，有观点建议，在人民币同样面临巨大贬值压力、外汇储备干预成本过高的情况下，如外汇储备 2015 年 12 月单月下降 1079 亿美元，若此态势持续，外汇储备将面临重大考验，不妨效仿危机时马来西亚的做法，通过资本管制抵御危机。

但在笔者看来,启动资本管制虽然简单,短期内效果立竿见影,但根据马来西亚的教训,采取资本管制仍然是迫不得已之举,并非应对良方,使用之时还需慎之又慎。虽然其短期影响或许偏正面,但隐性负面影响却是极为深远的,不仅容易打击投资者信心,更容易产生政策反复、改革半途而废的担忧,长期还会引发资本外流与人民币国际化进程的倒退,得不偿失。因此,建议一方面继续放开资本流入的管制,暂停进一步鼓励资本流出的措施,特别是严堵资本外流的非法和灰色渠道,如地下钱庄等,另一方面通过反洗钱和宏观审慎工具,如采取托宾税的方式,降低资金外流的压力,稳定市场预期。

政府干预市场需要对症下药

更进一步观察,不难发现,2016 年新年之后香港股市、汇率市场也有重回 1997 年亚洲金融危机的态势。回忆亚洲金融危机之时,国际投资者认为香港同东南亚国家相似,同样存在明显的房地产和股票市场泡沫,而且在联系汇率制度下,港元存在强大的贬值压力,维持联系汇率成本高昂。于是国际金融炒家通过汇率、股市和期市之间的互动规律大肆投机。

海外投机者首先大量沽空港元现汇换美元,拉高利率,从而引发股市和期市的暴跌,其次做空港元期货,抛空港股现货,并大举沽空期货指数合约获利。上述交易策略使得香港股市与汇市受到重创,1997 年 8 月 7 日至 1998 年 8 月 13 日,恒指从 16820.31 点急跌至 6544.79 点,市值缩水 61%,空头获利极其丰厚,香港金融市场成为"超级提款机"。

在此危机时刻,香港特区政府入市干预,中央政府则声明人民币不贬值,且作为香港特区政府干预的后盾,坚决支持香港特区政府的救市行动,给投资者以震慑作用。当时香港特区政府首次动用外汇储备进入股市、期市,同时提高银行隔夜拆借利率，提高做空成本，从 8 月 14 日至 8 月 28 日，历时半个月，香港特区政府动用千亿，打爆了投机者做空的仓位，击溃了国际炒家，终于打赢了港币保卫战。

如今来看，虽然亚洲金融危机之时，海外观点普遍认为人民币应当贬值，否则中国经济将面临灭顶之灾，但当时朱镕基总理在多方权衡之下，仍做出人民币不贬值的决定是有远见的，虽然短期承受了压力，付出了不小代价，但避免了香港与内地金融的动荡，阻挡了金融危机传导至香港地区甚至内地，为中国此后成为世界制造业中心打下了基础，而且赢得了国际声誉。其后十年，通过改革与相对稳定的市场环境，吸引了全球制造业纷纷流向中国，为中国换取了长期的繁荣。对比之下，当时遭受亚洲金融危机洗礼的其他国家，元气大伤，相当长时间陷入低迷。

从这个角度而言，为防止亚洲金融危机重演，从各国应对危机的经验和教训来看，此时中国切勿采取一次性大幅贬值与资本管制的方式应对危机。相反，保持定力，稳定预期，加大与市场沟通仍然是防范金融危机的良方。由于2015 年 12 月初中国央行便提出人民币汇率更加注重参考一篮子货币并给出权重，在此时明确新的货币政策锚，即人民币 CFETS 指数意义非凡，不仅能够增强人民币独立性，亦能降低美元大涨、大跌对汇率稳定的影响，推动市场化改革与防范金融风险，一石三鸟。

美国投资者对中国五大质疑

    2015 年 7 月初，随着中国股市大幅调整，港股也大跌，创 2008 年以来的最大跌幅。笔者恰好在美国拜访投资者，包括几十家来自美国最主流的共同基金、养老基金及对冲基金。中国 A 股这一场突如其来的股灾，以及随后救市政策，再加上中国宏观经济形势和改革，是美国投资者最为关心的话题。美国投资者在股灾前后对中国的看法和情绪转变不小，不少投资人对未来中国经济及市场走势十分悲观，甚至对改革产生了质疑。有些观点则十分激进，比如中国经济基本面将持续下滑、改革已然倒退、国际地位下降等等，这其中不乏一些早前看多中国的基金经理。

    在笔者看来，海外投资者部分观点未必准确，既有缺乏对中国经济深入了解的原因，也有恐慌心理放大的因素，也可开玩笑将之比喻成美国投资者的"傲慢与偏见"。但真正值得警惕的是，这些观点会影响他们的投资行为，影响全球资金流动，进而对中国的经济和资本市场形成反作用，这恰是令人担忧之处。笔者将与美国投资者交流的一些典型的质疑观点，以及笔者的反思及探讨罗列如下，以期了解美国投资者的看法，采取针对性的措施，达到防范中国经济与金融风险的目的。

质疑之一：中国经济基本面将持续恶化

美国投资者普遍认为，当前中国经济疲软，特别是面对以下几个方面的负面影响，将使中国经济面临的前景愈发困难：

一是股市大跌，财富效应的消失；二是房地产市场困境难以化解，二三线城市空置房数量较高，地方财政捉襟见肘；三是劳动力市场尚且平稳，并非说明情况较好，反而是国企改革没有推进，体制冗员较多的体现；四是反腐对经济的负面影响持久；五是产能过剩现象没有缓解，新的投资计划将使问题更加严重。

实际上，这不仅仅是海外投资者的担忧，部分国内投资者也有不少担心。虽然目前实际经济运行情况不理想，但这并不意味未来中国经济会更差。解决好"财政悬崖"问题是稳住投资和增长的关键。房地产因素、产能过剩因素并非新鲜话题，反映了中国面临三期叠加阶段的难题，而这也是中国经济增长率无法维持早前两位数高速增长、增长目标需要下调的原因。同时，负财富效应、反腐只是短期影响，而这也意味着改革的次序选择和一定的对冲安排措施至关重要。

同时，中国经济的亮点也很明显：在全球金融市场冲击下，中国是少数经济保持稳定的新兴市场国家。对美国投资者的疑问，笔者的说明和反驳是：

1. 针对当前中国经济运行情况，笔者也认为 7% 的 GDP 增长水平值得探讨。原因在于这一增速不仅远远好于同期财政收入、企业利润的增长，也与一些以往走势与 GDP 相近的经济指标，如发电量、货运量等出现了明显背离。

此外，2015 年上半年股票市场的繁荣也造成了同期金融业对 GDP 贡献大幅高于历史均值，掩盖了实体经济部门相对低迷的现实。所以，国家统计局更应透明地把 GDP 分的细分项，包括支出法和生产法两个方面全部公布，来打消外界的质疑。

2. 股市大跌，当然不能排除财富效应的负面影响。但是如果股市调整只是暂时的，其影响就有限。股市暴涨时也有"负财富效应"，如股民推迟购车计划去买股票就是一个例子。而过去研究显示，中国股市的财富效应历来不高，远低于美国，总之，说股市调整严重影响消费有点言过其实。

3. 房地产复苏刚刚开始，一线城市现在面临供给不足，库存大幅下降的局面，二线城市也出现销售回暖迹象，三四线城市情况难言好转，但也没有恶化。对此，应继续下调房贷按揭利率，下调首付比率，尤其是第二套住房的首付和按揭贷款利率，未来应通过促进社会服务均等化，逐渐放开户籍限制，改革保障性住房的建设和采购办法来消化三四线城市的过剩商品房。

特别是考虑到居民收入的增长仍然维持了较高的水平，如果可以持续保持这一势头，中国仍然有可能通过持续的城镇化和收入增加消化当前的高库存。

4. 新的投资计划未必是重走老路的体现，而是应对经济下滑的过渡性安排。2015 年上半年投资增速快速下滑，钢铁水泥产量都是负增长，再不出手就会硬着陆。而且，中国还是有很多投资需求。比如，北京、上海的新机场建设，是因为现在机场流量已经接近饱和。

此外，改革措施其实一直在推进，如：通过"制造业 2025""互联网＋""一带一路""京津冀一体化"等找到新的经济增长点，则有助于应对传统产业的低迷；通过结构性减税、完善社会保障，也能对消费产生正向刺激，对冲反腐与财富负效应的影响。

5. 就业平稳，收入持续增长。如果国企不改革，收入如何可能增长？中国经济中虽然重工业和部分轻工业不景气，但服务业仍在大发展，将互联网运用到服务业，会大幅刺激潜在的需求。

当然，上述转型并不容易，恢复投资者信心也是个长期过程，这其中还需要多方面协调配合，能否在稳增长的基础上，大举推进和落实改革措施仍是关键。因此对中国经济过度悲观的观点不可取，如果政策得当，中国未来几年经济仍有较大概率保持 6％—6.5％的增长。

质疑之二：政府管理经济的能力令人失望

此次 A 股动荡，牵连港股。笔者与美国基金经理交流下来，之所以抛售港股在于他们对政府救市行为深感困惑与失望：

原因一是政府已经采取行动，但收效甚微，更何况在当前中国资本市场尚未实现资本项目开放的有利条件下，救市如此之难，令投资者对决策层能力产生怀疑。

二是投资者担忧出现市场流动性枯竭，大规模上市企业停牌，使得市场无法交易需要尽早逃离。

三是政府救市过程中，强迫股东和企业回购股票，不尊重市场，与三中全会以来让市场起决定性作用的目标不符。

对于本次救市，笔者认为，自 2015 年 6 月下旬以来 A 股仅用了三周的时间便从 5200 点快速下滑至 3600 点，跌幅高达 30％，速度之快、幅度之大堪称股灾。为避免恐慌情绪蔓延以及可能引发的系统性金融危机，政府出手干预无可非议。实际上，即便是比中国更加贴近市场经济的国家，在遭遇如此危机的时刻，也大多会选择先救助，若以此判断市场化倒退过于武断。

因此，技术性的操作不是最大的问题，从国际经验而言，关键在于决策层决心是否坚定。而且之后股市出现反弹，可见政府还是有手段稳定市场，只是需要一点时间，并非没有能力。

当然，采取何种方式确实有不少值得商榷之处，也有一些教训值得决策层反思，特别是市场化进程中一些监管落后的风险，以及如何更好将事前监管做到位,而不是事后补救。

质疑之三:宏观经济政策又走回头路

应对当前经济下滑,美国投资者认为,宏观经济政策没有新意。比如,货币政策方面,面对较高的实际利率,货币政策略显滞后。财政方面,债务置换疑似财政改革重走回头路,应对经济下滑依旧是刺激政策,并未有新鲜方式,与"四万亿"并无本质不同。

财政政策方面,笔者并不认为,增加债务置换是财税改革的倒退,反而是对"43号文"矫枉过正的表现,可以看到,2015年以来固定资产投资一路下滑,降至2001年以来的新低,并未起到稳增长的关键作用,与资金受限关系密切。为防止财政悬崖的风险,盘活财政存量资金,增加置换额度至3万亿,保证地方政府融资平台公司在建项目后续融资仍有必要。

是否重走"四万亿"老路?"四万亿"的教训不在于是否推出刺激政策,而在于执行过程中忽视了中国经济固有的结构性弊端。例如,不应否认投资对于稳增长的关键作用,而关键在于以何种方式进行,如果能大力推进PPP取代依靠地方政府融资平台的方式,便可实现稳增长与调结构并举。当然,目前来看,PPP仍然面临不少困难,若想取得成功,应与政府行政管理改革、国有企业改革、价格改革并举。

对于美国投资者提及的货币政策尚有调整空间,笔者认为是合理的。当前经济下滑态势明显,通胀压力不大,生产领域甚至存在通缩,在实体经济利率高企的情况下,货币政策无疑需要更加积极。上述经济疲软、通缩风险存在的情况之下,货币政策应该保持宽松,还可以继续减息及降准,尤其是采取二到三次降准是可行的。

质疑之四：国有企业改革倒退

部分美国投资者认为，改革不及预期，进展缓慢，特别是国有企业改革加强了行政领导，是改革的倒退。所谓的"改革牛"并不存在，这也是为何在 A 股疯涨阶段，海外投资者对国内股市看法冷淡，与国内之热情大相径庭的原因之一。

改革是中国经济发展到现阶段不得不走的唯一出路。毕竟以往依靠加入世贸组织后低成本劳动力的优势已经不复存在，资源环境也已经不堪重负，为继续保持经济增长，跨越中等收入陷阱，只有依靠改革释红利。此外，社会各界早已经对此达成共识，内外部压力亦是改革背后的推力，不进则退，决策层没有更多选择。

可以看到，金融改革、价格改革、财税改革等都已经加速推进，国有企业改革也推出了顶层设计方案，但在笔者看来，国企改革确实仍有不少疑问，比如大举提倡国企高管限薪，保留行政级别，在此之下，又如何真正做到政企分开？当前混合所有制概念火爆，但如果仍然是国有股独大，如何激起民间资本热情？市场对上述问题仍有争议，目前看来方向确实不清晰。

更值得一提的是，此次股灾教训深刻，它提醒我们改革没有捷径可走，指望国家牛市放松监管，靠泡沫支撑出来的繁荣不会有好结果。疯狂投机气氛的形成超出慢牛预期，有悖于投资准则，也容易产生快钱效应，不符合服务实体经济、推动经济转型升级的初衷。国家为股市背书容易产生道德风险，应对不善也会对公信力造成挑战。更进一步，其产生的投资者保护问题，不仅关乎经济领域，更涉及社会稳定。

质疑之五：人民币国际化进程倒退

美国投资者早前曾对人民币国际化充满热情，但对这次股灾，投资者认为其必将影响资本项目开放进程，人民币将贬值。同时，与人民币国际化相配合的领导人重点推动的"一带一路"倡议，似乎也将受到挑战。

有关人民币国际化，笔者认为，这是经历 2008 年金融危机之后，对以美元为主的国际货币体系缺陷进行深入思考后确定的国家战略，走回头路不是选择。央行最近对海外央行、主权基金和国际金融组织开放中国银行间债券市场，就是中国金融市场继续开放的一个重要信号。

所幸的是，此次股灾发生在资本项目开放之前，是个很好的警示，其暴露了国内金融体系与监管的脆弱之处，为决策层敲响了警钟。应该更多修炼内功，理顺金融监管职责，加强金融机构竞争力。稳定的金融市场，不断增强的经济实力是最强硬的保障。

总之，经历此次股灾，不可回避的是，海外投资者的负面情绪增加，相当一部分投资者情绪转向悲观。可以想象，修复投资者信心需要不少时日，对此，最有效的方式不是找替罪羊抛出海外机构做空中国等阴谋论。海外基金经理对中国股市大多数情况下也仅是隔雾看花，大资金如养老和共同基金也不能做空，老牌的对冲基金都有很严格的内控管理，做空如果方向上有百分之几的差错就要立即平仓。从根本上说，影响股市最关键的因素莫过于经济和企业盈利基本面的好坏。基本面良好，做空自然只能是昙花一现，而且做空者会损失惨重。

真正应该采取的态度是直面问题，短期救助稳定市场之后，应尽早回到市场化的道路上来，协调推进各项关键领域的改革，以更加包容的心态面对批评与质疑，深入与投资者进行交流，对投资困惑与不解多加研究和说明。而凡股市下跌必有海外做空的言论不仅是幼稚的表现，还容易掩盖问题的本质，贻误时机。唯有做到如此，才能体现大国心态，恢复中国和全球投资者的信心。

图书在版编目（CIP）数据

变革：新时期中国经济的机遇与挑战 / 沈建光著.
—杭州：浙江大学出版社，2018.3
　　ISBN 978-7-308-17719-1

　　Ⅰ.①变… Ⅱ.①沈… Ⅲ.①中国经济—经济体制改
革—研究 Ⅳ.①F121

　　中国版本图书馆 CIP 数据核字（2017）第 318248 号

变革：新时期中国经济的机遇与挑战
沈建光　著

责任编辑	卢　川
责任校对	高士吟
封面设计	卓义云天
出版发行	浙江大学出版社
	（杭州市天目山路 148 号　邮政编码 310007）
	（网址：http://www.zjupress.com）
排　　版	杭州林智广告有限公司
印　　刷	杭州钱江彩色印务有限公司
开　　本	710mm×1000mm　1/16
印　　张	17.25
字　　数	228 千
版 印 次	2018 年 3 月第 1 版　2018 年 3 月第 1 次印刷
书　　号	ISBN 978-7-308-17719-1
定　　价	49.00 元